多维视域下的节日狂欢

贾延飞　著

山东大学出版社

图书在版编目(CIP)数据

多维视域下的节日狂欢/贾延飞著.—济南:山东大学出版社,2019.7

ISBN 978-7-5607-6394-1

Ⅰ.①多… Ⅱ.①贾… Ⅲ.①节日—风俗习惯—研究 Ⅳ.①K891.1

中国版本图书馆CIP数据核字(2019)第158343号

责任策划:李孝德

责任编辑:李孝德

封面设计:牛 钧

出版发行:山东大学出版社

社 址 山东省济南市山大南路20号

邮 编 250100

电 话 市场部(0531)88363008

经 销:新华书店

印 刷:山东和平商务有限公司

规 格:720毫米×1000毫米 1/16

13印张 218千字

版 次:2019年7月第1版

印 次:2019年7月第1次印刷

定 价:26.00元

目　录

导言

自古希腊的狂欢活动出现至今已经有两千多年的历史，人类学的神话研究将这种活动推至更源初的史前期。所谓“史前”，作为文化学的术语，是指有文字记载以前的人类历史。有关史前的神话传说对于狂欢活动的研究来说具有重要的佐证价值。在欧洲，古代的农神节、中世纪的狂欢节等节日活动中普遍存在狂欢活动。在中国，古代的民俗活动（如庙会）或岁时节庆中也普遍地存在狂欢或热闹的活动。在现代社会中，在工作之余的休闲时间特别是节日时间里，人们仍然普遍地要追求热闹甚至狂欢的氛围的感性体验。这一切都表明，节日狂欢成为现代社会中具有人文意义的普遍现象。节日为何会而且必然要狂欢（热闹）？俄国学者巴赫金、荷兰学者赫伊津哈等都对这个问题从不同的角度作出过解释。但是，目前学界尚未有从多维视域系统化阐释这一问题。本书主要从神话人类学、民俗学、美学、现代性、现代记忆理论、叙事学、现象学等人文科学理论视域阐释其生成机制及其必然性。

本章主要介绍节日狂欢的历史形态和研究现状、问题及其解决方法、章节安排等内容。

第一节　作为文化形态的节日狂欢活动及研究现状

大体来说，狂欢是一种群体性的极致愉悦的文化活动，它在历史的进程中又演化为不同的形态。它有历史性的延续特征及其形态，也有现代性的分化特点及其形态。狂欢主要有巫术狂欢和民俗狂欢等古代形态与大众狂欢和网络狂欢等现代形态。

一、作为一种历史性文化形态的狂欢活动

(一)古代狂欢活动

古代狂欢是理解现代狂欢的重要参照体系。

"狂欢"(希腊语,kōmazein)一词本来是指古希腊的生殖崇拜活动,人们通过这种活动表示对植物神狄俄尼索斯和生殖的崇拜。[①] 在西方以"金枝"神话作为原型,其中涵盖了古代西方的巫术、宗教和传说等诸多要素。在中国,可以"社稷"神话为原型,其典型地反映了东方神话中巫术的特征。基于节气出现的时间,民俗狂欢凝练为节日民俗活动,亦即民俗节庆。民俗狂欢仍不同程度地包含着巫术和宗教文化因素。这在中西文化史中表现为不同的形态:欧洲中世纪出现了狂欢节这种以狂欢为纯粹目的的节日文化形态,而中国悠久的农耕文明造就了蕴含着狂欢情感的节日民俗和庙会文化等形态。

狂欢节活动中所表现出来的极致的群体性的欢乐情感也存在于中国的节庆或庙会等活动中。[②] 中国古代虽没有西方狂欢节那样的以狂欢为纯粹的目的的节庆,但在中国传统节日中无不以热闹作为节日气氛。民间节庆往往全民出动,君民同乐,而且民间艺人团体载歌载舞,形似癫狂。这些形式在以儒家学说为道德和言行规范的古代社会中也是被默许的,因而在民间流传甚广。一些学者认为古代狂欢活动及其观念在历史中经常处于边缘或被压迫的地位。狂欢节等节庆所体现出来的整体观念,是作为区别于日常生活的"第二种生活"存在的。[③]

古代狂欢是人类学、文化哲学等学科关注的重要对象。作为理解现代文化的原始"密码",人类学家从古代狂欢获得解释现代文明的重要信息。英国学者弗雷泽通过对古代欧洲地区的原始神话和风俗的考察,揭示金枝神话中的"金

---

① 参见[古希腊]亚里士多德:《诗学》,陈中梅译,商务印书馆 1996 年版,第 45 页。

② 学者赵世瑜运用巴赫金的狂欢化理论分析了中国明清时期的庙会与民间节庆中的狂欢活动。(参见赵世瑜:《狂欢与日常:明清以来的庙会与民间社会》,三联书店 2002 年版,第 116~139 页)

③ 如俄国巴赫金认为,中世纪欧洲的狂欢节其实是和官方的节日相区别的,是"第二种世界"和"第二种生活"。(参见《巴赫金全集》第 6 卷,李兆林、夏忠宪译,河北教育出版社 1998 年版,第 14 页)美国芭芭拉考察到,在 16~17 世纪,在欧洲的许多国家中,官方大肆用各种方式来打压传统节庆。(参见[美]芭芭拉·艾伦瑞克:《街头的狂欢》,胡訢諄译,北京联合出版公司 2017 年版,第 96 页)

枝”实质上是槲寄生。[①] 法国学者列维—布留尔分析了区别于现代人的理性思维的古代人的思维特征。[②] 从人类学角度来看，这种活动包含着原始巫术内容。在德国学者卡西尔看来，神话思维在其中起着重要作用。国内学者叶舒宪运用原型批评理论，通过对中国神话的考察，分析神话中的文化原型，解释保留在中国文字和文化中的哲学内涵。[③] 这些研究成果是理解古代狂欢的重要学理依据。

德国尼采将悲剧艺术的源头追溯至古代的酒神精神和日神精神的二元混合。他利用叔本华的哲学揭示酒神和日神的区别。他认为酒神的本质是“个体化原理”崩溃之时从人的最内在基础即天性中升起的充满幸福的狂喜。[④] 所谓酒神精神，意味着主体性上升到彻底的自我忘却。酒神艺术立足于醉、迷狂嬉戏。在审美经验里，“酒神”的世界与现实世界之间隔着一道“忘却的鸿沟”。艺术可以“跨越鸿沟”，然而其代价是陷于神迷状态，个体和自然浑然一体。因此，狂欢文化的“异常的生命力和不衰的魅力”正源于这里的酒神精神。尼采从而把现代的时间意识推向了极端，把现代艺术想象成现代和远古的联系中介。[⑤] 因此，尼采的重要命题是：世界只能被证明为审美现象。[⑥]

在俄国学者巴赫金看来，文艺复兴时期作为民间文化的狂欢式（包括庆典、狂欢节等的总称），成为模仿日常生活的“第二个世界”和“第二种生活”，是真正的人民的节日，由此决定了狂欢形式及其细节、形象的两重性。[⑦] 为了阐明作家拉伯雷及其创作，特别是他使用的民间诙谐文化的语言或狂欢的语言在历史中的地位和价值，重新提出中世纪和文艺复兴时期的诙谐文化的规模、表现形式和意义等问题。在民间诙谐文化的广阔背景中，巴赫金来阐明拉伯雷的创作，并由此上溯古代的创作，提出“狂欢化”诗学理论，亦即民间诙谐文化尤其是狂

---

① 参见［英］詹姆斯·乔治·弗雷泽：《金枝》，徐育新等译，大众文艺出版社 1998 年版，第 990～997 页。

② 参见［法］列维—布留尔：《原始思维》，丁由译，商务印书馆 1981 年版，第 412～427 页。

③ 参见叶舒宪：《中国神话哲学》，中国社会科学出版社 1992 年版，第 3～106 页。

④ 参见［德］尼采：《悲剧的诞生》，周国平译，译林出版社 2014 年版，第 8 页。

⑤ 参见［德］于尔根·哈贝马斯：《现代性的哲学话语》，曹卫东译，译林出版社 2011 年版，第 101 页。

⑥ 转引自［德］于尔根·哈贝马斯：《现代性的哲学话语》，曹卫东译，译林出版社 2011 年版，第 110 页。

⑦ 参见《巴赫金全集》第 6 卷，李兆林、夏忠宪译，河北教育出版社 1998 年版，第 13 页。

欢活动对文学创作的影响。[①]

对于民俗狂欢来说，巴赫金无疑提供了重要的研究视角和成果。首先，他丰富了民间诙谐文化的内涵。民间诙谐文化得到了重要的理论界定与范畴梳理。其次，他提升了民间诙谐文化的地位。民间文化区别于官方文化，特别是民间节日与官方节日大不相同。民间节日保留了节庆的民间立场，因而区别于严肃的官方节日。再次，他提出了具有主体间性内涵的"对话"模式。拉伯雷的创作和民间狂欢文化的各种表现形式都是民间文化与官方文化两者之间相互刺激和影响的结果。最后，他指出了包括狂欢节在内的狂欢式的源头即古代的酒神节或农神节，而且需要从原始制度和文化来理解这个起源。诚然，这些研究成果对理解现代狂欢的特征都有根本的启示作用，成为阐释狂欢及其文化现象（特别是文艺乃至美学等领域）的重要引证理论资源。[②]

（二）现代狂欢活动

在现代文明地区，驱动现代群体的主流时间观念是一种遗忘"过去"、否弃"现在"、无休止地追求"未来"的现代性时间观。而人的多样的生命时间这样的"本我属己"的时间受现代性时间所驱动而趋向统一和加速。在现代社会中，特别是在现代化的主流方向上，现代时间的核心是马克思提出的"社会必要劳动时间"。因此，在现代社会中，人们主要面对两种时间：一种是工作时间，一种是工作之外的时间，如休闲时间、节日时间等。前一种时间中的群体在现代性时间的驱动下紧张又压抑，后一种时间中的群体在其自我时间中轻松且可能因释放压抑的身心能量而达到狂欢状态。

现代的大众狂欢有广场舞、演唱会（巡回表演）、网络话语狂欢等多种样态。现代狂欢文化现象与大众文化现象有共同所指，所以从大众文化研究的成果中可以更深刻地理解现代狂欢文化现象。特别是晚近新媒体技术对社会生活产生重大影响以来，网络狂欢成为文化研究的新领域。现代文艺和文化活动诸如庆典、戏剧、傻子、骗子、歌舞杂耍、电视、情节剧和侦探小说等形式中渗透着狂欢思想。

手机短信为人们提供虚拟的交流平台，使语言的狂欢得以实现。短信文本虽只有短短 70 个字，极力寻求各种纷繁复杂的文学因素的融合，把词汇、声音、

---

① 参见《巴赫金全集》第 5 卷，白春仁、顾亚铃译，河北教育出版社 1998 年版，第 160 页。

② 在美学领域，有学者从狂欢化理论理解中西方的节庆狂欢中的美感。（参见《美学原理》编写组：《美学原理》，高等教育出版社 2018 年版，第 134～136 页）

符号、空白等因素充分糅合在一起，呈现一种不受任何语言规范、文体规则等限制的自由自在的特性，而这种自由自在是民间自由精神狂欢化的体现。短信叙事的狂欢色彩体现在颠覆性、无等级性、游戏性和宣泄性等特征上。手机短信狂欢依托于手机本身的空间。这种空间类似于中世纪的民间文化的广场，群体在其中的活动暂时离开了现实生活，因而呈现出以文本为载体、以拼贴和戏仿等为手段的手机短信的狂欢化叙事。

互联网狂欢则依赖于虚拟实在空间。这种空间更广泛地将群体聚集到"广场"上来。互联网本身依托计算机的二进位制和网络链接等技术，形成了"遥距临境"，这即虚拟实在的本质。网络用户在这种虚拟实在中，不仅可以借助想象完成狂欢化叙事，而且还与现实联结起来，进行人肉搜索。互联网叙事具有狂欢化倾向、喜剧精神和游戏精神。网络事件和网络文学叙事，如从人肉搜索、话语狂欢、网络红人到网络文学等，无不注重事件本身的狂欢倾向。这种互联网狂欢显然突出了作为事件发生的空间，也就是说，区别传统叙事，这种新的空间提供了狂欢发生的重要"广场"。

狂欢化理论，作为重要的理论资源，可以用来揭示现代狂欢活动的狂欢化的性质。在文化领域，如张颐武借助狂欢化理论去理解中国的后现代文化，提到 20 世纪 90 年代的中国进入了一个新的众声喧哗的狂欢时期。[①] 在文学领域，应用者不可计数。在互联网文学文化方面，狂欢化理论也成为阐释网络文学生成的重要理论资源。[②]

总的来说，狂欢活动形态发生着历时性的演变。其中，时间因素、技术因素是其变化的主要原因，而狂欢观念则应该是其中嬗变的主要线索。

二、节日狂欢的生成

节日狂欢中的核心名词是"节日"和"狂欢"。那么，节日如何生成且与狂欢结合起来呢？我们爬梳相关文献，寻绎二者的关联。

节日有神话学的起源。在柏拉图看来，"当初神们哀怜人类生来就要忍受的辛苦劳作，曾定下节日欢庆的制度，使人可以时而劳动，时而休息，并且把诗神们和诗神领袖阿波罗以及酒神狄俄尼索斯分派到人间参加人类的欢庆，使人

---

① 参见夏忠宪：《巴赫金狂欢化诗学研究》，北京师范大学出版社 2000 年版，第 8 页。

② 参见欧阳友权：《网络文学本体论纲》，《文学评论》2004 年第 6 期。

们在跟神们一起欢庆之中，借神的帮助，可以提高他们的教育”[①]。因此，源初的节日有以下特点：一是节日是神圣的。它是神所规定的制度，目的是让人可以有作息。二是节日是神人共庆的时间。三是节日有教育功能。四是这种起源将节日与欢庆联系在一起。这种神话学的起源具有神秘的色彩。

到了农耕社会，节日是以悠久的农耕文化为背景，主要以节气为时间节点，用来纪念、庆贺或祭祀的日子。它从根本上决定于自然变化、生物荣枯和河流涨落等规律，标志着基础性的生产一生活方式的变动，提醒人们主动地适应自然地理等外界环境变化和季节变换、时间交替等保持和谐关系。同时它伴有祭祀或庆典等活动，以求神秘的自然神的庇佑。虽然它的内容不断变化，但是其形式即时间节点仍重复地出现，呈现出非匀质的自在的循环往复的模式特征。

首先，节气是节日时间形成的首要因素。从字形上看，汉字“节”（繁体字“節”）和竹节有关，含有两个竹节的结合部的意思。节日一般与节气交替相关。天地以其自身运行规律而出现气候交替，因而分成节气；通过节气，可以获得节日、岁时等概念。如《易经·节卦》：“天地节而四时成”，意思是“天地以气序为节，使寒暑往来，各以其序，则四时功成之也。”[②]《易经·系辞下》：“日往则月来，月往则日来，日月相推而明生焉。寒往则暑来，暑往则寒来，寒暑相推而岁成焉。”[③]而在《尚书·尧典》中有观天相定节气的做法：“日中，星鸟，以殷仲春。”“日永，星火，以正仲夏。”“宵中，星虚，以殷仲秋。”“日短，星昴，以正仲冬。”[④]通过观测鸟、火、虚、昴四星出现的位置，人们来确定四季中春分、夏至、秋分和冬至这四个重要的气候的节点。到秦汉时期，时令观念渐至成熟，“二十四节气”逐渐形成。如《淮南子·天文训》以宇宙天体的分布及运行规律制定历法，第一次完整记载了“二十四节气”的名称：“两维之间……十五日为一节，以生二十四时之变。”[⑤]“二十四节气”以天体运行、物候变化等为基础条件，构成了节日的重要内容。“过节”则意味着将主体的生命时间与自然的节气时间保持内在的相通，生命时间的节律才由此平衡有序。

其次，节日时间的形成与人类巫术活动有关。随着节日到来，自然地理环

---

① ［古希腊］柏拉图：《柏拉图文艺对话集》，朱光潜译，人民文学出版社 1963 年版，第 301 页。

② 黄寿祺、张善文：《周易译注》，上海古籍出版社 2001 年版，第 488～489 页。

③ 黄寿祺、张善文：《周易译注》，上海古籍出版社 2001 年版，第 581 页。

④ 参见顾宝田、洪泽湖：《尚书译注》，贵州人民出版社 1995 年版，第 3 页。

⑤ 陈广忠：《淮南子译注》，贵州人民出版社 1990 年版，第 106～125 页。

境等表现出不同的特征，人们就会祭祀或庆祝，并相应调整农耕生产一生活方式。古代皇帝“合诸天道”，与臣民一起，在“东西南北”郊野迎接“春秋夏冬”，分别进行“春礿、夏禘、秋尝、冬烝”等祭祀活动。以立春为例。通常在二月三日或四日，也是中国古代新年的开始。地方长官或县令，都要列队前往东城门口向人身牛首的神农祭祀。城门外立着公牛、母牛或小牛的硕大肖像，旁边放着家具。在祭祀过后，人们争相将肖像碎片撒在自家的田地里，以使田地丰产。[①] 在这个例子里，用谷物填在肚内的牛显然代表谷神，因此人们才相信肖像的碎片具有丰产力。分享代表神的肖像，通过这种仪式媒介就能获得神灵的庇佑的信念，这其实是一种神秘的交感巫术。其实质是，古代人将主体的生命时间置于自然的节气时间的控制之下，通过仪式等媒介与神秘的自然力量进行“沟通”，以表达“敬天顺时”的感知，祈求神灵的保佑，从而控制神灵为自我所用。这些娱神活动，经传承和演变而不同程度地形成了内容丰富的节日文化。

最后，节日时间的形成还与古代时间形式有关。受制于自然条件，如天体运转而形成的周期性的季节和昼夜，动植物周期性的繁殖、成熟与衰亡等，河流周期性的涨落等，古代形成了周期性的生产—生活的作息规律。固定周期规律显示了节日时间的绵延特征，即重要时刻的交替和时间节点的重复。节日时间因此可逆且规律性地循环往复。古代的劳动时间因地理不同而难以计量，所以这种古代时间是非匀质的。古代血亲伦理中祭祀祖先的传统和“尊古复仁”的教育观念，使得传统的“过去”的地位尤其重大。因此，古代社会并未发展出线性的时间观念。对此，法国学者葛兰言曾指出：“对中国人来说，时间并不是一个均质的延续体，由一连串外在同一运动中的同质的时刻组成。相反，在他们看来，时间是由两类对立（阴或阳，男性或女性）的时期的重复轮替构成的，这些时期在时限上是等长的。……时段的观念深深地扎根于中国人的时间概念之中，时间被认为不过是同时进行的阴阳活动的交替节律。”[②]德国学者伽达默尔把节日的重复出现称之为它的重返（Weiderkehr），它表现为一种历史的时间性。虽然节日文化活动的内容是一次次地演变着的，但“比所有属于历史的东

---

① 参见[英]詹姆斯·乔治·弗雷泽：《金枝》，徐育新等译，大众文艺出版社 1998 年版，第 448 页。

② [法]葛兰言：《古代中国的节庆与歌谣》，赵丙祥、张宏明译，广西师范大学出版社 2005 年版，第 195 页。

西更彻底的意义上是时间性的，只有在变迁和重返过程它才具有它的存在”[①]。概而言之，正是因为节日的时间节点的循环往复的出现，节日才被一次次地庆祝。

上述内容和形式要素是节日时间形成的重要原因。中国古代人类活动与自然的节气时间深切相关现象，后来被概括为“天人合一”的传统哲学思想。[②]从文化社会学看来，各类节日都有其自然或神话传说基础。巴赫金指出：“一定的和具体的自然（宇宙）时间、生物时间和历史时间观念永远是它的基础。同时，节庆活动在其历史发展的所有阶段上，都是与自然、社会和人生的危机、转折关头相联系的。死亡和再生、交替和更新的因素永远是节庆世界感受的主导因素。正是这些因素通过一定的节日的具体形式，形成了节日特有的节庆性。”[③]西方的狂欢节和中国的春节都与节气有关。

总的来说，神话传说中的狂欢的生成原因主要是巫术原则。巫术中的狂欢如好奇等情感一样是古代人与神灵“沟通”时的必要中介。而在民俗节日中，节日作为一种特殊的时间被提取出来。许多在日常生活中列为禁忌的在节日中却被允许，如吃肉喝酒、骂人戏谑、插科打诨等。在现代节日中，除了上述打破禁忌的原因外，释放积蓄的身心能量则是导致狂欢的重要原因。现代文明地区的人们普遍地受线性矢量的现代性时间驱使而进入紧张的理性的身心状态。节日时间作为终止了客观的现代性时间的“本我属己”时间，为人们释放能量提供了私人时间。

第二节　提出问题

对史前期的狂欢活动、古代社会的节日狂欢活动和现代社会的节庆及相关研究的梳理，将为我们提出问题提供依据。在诸多的狂欢研究中，既有对狂欢

---

① ［德］汉斯—格奥尔格·伽达默尔：《真理与方法》，洪汉鼎译，商务印书馆 2010 年版，第 181～182 页。

② 这一思想最早起源于新石器时代的“神人合一”观念，西周时代产生“合天之德”的观念。《诗经·大雅·烝民》中有“天生烝民，有物有则。民之秉彝，好是懿德。天监有周，昭假于下”。战国至西汉产生儒家的“天人合德”、道家的“天人合道”和儒家与阴阳家合一的“天人感应”的思想。宋代张载在《正蒙·乾称》提出“儒者则因明至诚，因诚至明，故天人合一”。（参见曾繁仁：《“天人合一”——中国古代的“生命美学”》，《社会科学家》2016 年第 1 期）

③ 《巴赫金全集》第 6 卷，李兆林、夏忠宪译，河北教育出版社 1998 年版，第 10～11 页。

观念的历时性梳理，也有对某历史阶段的狂欢活动作出哲学美学角度的阐释，还有对中西狂欢活动内在精神的共时性探究。但是，目前学界尚未从多个视域历时性地探究节日狂欢的生成可能性。

“节日狂欢（热闹）何以可能而且何以必然如此？”这一问题具有普遍性、源初性和深刻性的特征。这一问题的提出及解决的致思方式是人文科学性质的。

这个问题具有普遍性。虽然中西方的文化传统不同，在西方有传统的农神节和狂欢节等节日，在中国有各种传统的民俗节日、集日、庙会等节庆，但在节日中，所有的活动普遍地追求狂欢或热闹的气氛。对于节日中的人们来说，狂欢（或热闹）的气氛对全民都有规定性。如果某人不参与到狂欢活动中来或不喜庆地过节，那么大家会觉得他是个另类。狂欢活动作为一种文化现象，它不仅是原始社会中部落得以生存生活的重要载体，而且还演变为现代社会中普遍存在的亚文化形态。

这个普遍性的问题又具有源初性。自历时性的角度来看“狂欢”，它原指古希腊的生殖崇拜活动，而且是古代戏剧的起源。它总与古代的特殊时间，如动植物的繁殖生长规律、天气变化节点有着天然的关联；又与古代空间，如神圣之地和天体运行等有密切联系。狂欢作为一种活动，成为后来各类节日狂欢的“策源地”。

这个问题由此具有深刻性。节日狂欢中所体现出来的观念并不是一成不变的，它在古代主要体现为某一种观念，在现代社会中因为现代性分化的功能而分化为诸多观念和形态。节日狂欢活动在人类文化历史中占据重要的地位，人们至今仍然需要狂欢而且在狂欢活动中完成传承任务、教化和释放自我心理情感等等。这里需要进一步探究的是：何以节日狂欢具有如此巨大且重要的附加功能？节日狂欢何以备受喜爱却又长期处于被压制的地位？这一切都与其普遍和源初的存在有密切关系。这是本书讨论的核心问题域。

这一问题的普遍性、源初性和深刻性更体现在人文科学性质的致思过程中，因为它并非通过自然科学的实验过程和社会科学的调查分析过程来完成，而是从美学、哲学等人文科学领域高度概括其核心观念或感觉结构。

第三节　视域及其方法论意义

“视域”(Horizont)是现象学哲学的一个重要概念。德国伽达默尔延续海德格尔、胡塞尔的观念，将现象学的“认识”、海德格尔的哲学诠释学发展为诠释学哲学。按照海德格尔的说法，“任何理解活动都基于‘前理解’”[①]。也就是说，任何理解和解释都依赖于理解者和解释者的前理解（Vorverständnis）。伽达默尔进一步得出结论：“理解甚至根本不能被认为是一种主体性的行为，而要被认为是一种置身于传统过程中的行动，在这过程中过去和现在经常地得以中介”，所以“一切诠释学条件中最首要的条件总是前理解……正是这种前理解规定了什么可以作为统一的意义被实现，并从而规定了对完全性的先把握的应用”。因此，“前理解或前见是历史赋予理解者或解释者的生产性的积极因素，它为理解者或解释者提供了特殊的视域。视域是看视的区域，它包括了从某个立足点出发所能看到的一切”[②]。当然这个概念延续了胡塞尔的说法，即将人们对这个依据关系的信任称为“视域意识”，而将可能经验的游戏场称为“视域”。视域在广泛的意义上是指我的视力圈，指一个以我为中心点而指向世界的圆圈，而且随着主体位置的变化而移动。视域作为我的经验可能性的游戏场是某种主观的东西。[③]

理解者和解释者的任务就是要不断扩大自己的视域，使它与其他历史时间或“他者”的视域相交融，即伽达默尔的“视域融合”（Horizontverschmelzung）；在历时性和共时性的视域融合中，历史和现在、客体和主体、自我和他者才真正构成一个无限的统一整体，即“效果历史”（Wirkungsgeschichte）。也就是说，在这种统一关系中“同时存在着历史的实在以及历史理解的实在”。因此，一种名副其实的诠释学必须在理解本身显示历史的实在性。“理解是属于被理解东西的存在。”因此，按照伽达默尔的说法，任何事物一旦存在，必存在于一种特定的效果历史中。对这一事物的理解，都必须具有效果历史意识。因此，理解并不是一种对某个被给定的对象的主观行为，而是属于效果历史。质言之，理解是属于被理解东西的存在。

效果历史意识其实具有开放性的逻辑结构。当我们具有某种问题意识时，才能理解对象，这种问题意识其实包含着一种视域，即在这一问题的提出与阐释中获取对对象的理解。这种效果历史的观念表明，问题的提出其实是多层面

---

① [德]汉斯—格奥尔格·伽达默尔：《真理与方法·译者序言》，洪汉鼎译，商务印书馆2010年版，第2页。

② [德]汉斯—格奥尔格·伽达默尔：《真理与方法·译者序言》，洪汉鼎译，商务印书馆2010年版，第8页。

③ 参见[德]埃德蒙德·胡塞尔：《现象学的方法》，倪梁康译，上海译文出版社1994年版，第24～25页。

的，而精神科学的真理永远处于一种悬而未决当中。[①]

上述视域实质上是研究精神科学时援引的一种存在主义解释学理论。它揭示了研究精神科学的方式——“理解”的内涵。第一，理解并非是主观个体的感觉式解释，而是把自身置于“历史性的视域”中的理解，这样才能真正理解传承物的意义。这种历史性的视域决定了理解者或解释者的前理解。第二，理解其实是视域融合的过程。不仅在历时层面而且在共时层面，理解才能真正沟通“过去”与“现在”、融合“自我”与“他者”、同化“客体”和“主体”，从而构成一个无限的统一的整体。因此，艺术作品的存在、游戏的存在只有在它们的自我表现与理解中才能真正存在。第三，诠释学的重要功能除理解功能、解释功能之外，还有应用功能。我们要对某一文本有正确的理解，就一定要在某个特定的时刻和某个具体的境况里对它进行理解。这里的具体境况其实是沟通过去与现在。因此，理解本身就是一种“效果”。这种“理解”更需要理解本身。

对于本书研究的对象——节日狂欢来说，理解和解释这一现象的过程其实也是伽达默尔所谓的“效果历史”。节日狂欢并非是一个单独的文化现象，不仅需要历时性的视域融合，而且还需要共时性的视域融合。借助于“过去”的理解才能沟通“现在”，借助于“他者”才能理解“自我”，故本书试图从多维视域，如人类学的神话哲学、民俗学、判断美学、作为哲学美学概念的现代性、文化记忆理论、现象学等视域来阐释节日狂欢何以可能。

第四节　本书主要内容及章节安排

节日狂欢（或热闹）何以可能且何以必然如此？这成为本书要解决的核心问题域。节日狂欢是一个复杂的文化现象，其中涵盖的因素不可计数且难以归类，并非是某一种纯的学科理论能够给予全面的解释的。首先，节日狂欢具有普遍性。所谓普遍性，是指凡有节日，便有狂欢（或热闹）的需求，因而有相关的使人的身心达到极致愉悦的活动。其次，节日狂欢具有超越性。所谓超越性是指节日中经由各种活动而使人的身心完全进入某一种新的境界，超越了日常生活中的状态。最后，节日狂欢具有无限性。所谓无限性是指节日狂欢以其某种类似太一的无限性而超越了所有有限的作为存在者的元素。因此，我们需要从

① 参见[德]汉斯—格奥尔格·伽达默尔：《真理与方法·译者序言》，洪汉鼎译，商务印书馆2010年版，第9～11页。

多维视域来考察节日狂欢的本质内涵及其生成机制。

第一,我们可以从人类学的古代神话研究中来探讨古代节日狂欢。神话是历史最开始阶段的产物,透过它可以了解一个民族或社会的起源。对神话中的时间、空间的哲学基础进行分析,可以知道节日狂欢的内涵、特征和生成机制。在古代节日狂欢中,在思维方式、本质内涵和生成机制上体现出巫术的原则,这种原则尤其体现在时间、空间和因果逻辑上。

第二,从民俗学角度来阐释节日狂欢。节庆是民俗学关注的重要对象。节日狂欢必然有节庆的出现。从民俗学角度来分析节日狂欢中的时间、空间观念、形象以及各种形式,归纳出其独有的特征,进一步寻找这些元素与狂欢的关系。在这里有一个重要的问题是,狂欢活动与节日结合起来后,节庆何以狂欢化。也就是说,狂欢化何以可能。这需要结合民俗来解释。

第三,从美学视角来阐释节日狂欢。现代社会以来,节日狂欢成为重要审美对象。现代判断美学将形式作为鉴赏判断的对象,而忽略了其中的质料,即与人的利害相关的感觉。如何从判断美学来理解节日狂欢中的感性情感?这需要重新界定节日狂欢中的感性情感及其形象等特征。

第四,从现代性视域来理解节日狂欢。现代性是一个人文科学的概念,它与人文主体的精神相关,主要指在现代化的条件或结果下作为主体的人的心性或气质。因而,其中包含了复杂的结构。在现代文明地区,现代性因其主体践履而呈现出新的特征,尤其是被现代性的线性矢量的时间观念驱动,永远奔向未来。这种支配性的时间观念对于文明地区的人们来说是最重要的、基础性的,它有力地驱动了人们的生活和作息。这种驱动的结果是人们不得不进入现代性时间进程,从而与自我的生命时间发生冲突。这种冲突体现在日常与节日的时间的对立中,即在日常工作时间中愈是压抑,在节日时间中则愈发放纵,甚至达至狂欢状态。这种对立关系恰恰是现代社会中独有的,因而区别于前现代的节日狂欢。从此对立的时间观念出发,我们可以来阐释现代节日中的大众的狂欢叙事和网络狂欢形态。

第五,从文化记忆理论来阐释节日狂欢。文化记忆的研究在现代新媒介技术出现、承载记忆的生者不断消亡与现代性遗忘和压抑等背景中产生,它与交往记忆共同成为社会性的集体记忆的两种重要形式。文化记忆区别于交往记忆并使集体的记忆得以保存而成为记忆文化。节日是文化记忆首要的形式,它将通过仪式的重复和文字等将"过去""现时化",因而将史前时代神话延续为集体的文化记忆,保证了集体成员的身份认同。

第六，从现象学来阐释节日狂欢。从现代判断美学不能完全理解节日狂欢中的狂欢这种感性及相关元素。当代美学的一个重要转向是环境美学。从环境美学的研究理论中，提取“气氛美学”的相关概念，才能阐释节日狂欢的特质和生成机制。

本书主要分为八章。

导言部分主要讨论本书提出的问题及论证方法。本书提出的问题是：节日狂欢（或热闹）何以可能及何以必须如此。也就是说，节日为何一定要狂欢而且必然要讲究狂欢（或热闹）？对作为历史性的文化形态的节日狂欢的梳理是我们提出这一问题的事实依据。对多维视域中的“视域”的探讨是解决问题的方法论的探讨。

第一章为神话人类学视域中的节日狂欢。神话人类学视域是指从人类学原型角度分析古代神话中的时间、空间观念所构成的宇宙元概念系统。从这神话哲学出发，分析古代神话哲学中的主要代表性观念即巫术及其形态。其中的巫术原则是统治整个古代人类活动包括古代节日狂欢的主要原则。

第二章为民俗学视域中的节日狂欢。民俗学视域主要是指民间文化的立场和角度。从民间文化的视角分析节日狂欢中的代表性的形态和其中的巫术和时间等观念。它们以古代时间观念为基础，表现出迷狂性、神秘性和时间观念的循环往复特性。从其生成过程来看，民俗节日狂欢时间感从依托自然规律时间向游戏时间演变，空间感从神圣性转向公共性，狂欢仪式从神圣性走向游戏性，节日狂欢世界感受作为一种共通感生成。

第三章为判断美学视角中的节日狂欢。判断美学主要是指德国康德所提出的判断力及其形式主义美学思想。在这一美学思想中，纯粹的形式（而非质料）美是不带有任何利害关系的鉴赏判断的对象，而其他如快适等则是带有直接利害关系的判断。康德指出，笑这种活动有利于人的健康，但终归于快适。而区别优美和崇高等判断力所能运用的领域所得到的感性，诸如印度的神猴、中国古代的繁文缛节等都可归入怪诞审美形态。这种轻视快适等审美感性的结果，使得快适等不能真正地被重视起来。因此，需要指出这种快适在现代异化环境中的价值。特别是节日狂欢中的时间即节日、空间“广场”和形象等都给予主体的人以解放感性的重大作用。

第四章为现代性与节日大众狂欢。现代性作为现代人文科学的重要概念，主要是指现代条件或结果下主体的人的心性结构或精神气质。现代性最基础的一环是加速奔向未来的线性矢量模式的现代性时间。这一时间观念主导着现代文明地区的人们的生产—生活，造成公共劳动时间与私人闲暇时间的对立。在现代性的时间观念的背景中，节日时间具有重大的价值。从这一对立的时间观念出发，大众狂欢作为游戏时间依然是抗衡现代主流时间的重大资源，狂欢式的空间即现代广场中观赏者呈现出自由状态，这种形式成为现代艺术和商业等领域利用的框架。

第五章为现代性与节日叙事狂欢。在现代性时间观念驱动的背景中，现代群体在节日中的短信叙事和网络叙事都呈现出狂欢化的倾向。从叙事功能角度来说，节日中的狂欢叙事同样存在着角色及其功能，因而可能被提炼出来，形成一般的叙事模式。从叙事的符码来说，节日中的狂欢叙事文本中的符码多样且富含深意。这些叙事元素利用隐喻手法含蓄地指向了因现代性时间驱使而生成的主体困境。

第六章为现代性与节日网络狂欢。在互联网支配生活方式的深层背景中，其时间和空间的实质是虚拟时间和空间，因而生成了所谓的“脱域”机制。因现代性的时间观念驱使而积蓄的身心能量在网络上释放，使得网络平台上的群体性的愉悦事件凸显出新的特质。狂欢群体的感觉结构因此更为复杂，其中的求新、求快心理与拖延、耽溺情绪相混合，热情围观与冷然漠视相结合。这在人肉搜索、网络“走红”等事件中明显地体现出来。

第七章为现代记忆理论视域中的节日狂欢。基于现代记忆理论的研究，社会性的集体记忆可分为交往记忆和文化记忆。文化记忆的形成需要留存事实、强化纪念等过程，它的首要组织形式是节日。文化记忆更需要结合现代性的压抑与遗忘来显示其现实意义。正是现代性的遗忘和压抑，使得现代群体的文化记忆这一信仰层面往往让位于现代诸神，不能真正成为记忆文化的本体论的信仰。节日因其对“过去”的重复和现时化使得群体回忆成为可能，并成为普遍性集体记忆。节日狂欢因此具有重要的抗衡现代性的遗忘、重新组织集体成员、增进成员的集体认同的重要价值。

第八章为节日狂欢的现象学阐释。现象学的哲学视角主要是指现象学运动所提出的“回到事实本身”这一纲领。这一口号必然要求“搁置”所有成见或俗见，做到本质直观，因而纯粹主体的描述有可能达到艺术的本源。这一现象学哲学带来的美学领域的实践成果则是气氛美学的提出。从气氛这一概念出发，可以理解节日狂欢其实是一种气氛，而节日中的任何人、事和物都作为环境成为构成气氛的元素，它们唯有在节日中与主体的人一起呈现出来才能成为气氛。在气氛美学视域下，节日狂欢的实质才得以从现象学角度被阐明。

第一章

神话人类学视域中的节日狂欢

神话传说对于理解古代节日狂欢有重要意义。本章主要从神话人类学角度来解释古代节日狂欢，揭示其中的核心观念和生成原则。

第一节　神话人类学视域及其方法论意义

神话人类学研究的一个重要领域是神话哲学。神话哲学是对神话中诸多要素的哲学反思与探讨，包括对神话的思维、神话的本质、神话的时间观念和空间观念等根本原则的探讨。从这一视域出发，古代的节日狂欢的本质、狂欢的思维以及其中的时间和空间观念的特征都可以得到揭示。

一、神话人类学

罗马尼亚学者埃利亚德(Eliade)认为："每一个关于万物起源的神话都以宇宙进化论为先决条件，并延续着这种思想。从这一基础观念来看，起源神话中总包含着一个宇宙发生神话。"[①]"我们需要理解神话，知道万物起源的秘密，也就是说，不光知道它们如何出现，还要知道在哪里出现，并且在它们消失的时候让它们重现。因为如果了解一个对象(如动物、植物等等)的起源，就等于得到了任意控制、繁殖、再现它们的巫术力量。"[②]因此，通过神话可以知晓原始思维

① Mircea Eliade. *Myth and Reality*. New York: Hope and Row ,1963. p21.

② Mircea Eliade. *Myth and Reality*. New York: Hope and Row,1963. p15.

及其活动的含义。

神话哲学(Philosophy of mythology)在19世纪德国哲学家谢林和20世纪德国学者卡西尔那里均有相关论述,国内学者叶舒宪也作过中国神话哲学的论述。前两者是对神话所做的哲学研究,即神话的哲学研究;后者是对"神话中的哲学"即神话之中所蕴含的哲学观念的研究,亦即侧重探讨中国神话中的哲学蕴含以及中国哲学思维模式的神话基础问题。[①] 叶氏特别注重引用当代文化人类学研究中的原型模式理论,并在此基础上重构出中国神话哲学的"元语言"。所谓元语言,是指用来分析和描写另一种语言(被观察的语言或对象语言)的语言或一套符号,如用来解释一个词的词或外语教学中的本族语。在他看来,原型模式正是要考察的神话或文化对象的"元语言"。原型模式在此具有重要的方法论意义。[②]

"原型"(archetype)一词出自希腊文"archetypos"。在柏拉图那里,是指事物的理念本源。在他看来,现实事物只不过是理念的影子,因而理念乃是客观事物的原型。[③] 弗莱对原型的规定有:"神话是一种核心性的传播力量,它使仪式具有原型意义,使神喻成为原型叙述。因此,神话就是原型,虽然为了方便起见,我们在提到叙述时说神话,在提到意义时说原型。"(1951)"在这一相(神话相)中的象征是可交际的单位,我给它起名叫原型,即一种典型的、反复出现的意象。我用原型来表示那种把一首诗同其他诗联系起来并因此有助于整合统一我们的文学经验的象征。原型是一些联想群(aociative clusters),与符号(sign)不同,它们是复杂可变化的。在既定的,它们常常有大量特别的已知联想物,这些联想物都是可交际的,因为特定文化中大多数人很熟悉它们。"(1957)"我用原型这个词指那种在文学中反复使用,并因此而具有了约定性的文学象征或象征群。""关于文学,我首先注意的东西之一是其结构单位的稳定性。比如说在喜剧中,某些主题、情景和人物类型从阿里斯托芬时代直到我们今天都几乎没有多大变化地保持下来。我曾用原型这个术语来表示这些结构单位……"[④]从以上说法可以看出,原型实质上是文学批评中的一种学术方法,即从神话传说以来的文学传统中寻找最基本的、最核心的单位意义模式,从而成为解读诸多文学文本的核心单元。因此,"这样说来,探求原型实际上就是一种

---

① 参见叶舒宪:《中国神话哲学·导言》,中国社会科学出版社1992年版,第1页。

② 参见叶舒宪:,《中国神话哲学·导言》,中国社会科学出版社1992年版,第5~7页。

③ 参见叶舒宪:《神话—原型批评》,陕西师范大学出版社1987年版,第14页。

④ 转引自叶舒宪:《神话—原型批评》,陕西师范大学出版社1987年版,第16页。

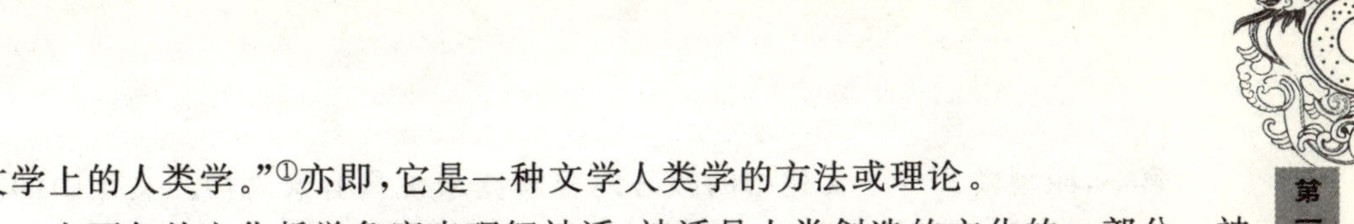

文学上的人类学。”[①]亦即，它是一种文学人类学的方法或理论。

卡西尔从文化哲学角度来理解神话，神话是人类创造的文化的一部分。神话的世界是一个戏剧般的世界，一个关于各种活动、人物、冲突力量的世界。神话的感知总是充满了这些感情的质。它看见或感到的一切，都被某种特殊的气氛所围绕——欢乐或悲伤的气氛、苦恼的气氛、兴奋的气氛、欢欣鼓舞或意志消沉的气氛，等等。[②] 因此，不能将神话还原为各种纯粹抽象的符号，而应该从一种具体而直接的方式来表达他们的感情和情绪，也就是说，我们必须研究这种表达的整体才能发觉神话的结构。

卡西尔是针对列维—布留尔(Lévy-Bruhl)提出的概念“原始思维”来说的。“原始思维”是指神话思维是“原逻辑的思维”(prelogical thought)。因为对于原始人来说，自然的“所有事物和所有生物都被包含在一个神秘的互渗和排斥之网中”。而原始社会的“集体表象”也是不能运用现代的逻辑法则的，甚至连矛盾律以及其他的理性思维法则都是无效的。[③] 所谓“原逻辑的”是指原始人的思维不是在时间上先于逻辑思维的某阶段，不是反逻辑的，也不是非逻辑的，而是原始逻辑的。所谓“互渗律”是指具有这种趋向的思维并不怎么产生矛盾，但它也不尽力去避免矛盾，它往往是以完全不关心的态度来对待矛盾的。

因此，想要将神话解释为理论真理或道德真理的尝试几乎是失败的，因为神话经验的根本情况是：“神话的真正基质不是思维的基质而是情感的基质”，它们的条理性更多地依赖于情感的统一性而不是逻辑的法则。这里的情感的统一性是原始思维最强烈、最深刻的推动力的。[④]

统一于原始人的这种情感，他们的自然观既不是纯理念的，也不是实践的，而是交感的(sympathetic)。原始人在这种情感之中都有这种信念，即人的生命在时间和空间中根本没有确定的界限，尤其能够体现这种信念的是祖宗崇拜。

二、神话人类学的方法论意义

神话人类学研究具有以下方法论上的优势：

---

① 叶舒宪：《神话—原型批评》，陕西师范大学出版社 1987 年版，第 19 页。

② 参见[德]卡西尔：《人论：人类文化哲学导引》，甘阳译，译文出版社 2013 年版，第 129 页。

③ 参见[德]卡西尔：《人论：人类文化哲学导引》，甘阳译，译文出版社 2013 年版，第 135 页。

④ 参见[德]卡西尔：《人论：人类文化哲学导引》，甘阳译，译文出版社 2013 年版，第 137 页。

第一，原型模式对于文化中的核心内容解读来说具有宏观性。文化中的文学、仪式等同古老的神话、信仰、宗教及民间风俗等都有密不可分的联系。同侧重于共时关系的结构主义相比，原型批评更侧重于历时性方面的透视。因此，原型模式对解读文化现象来说具有系统性。原型模式对于理解文化哲学的“元语言”来说具有高度的概括性和抽象性。

第二，原逻辑思维或原始思维对于理解古代狂欢活动等文化现象来说具有重要的区别作用。这种思维并非现代思维，其中的思维原则也并非现代理性。这对于理解神话中的巫术现象具有重要意义。

第三，从人类文化哲学的角度来说，神话中体现出来的原始人的经验的本质是情感的，而非逻辑的。统一于这种情感，原始人的生命观、时间观念和空间观念都是一体的。这尤其体现在祖先崇拜的祭祀中。

总的来说，从神话人类学的视域来研究古代节日狂欢，我们可以找到古代节日狂欢的“原型”即神话，从而分析其中存在的思维原则、时间观念和空间观念的本质特征等。

第二节　原始神话与古代节日狂欢

我们可将西方的“金枝”神话和中国的“社稷”神话作为原型，从中理解节日狂欢时的核心观念。

一、西方“金枝”神话与节日

“金枝”神话作为原型包含了古代西方的巫术、宗教和传说等诸多要素。这一原型在各个民族、各个地区均可以找到其演变形态，其中赖以建立的思想原则即交感巫术是普遍的。

(一)作为原型的“金枝”神话及其交感巫术原则

“金枝”神话主要流传于罗马东南阿尔巴群山一带。在这座山的山谷中，有一个内米湖，周边是阿里奇亚丛林。湖的东北岸有狄安娜的圣所。这里以古代尊崇狄安娜和阿里奇亚丛林闻名于世。神话的主要内容是关于内米祭司承袭制度。这座神庙的祭司向来由一名逃亡的奴隶担任，他既是谋杀者，又是“森林之王”。他时刻守卫着神庙附近的圣树，因为其他任何一个逃亡的奴隶只要抓

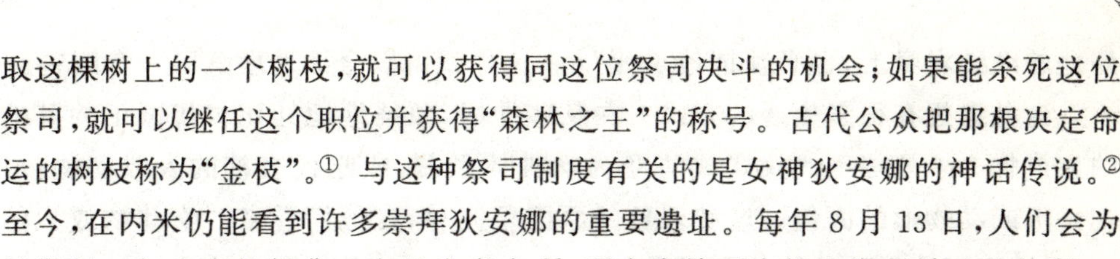

取这棵树上的一个树枝，就可以获得同这位祭司决斗的机会；如果能杀死这位祭司，就可以继任这个职位并获得“森林之王”的称号。古代公众把那根决定命运的树枝称为“金枝”。[①] 与这种祭司制度有关的是女神狄安娜的神话传说。[②] 至今，在内米仍能看到许多崇拜狄安娜的重要遗址。每年8月13日，人们会为她举行一年一度的祭典。在整个意大利，所有家族要在炉边举行神圣的礼拜。

有两个问题需要解释：一是“森林之王”即内米的狄安娜的祭司为什么必须杀死自己的前途；二是他为何需要先折下“金枝”。弗雷泽运用文学人类学的方法研究多个地区的民俗和神话以后认为，决定自然的法则是“交感巫术”。王权及其神性化的过程正是依靠巫术原理。[③]

对问题一的解释需要联系王权神性化的过程及其原则。在较早期阶段，巫师和祭司的职能是经常结合在一起的。巫师声称通过所施巫术可以为人们的利益控制大自然的能力，从而拥有极大的声望。祭司自称是上帝和人之间的正当媒介、真正中间人的角色。神权与王权结合在一起，巫师、祭司等渐渐发展成为酋长或国王。原始人们相信他们的命运和世界的安全是与这些人的人神或化身为人的神的生命联系在一起的。而人的生命是不可逆转的进程，必然经过强盛而至衰老。他们要防止人神变老、衰弱甚至死去，只有一个办法，那就是，人神的能力一旦露出衰退的迹象，就必须马上把他杀死，将他的灵魂转移到一个精力充沛的继承者身上。这样的规定，就可以使神灵生命永远寄居在一个年轻的有活力的躯体上。同样的推理也适用于内米湖的“森林之王”，他是被看作树精或植物精灵的化身。在他的崇拜者的信念里，作为化身，他具有使树木结果、庄稼生长等的魔力，所以他的崇拜者必定非常重视他的生命，对于他的生命有一整套详细的预防手段或禁忌，但是“为了让他身上的灵魂完整而饱满地传

---

① 参见[英]弗雷泽：《金枝》，赵昍译，陕西师范大学出版总社有限公司2010年版，第2页。

② 罗马神话中的狄安娜大体相当于希腊神话中的月亮和狩猎女神阿尔忒弥斯。她是天神宙斯的女儿，与太阳神阿波罗是孪生兄妹。他们在希腊神话和由此脱胎而来的罗马神话中同样备受崇敬。阿伽门农之子奥列斯特在特洛伊战争之后，为父报仇误杀其母，他获得保护神阿波罗的谕示，即将女神阿尔忒弥斯从异乡迎回。按照罗马神话，奥列斯特带着阿尔忒弥斯的神像，来到内米湖畔阿里奇亚丛林。于是在这里建起了狄安娜的神庙。（参见[英]弗雷泽：《金枝》，赵昍译，陕西师范大学出版总社有限公司2010年版，第2～4页）

③ 参见[英]弗雷泽：《金枝》，赵昍译，陕西师范大学出版总社有限公司2010年版，第13～15页。

到他的继续者身上，也必须把他杀死”[①]。这样就可以全面地理解第一个问题。

这种思想有很多变通的方式。在某些地区，象征性地处死替代国王的其他的人或物。杀死国王的仪式或演变为吃神体圣餐，或吃代表神的人或动物，或吃人形或动物形的面包。这种现象的原因很简单，在他们看来，“吃动物或人的肉，除了可以获得该动物或人的体质上的特性外，还可以将其道德和智力的特性据为己有”[②]。所以原始人认定某物有灵性，必然会希望把它的体质特性和灵性中的一部分吸收过来。这些信念也是交感巫术体系的一部分。神是谷神，谷物就是他的主体；神是葡萄神，葡萄汁就是他的血；信徒吃了面包，喝了葡萄酒，就是吃了他的神的真正的血肉。所以在狄俄尼索斯这样的葡萄神的仪式上喝葡萄酒并不是欢闹的行为，那是一顿庄严的圣餐。[③] 这种吃神肉的实质是交感巫术。其中的思想观念是，若吃了某物的肉，便获得与某物同样的能力。[④]

对第二个问题的回答则需要结合许多地区风俗中的核心观念。远古以来，槲寄生在欧洲一直是迷信崇拜的对象。[⑤] 橡树有荣有枯，而寄生在它身上的槲寄生却四季常青，原始人们以为槲寄生是橡树的生命中心。他引用高卢境内崇奉槲寄生的实例。巫师们把槲寄生和其所寄生的树（必须是橡树）奉为极端神圣。槲寄生十分罕见，一旦发现，就举行隆重仪式，然后采集。祭司用金制的镰刀割下槲寄生，然后就献祭牺牲，祈告天神保佑。他们相信槲寄生能治百病。[⑥] 而在民间故事和习俗中均有将灵魂寄存于体外的观念。流行于北欧的巴尔德尔神话中，人们就认为巴尔德尔的生命是寄存于槲寄生中的。那么槲寄生毁灭，巴尔德尔的生命也不复存在。金枝就是槲寄生。[⑦]

---

① [英]弗雷泽：《金枝》，赵昍译，陕西师范大学出版总社有限公司 2010 年版，第 326 页。

② [英]弗雷泽：《金枝》，赵昍译，陕西师范大学出版总社有限公司 2010 年版，第 541 页。

③ 参见[英]弗雷泽：《金枝》，赵昍译，陕西师范大学出版总社有限公司 2010 年版，第 546 页。

④ 在中国的《西游记》故事中，天上的神仙和地下妖怪都知道“吃了唐僧肉可以长生不老”的传言。这传言实质是一种交感巫术。

⑤ 参见[英]弗雷泽：《金枝》，赵昍译，陕西师范大学出版总社有限公司 2010 年版，第 728 页。

⑥ 参见[英]弗雷泽：《金枝》，赵昍译，陕西师范大学出版总社有限公司 2010 年版，第 728～729 页。

⑦ 参见[英]弗雷泽：《金枝》，赵昍译，陕西师范大学出版总社有限公司 2010 年版，第 777 页。

质而言之，将槲寄生和生命联系起来的其实是交感巫术的思想原则，如同将按某人的模样制作的木偶或由某人之物制作的蜡像等烧毁，那么某人便会伤亡。原始人们以槲寄生之于橡树的生命的关系作类比，将某人之物与某人生命联系起来。因此，只要毁灭金枝，即槲寄生，那么与此相联系的生命便不能存在。

（二）巫术狂欢与节日时间

树神崇拜和巫术思想在古代西亚文明国家和埃及同样流行。他们都把一年中季节的更迭、特别是植物的生长与衰谢，描绘成神的生命中的事件，并且交替以哀悼与欢庆的戏剧性的仪式纪念神的悲痛的死亡和欢乐的复活。它们实质上是巫术狂欢，最典型的是酒神节和农神节。

酒神狄俄尼索斯是葡萄树和葡萄酒的人格化。狄俄尼索斯的最大特征表现为葡萄树与繁茂的葡萄藤蔓，是一般的树木之神，同时也被当作农业或谷物之神。神话传说中的狄俄尼索斯也曾经历过死亡和复活。他的形象通常总是一棵直立的木柱，没有手臂，身披外套，有一个满脸胡须的面具表示头部，头上和身上披覆着树叶。他也被表现为牛、羊等形象。崇拜者向他祭祀祈求果实丰产，并且认为他肩负着葡萄树的荣枯。在纪念他的节日活动中，人们通过纵情的舞蹈、激动的音乐和极度的酗酒而表现出来。而且在此类的崇奉仪式中，存在着放纵的两性交媾活动或婚姻形式。根据巫术的相似或模拟的原理，其意图是为了确保植物春天再生、动物繁殖，而这些都受到冬天损害的威胁。

农神节是在每年十二月里，即罗马历一年的最后一个月里，一连七天。民间认为这是纪念萨图恩的欢乐盛世的。[①] 这个古代狂欢节的特点是：在古罗马的街道上、公共场所和住宅中举行各类宴会，人们饮酒或进行种种疯狂的寻欢作乐。而节日中最引人注意的，使古人自己都觉得最惊人的，莫过于允许奴隶放任自由。自由民阶级和奴隶阶级之间的区分暂时废除了。农神节间自由民也可以拈阄、假充国王，享受一点微弱权力，对他的临时臣民发出具有玩笑取闹的号令。在弗雷泽看来，主持吃喝笑闹的假王在起初是代表萨恩图本人的。[②]

这种加冕—脱冕的仪式在几乎所有狂欢节里都作为重要秩序。“第十二

---

① 参见[英]弗雷泽：《金枝》，赵昍译，陕西师范大学出版总社有限公司 2010 年版，第 637 页。

② 参见[英]弗雷泽：《金枝》，赵昍译，陕西师范大学出版总社有限公司 2010 年版，第 638～639 页。

夜”上的逗笑王、中世纪的傻瓜主教、愚蠢的修道院长或胡闹老爷都是同一类的人物，也许他们的起源也是一样的。[①] 由此我们可知，巫术狂欢主要是指原始人们在举行巫术仪式活动时放纵的情感。

二、中国“社稷”神话与节日

从神话思维来看，中国的“社稷”神话体现了中国古代的巫术思想。“社稷”分别指土神和谷神，是万物之神中的重要代表。这种巫术典型地体现在中国悠久的农耕文明、上古文化习俗中。

（一）“社稷”神话及其巫术

在中国古代，“社稷”是重要的祭祀对象，这可以从配舞活动看出来。如《周礼·地官·舞师》：“舞师，掌教兵舞，帅而舞山川之祭祀；教帔舞，帅而舞社稷之祭祀；教羽舞，帅而舞四方之祭祀；教皇舞，帅而舞旱暵之事。凡野舞，则皆教之。凡小祭祀，则不兴舞。”[②]汉代班固的《白虎通义·社稷》进一步解释了社稷的含义：“王者所以有社稷何？为天下求福报功。人非土不立，非谷不食。土地广博，不可遍敬也；五谷众多，不可一一祭也。故封土立社，示有土尊。稷，五谷之长，故封稷而祭之也。”[③]又有“不谓之土何？封土为社，故变名谓之社，别于众土也。为社立祀，始谓之稷，语亦自变，有内外。”[④]也就是说，“社”和“稷”分别是土地、五谷诸神之代表。诸神都可以祭祀，但因其繁多，所以“立社”“封稷”。学者叶舒宪的解释是：“社”的实质是“大地母亲的生殖力崇拜”，相当于“西亚的地母神和繁殖神易士塔崇拜”；“稷”是谷神崇拜，也就是“植物神阿都尼斯崇拜在农业社会发展了的形式”[⑤]。他推测，“上古华夏一定也有过类似易士塔和阿都尼斯的神话”，后来对这两种神的崇拜形式保存下来，成为封建国家的象征。[⑥]

社稷祭祀在什么时候？《礼记·月令》：“仲春之月，择元日命人社。”[⑦]可知，“社稷”祭祀在仲春之月。其中的祭礼如何？《礼记·郊特牲》：“郊特牲而社稷

---

① 参见［英］弗雷泽：《金枝》，赵昍译，陕西师范大学出版总社有限公司 2010 年版，第 641 页。

② 杨天宇：《周礼译注》，上海古籍出版社 2004 年版，第 184～185 页。

③ （东汉）班固：《白虎通义》（中），陈立疏证，商务印书馆 1933 年版，第 65 页。

④ （东汉）班固：《白虎通义》（中），陈立疏证，商务印书馆 1933 年版，第 70 页。

⑤ 叶舒宪：《探索非理性的世界》，四川人民出版社 1988 年版，第 31 页。

⑥ 参见叶舒宪：《探索非理性的世界》，四川人民出版社 1988 年版，第 32 页。

⑦ （汉）郑玄注，（唐）孔颖达疏：《礼记正义》，北京大学出版社 1999 年版，第 552 页。

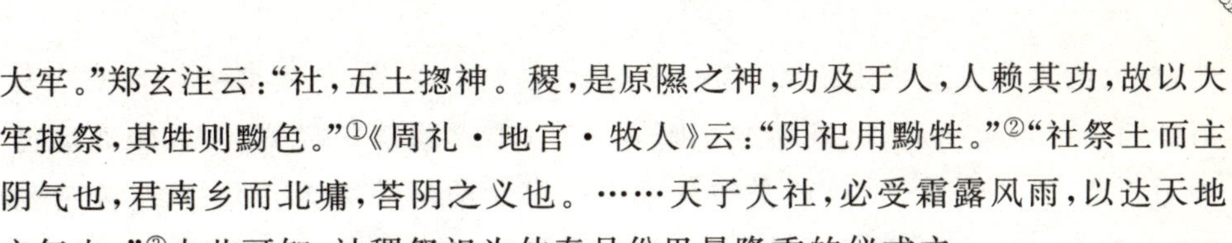

大牢。"郑玄注云："社，五土揔神。稷，是原隰之神，功及于人，人赖其功，故以大牢报祭，其牲则黝色。"[1]《周礼·地官·牧人》云："阴祀用黝牲。"[2]"社祭土而主阴气也，君南乡而北墉，荅阴之义也。……天子大社，必受霜露风雨，以达天地之气也。"[3]由此可知，社稷祭祀为仲春月份里最隆重的仪式之一。

为何要祭土神和谷神？《礼记·郊特牲》："社，所以神地之道也，地载万物，天垂象，取材于地，取法于天，以尊天而亲地也，故教民美报也。家主中霤而国主社，示本也。唯为社事，单出里；唯为社田，国人毕作；唯社，丘乘共粢盛，所以报本反始也。"郑玄注云："中霤，亦土神也。粢，稷也。"[4]《白虎通义·社稷》："岁再祭之何？春求秋报之义也。……仲春祈谷，仲秋获禾，报社祭稷。""王者自亲祭社稷何？社者，土地之神也。土生万物，天下之所主也，尊重之，故自祭也。"[5]也就是说，祭土神和谷神只是为谷物丰收。民以食为天，食物出自土地，那么尊重并祭祀土地也就很自然了；而且，这种仪式是包括天子、诸侯和国人在内所有全民在场举行的。

《周礼》中："春之月，令会男女。于是时也，奔者不禁。"[6]结合上文所说的巫术仪式，这难道不是迎合仲春祭祀仪式的临时性解放吗？《礼记·月令》："是日也，玄鸟至。至之日，以大牢祠于高禖，天子亲往。"郑玄注："玄鸟，燕也。燕以施生时来，巢人堂宇而孚乳，嫁娶之象也。媒氏之官以为候。"[7]而关于高禖的神话有："高辛氏之出，玄鸟遗卵，娀简吞之而生契，后王以为媒官嘉祥，而立其祠焉。变媒为禖，神之也。"[8]在叶舒宪看来，古代中国的土神就是高禖。[9] 月令是古代十二月的政令内容。男女婚配是政令内容之一，而且它与天子亲往祭祀"媒神"在同一月份。这月份有"玄鸟来"的症候，被看作是嫁娶之期。在交感巫术的思想原则下，祭祀"媒神"和男女暂时解放的性行为之间是交相感应的，他们遵循着同一原则，彼此互相促进，相得益彰。[10] 从古代中国的神话和礼仪来

---

① (汉)郑玄注，(唐)孔颖达疏：《礼记正义》，北京大学出版社 1999 年版，第 892 页。

② (汉)郑玄注，(唐)孔颖达疏：《礼记正义》，北京大学出版社 1999 年版，第 897 页。

③ (汉)郑玄注，(唐)孔颖达疏：《礼记正义》，北京大学出版社 1999 年版，第 917 页。

④ (汉)郑玄注，(唐)孔颖达疏：《礼记正义》，北京大学出版社 1999 年版，第 917～918 页。

⑤ (东汉)班固：《白虎通义》(中)，陈立疏证，商务印书馆 1933 年版，第 66、72 页。

⑥ 杨天宇：《周礼译注》，上海古籍出版社 2004 年版，第 205 页。

⑦ (汉)郑玄注，(唐)孔颖达疏：《礼记正义》，北京大学出版社 1999 年版，第 554 页。

⑧ (汉)郑玄注，(唐)孔颖达疏：《礼记正义》，北京大学出版社 1999 年版，第 554 页。

⑨ 参见叶舒宪：《探索非理性的世界》，四川人民出版社 1988 年版，第 33 页。

⑩ 参见叶舒宪：《探索非理性的世界》，四川人民出版社 1988 年版，第 33～34 页。

看，相关的古典诗词很多。如《诗经·郑风》："野有蔓草，零露溥兮。有美一人，清扬婉兮。邂逅相遇，适我愿兮。野有蔓草，零露瀼瀼。有美一人，婉如清扬。邂逅相遇，与子偕臧。"[①]这就是在仲春之时男女结合的场面。另一首《溱洧》有"唯士与女，伊其将谑"[②]的描写。这其实也是三月上巳节外出春游男女自由相聚的场面。由此可见上古时代中国的风俗其实遗留了神话中巫术狂欢的很多因素。

社稷神话中最重要的部分乃是高禖神话。"春求秋报"之义中，春季祈求的目的既包括土地生产也包括人类的生产。《礼记·月令》："乃天子所御，带以弓韣，授以弓矢，于高禖之前。"[③]也就是为了生育男孩，天子带弓拜于"媒神"之前。另外，天子须要在四季分别进行"春礿、夏禘、秋尝、冬烝"等活动。[④] 这些祭祀仪式中掺杂有巫术仪式或思想。也就是说，将神人格化，以模拟或接触的方法，掌控具有灵性的万物力量。在古代社会，中国各省份和地区在立春前举行祭祀仪式。在立春那天，即中国历法新年的开始，地方长官或县令都要列队前往东城门口向人身牛首的谷神祭祀。城门外立着用纸或泥做成的公牛、母牛或小牛的硕大肖像，旁边放着家具。长官和百姓要将这些肖像敲碎，才可能使这一年的谷物丰产。在这里，用谷物填在肚内的牛显然表示谷精，因此人们才相信那像的碎片具有丰产力。[⑤] 而且祭祀的仪式尤其注重其秩序和程序，不能有丝毫偏差。在《金陵岁时记》中认为这一仪式并非古制。"迎春东郊，旧在通济门外鬼神坛，后移神木庵。是日，郡守以下咸往至府署而止，勾萌神曰傲马。……按，芒神即值年太岁神，其曰傲马者，例如岁值壬癸，主水涉者应跣足，而神则加履。丙午主火畏热应脱帽，而神则如冠，谓其与世人相拗耳。又《月令广义》：芒神身高三尺六寸。……其身有老少之分。又俗说，土牛之尾右搭者，是年多生女，左搭者，是年多生男云。按月令，出土牛示农耕之早晚。古制，于国城南立土牛，以示民，如立春在十二月望，则策牛者近前，示农早也，立春在正月望，则策牛者近后，示农晚也。今立春日州县制一牛取彩杖鞭而碎之，以讹传讹，而非古者之

---

① 程俊英：《诗经译注》，上海古籍出版社 1985 年版，第 163 页。

② 程俊英：《诗经译注》，上海古籍出版社 1985 年版，第 165 页。

③ （汉）郑玄注，（唐）孔颖达疏：《礼记正义》，北京大学出版社 1999 年版，第 555 页。

④ 参见（汉）郑玄注，（唐）孔颖达疏：《礼记正义》，北京大学出版社 1999 年版，第 1588 页。

⑤ 参见[英]弗雷泽：《金枝》，赵昍译，陕西师范大学出版总社有限公司 2010 年版，第 520 页。

制。”[①]河北《怀来县志》中记载：“立春前一日，用纸糊勾芒神土牛鼓乐，随之文武百官出东郊迎春，一人自东方驰骑至报春到，并吉语数句，官放赏。明日文武百官于县堂打春、领春燕、报春者又以小土牛芒神置纸楼内，鼓乐，分送诸乡达谓之送春。是日，民间食饼馀春酒。”[②]如同土神、谷神一样，其他神灵在巫术的意义上也存在着“不死”的性质。土神、谷神永远不死，那么土地生产力和谷物生产力才长盛不衰。而且灶神同样如此，“上天言好事，下界保平安”。敬奉于锅灶之前的灶神时刻保佑着敬奉者全家人的健康平安。

总之，我们看到，在中西方都存在古代巫术，巫术狂欢作为原始社会的集体活动，是集体成员的共同生活基础，因而具有普遍性。

第三节　神话中节日狂欢的核心观念

节日狂欢活动作为文化现象，用文化研究的方法尤其注重从文化哲学高度和跨学科的方法才能揭示其中的核心观念。所谓核心观念主要是指在节日狂欢中群体性的情感、思维方式等。

一、普遍的巫术原则

巫术是指人们通过仪式与仪式所要产生的效果之间的交感或相似规律以影响自然进程的法术。人类学家弗雷泽认为，巫术赖以建立的思想原则可归结为两个方面：一是“同类相生”或果必同因；二是“物体一经互相接触，在中断实体接触后还会继续远距离的互相作用”。前者可称之为“相似律”，后者可称作“接触律”或“触染律”。基于相似律的法术叫作“顺势巫术”或“模拟巫术”。基于接触律或触染律的法术叫作“接触巫术”。[③] 这两类巫术都归于“交感巫术”这个总的名称之下，因为两者都认为“物体通过某种神秘的交感可以远距离地相互作用，通过一种我们看不见的‘以太’把一物体的推动力传输给另一物体”[④]。巫术中以模拟神灵的行为或接触神灵为主要内容，从而获得神灵的力量，其时

---

① 潘宗鼎：《金陵岁时记》，卢海鸣点校，南京出版社 2006 年版，第 36 页。

② 《怀来县志》，成文出版社 1969 年版，第 46 页。

③ 参见[英]弗雷泽：《金枝》，赵昍译，陕西师范大学出版总社有限公司 2010 年版，第 16 页。

④ [英]弗雷泽：《金枝》，赵昍译，陕西师范大学出版总社有限公司 2010 年版，第 17 页。

群情亢奋，狂饮纵欲。它与祈祷不同。祈祷是依靠牺牲、祈祷和赞美，以求得神灵的恩惠。交感巫术体系中不仅包含积极的规则，而且还有很多消极的规则。积极的规则是巫术，而消极的规则就是禁忌。积极的巫术考虑“这样做会带来什么”，而消极的巫术则坚持“避免带来什么而别这么做”。也就是说，积极巫术的目的在于得到一个自己期望的结果，而消极的巫术在于避免不希望的下场。①

弗雷泽对世界各地的民俗的考察，意在表明在古代社会中巫术存在的普遍性。在认识世界的作用上来说，他认为巫术与科学十分相近。因为它们都认定事物的变化发展是有规律可循的，并且可以通过对这些规律的探索来预测未来。② 而且，他所掌握的有关澳大利亚土著民的资料表明，在最原始的野蛮人那里，巫术广为人知。也就是说，几乎所有的澳大利亚人都是巫师，没有一个人企图通过祈祷和祭品来讨好神，因为所有人都自认能通过交感巫术来改变自然的进程或身边的人。③

二、必然的狂欢观念

西方的狂欢有悠久的传统。在古希腊柏拉图那里，迷狂指诗人作诗时神力凭附的状态。唯有凭附神力，“失去平常理智而陷入迷狂”，才有能力作诗或代神说话。他区分了酒神之迷狂、巫师之迷狂、音乐之迷狂、作诗之迷狂，后三者皆因酒神凭附而产生。

凡是高明的诗人，无论在史诗或抒情诗方面，都不是凭技艺来写他们的优美的诗歌，而是因为他们得到灵感，有神力凭附着。科里班特巫师们在舞蹈时，心理都受一种迷狂支配；抒情诗人们在作诗时也是如此。他们一旦受到音乐和韵节力量的支配，就感到酒神的狂欢。由于这种灵感的影响，他们正如酒神的女信徒们受酒神凭附，可以从河水中汲取乳蜜，这是她们在神志清醒时所不能做的事。抒情诗人的心灵也正像这样。诗人是一种轻飘的长着羽翼的神明的东西，不得到灵感，不失去平常理智而陷入迷狂，就没有能力创造，就不能作诗

① 参见[英]弗雷泽：《金枝》，赵昍译，陕西师范大学出版总社有限公司 2010 年版，第 24 页。

② 参见[英]弗雷泽：《金枝》，赵昍译，陕西师范大学出版总社有限公司 2010 年版，第 54 页。

③ 参见[英]弗雷泽：《金枝》，赵昍译，陕西师范大学出版总社有限公司 2010 年版，第 60 页。

或代神说话。[①]

在尼采的笔下，古希腊的酒神狂欢呈现出一种痛苦与狂喜交织的非理性状态。在尼采的描述中，酒神到来时，万物都呈现出迷狂的特征：

在酒神的魔力下，不但人与人重新团结了，而且疏远、敌对、被奴役的大自然也重新庆祝她同她的浪子人类和解的节日。大地自动地奉献它的贡品，危崖荒漠中的猛兽也驯良地前来。酒神的车辇满载着百卉花环，虎豹驾驭着这彩车行进。

此刻，奴隶也是自由人。此刻，贫困、专断或"无耻的时尚"在人与人之间树立的僵硬敌对的藩篱土崩瓦解了。此刻，在世界大同的福音中，每个人感到自己同邻人团结、和解、款洽，甚至融为一体了。摩耶的面纱好像已被撕裂，只剩下碎片在神秘的太一之前瑟缩飘零。人轻歌曼舞，俨然是一更高共同体的成员，他陶然忘步忘言，飘飘然乘风飞飏。他的神态表明他着了魔。就像此刻野兽开口说话、大地流出牛奶和蜂蜜一样，超自然的奇迹也在人身上出现：此刻他觉得自己就是神，他如此欣喜若狂、居高临下地变幻，正如他梦见的众神的变幻一样。人不再是艺术家，而成了艺术品：整个大自然的艺术能力，以太一的极乐满足为鹄的，在这里透过醉的战栗显示出来了。[②]

古代神话中，都存在着人与神"共在"时的迷狂。古代希腊中酒神狄俄尼索斯或巴克斯是葡萄树以及葡萄酒的人格化。公元前 6 世纪或更早时候从色雷斯传入希腊的仪式中，通过象征性的表演来纪念酒神的受苦、死亡和复活，通过纵情的舞蹈、激动的音乐和极度的醉酒来对它表示崇拜。对神的力量的心理情感和酒精刺激的生理感受，正是狂欢时迷狂状态产生的重要因素。

春秋之时，子贡参观蜡祭后发表观感："一国之人皆若狂。"[③]前引文献所记述的仪式也可说明这种迷狂的情感状态。《周礼》中所说，仲春之时，结合巫术意义的祭祀仪式，上古男女约会且不禁。这其中不也掺杂着迷狂的情感吗？

三、可逆的时(空)间观念

(一)时间观念

在古代有关神话的典籍中，我们追溯古代中国人思维中对时(四季)、空(四

---

① 参见[古希腊]柏拉图：《柏拉图文艺对话集》，朱光潜译，商务印书馆 2013 年版，第 7～8 页。

② 参见[德]尼采：《悲剧的诞生》，周国平译，译林出版社 2014 年版，第 8～9 页。

③ (清)阮元校刻：《十三经注疏·礼记正义》，中华书局 1980 年版，第 1567 页。

方)的认同的起源。

神话思维中的时间(空间)并非现代哲学意义上的“纯粹形式”,而具有统治万物的巨大的神秘的力量。《尚书・尧典》记载了创制历法的神话,帝尧分派羲仲、羲叔、和仲、和叔四人前往东、西、南、北四极,观日星之象以“定四时成岁”,按自然的运行秩序“敬授民时”,建立稳定的生产—生活秩序。结构主义人类学的原型理论认为,从这个规定时空秩序的神话中,可以把握中国神话宇宙时空观的原型模式的时空坐标,即:东方模式——日出处、春、晨,南方模式——日中处、夏、午,西方模式——日落处、秋、昏,北方模式——日隐处、冬、夜。[①] 概而言之,在中国古代神话思维中,以太阳为中心,将时间标志“旦”“昆”“百”“昔”与空间标志“东”“南”“西”“北”联系起来,铸塑独特的宇宙时空观。在其中可以找到中国传统哲学的源头,“作为哲学范畴的太极,都是对神话思维中太阳循环运行的抽象”,而“‘易’正是对这种循环变化现象的概括”,“两仪、四相、八卦”是“对太阳运动为基准的时空坐标的神秘表述”。[②]

与近现代的唯理论哲学和实证科学的思维相比,这种神话思维中的时间和空间观念有原逻辑和神秘的性质。在神话思维中,首先是以一种生物学的时间形式理解宇宙时间本身,季节的周期性完全呈现为一种生命进程。这种时间感受在人的主观意识和自然的客观直观之间架起一座桥梁。在古代祭祀活动中,人们依照自己的感受祈求左右或支配自然力量。因此,节日的时间节点,也必然与一年之中主要节气的交替转折相关。[③]

其次,原始思维认为“同一实体可以在同一时间存在于两个或几个地方”,服从于“互渗律”。[④] 现代时间的三维——过去、现在、将来——在原始(神话)思维并无区别。这种“合生律”,即关系成分的这种共生,流行于神话的时间意识中。即使在此时间中,存在着一种生物学的时间、生命的有节律的涨落和流动,但并非牛顿的那种“不涉及任何外在物,自在自为流逝”的绝对时间。

总之,在中国古代社会,以悠久的农耕文化为基础,主要依天体运行规律而生成节气,创制历法,从而形成了节日,而且相应伴生了时空哲学观念,从而使生命时间与节日时间和谐同步。古代中国人以节日时间为生产—生活方式变

---

① 参见叶舒宪:《中国神话哲学》,中国社会科学出版社 1992 年版,第 16～17 页。

② 参见叶舒宪:《中国神话哲学》,中国社会科学出版社 1992 年版,第 18 页。

③ 参见[德]恩斯特・卡西尔:《神话思维》,中国社会科学出版社 1992 年版,第 124～125 页。

④ 参见[法]列维-布留尔:《原始思维》,丁由译,商务印书馆 1981 年版,第 2 页。

动的节点，遵循自在的循环往复的古代时间模式，固守“天不变，道亦不变”的观念。然而，这一切都在现代性以来的社会中被改变了。

（二）空间观念

时间和空间一体化，这在原始思维中体现为“交感巫术”，认为物体通过某种神秘的感应可以超时间、越距离地相互作用。在神话思维中，空间并非是由部分构成的整体，而是部分即整体。空间的每一部分不只代表整个空间而且就是整个空间。[①] 东、西、南、北，不是欧氏几何空间，它们每一个都有自己特殊的实在和意义，都有一种内在的神话特征，从而有了神圣与世俗的分野。作为光明之源的东方是生命的源泉，而作为日落之处的西方充满了一切死亡的恐惧。天界，源于词根切割（templum），它标明属于神和献祭给神的神圣领地。占卜官或司空把天分成确定的几部分，以此开始从天上寻觅有关人在地上事业的先兆。中国古代神话，以“旦”“昆”“（昏）”“昔”与“东”“南”“西”“北”联系起来，铸塑文化现象。[②] 因此可以说，在神话思维中，微观宇宙和宏观宇宙的统一是这样被解释的：与其说是世界的各部分生成人，不如说是人的各部分形成世界。[③] 主体与客体之间并非对立分离，而是交互反映关系。

第四节　巫术狂欢的生成机制

巫术狂欢何以可能？巫术狂欢不是现代感性，而是作为必要的情感中介，联系了人们的主观能力和外界对象。

一、作为情感的狂欢

从精神现象学来说，在对象仅是直观客体之前，作为一种情感的狂欢并非是反思的结果，而是人们被事物打动产生的结果。对此，卡西尔指出：“神话的真正基质不是思维的基质而是情感的基质。”[④]具体在神话意识的初期阶段，情

① 参见[德]恩斯特·卡西尔：《神话思维》，中国社会科学出版社 1992 年版，第 125 页。

② 参见叶舒宪：《中国神话哲学》，中国社会科学出版社 1992 年版，第 60 页。

③ 参见[德]恩斯特·卡西尔：《神话思维》，中国社会科学出版社 1992 年版，第 103 页。

④ [德]恩斯特·卡西尔：《人论：人类文化哲学导引》，甘阳译，上海译文出版社 2013 年版，第 137 页。

感的重要性尤其突出：

> 在神话—宗教意识的初期阶段，如果事物从情感上打动自我，如果事物在自我内心中释放出某种希望或恐惧、愿望或惊恐、满足或失望的倾向，那么事物只是为自我"在"。远在自然能够成为直观客体，更谈不上是知识的对象之前，它也只是以这种方式为人所接受的。……神话意识接受自然物和自然力并不早于理论意识；其实，自然物和自然力代表着较早的客观化过程。在这种客观化开始之前，在世界整体分解为各种确定、持久和单一的形式之前，在某个阶段中，世界对人来说只存在于混沌的情感中。在情感的这种无确定性状态中，某些现象以其强度和力量与共同的背景分离开来。与之相应是最初的神话形象。它们不是反思的产物……它们是意识独特激动状态的表现，是意识瞬间紧张和松弛状态的表现，也许绝不会以相似的形式重复。[①]

正是基于上述情感，人们才相信万物皆有灵性，从而利用这种情感控制万物的力量为己所用。即使到了使用工具的时代，工具本身仍然决定于这种神话意识。也就是说，这些工具及其带来的便利是神的力量的赠品。而由工具建立的神的形象则包含了人类文化的最初的精神特征。就此意义上说，主要依据神话观念，"如同语言或艺术，神话形象世界充当自我借以把握世界的一种基本手段"[②]。

列维—布留尔认为，这种情感是社会集体的全部成员所共有的，也就是说，它具有集体的整体同一性。在原始人的思维中，所有事物之间的关系全都以不同形式和不同程度包含着那个作为集体一部分的人和物的"互渗"。这个为"原始"思维所持有的支配那些表象关联和前关联的原则叫"互渗律"。[③] 原始思维的"互渗律"是所有神秘关系的共同基础，而且它不只存在某一个个体之中，而存在于集体当中。列维—布留尔又提出了"集体表象"的概念，它是指社会集体的全部成员所共有的特征。某些表象在该集体中是世代相传的；它们在集体中的每个成员身上都留下深刻的烙印，同时根据不同情况，引起该集体中每个成员对有关客体产生尊敬、恐惧、崇拜等等感情。[④]

---

① [德]恩斯特·卡西尔：《神话思维》，中国社会科学出版社 1992 年版，第 220 页。

② [德]恩斯特·卡西尔：《神话思维》，中国社会科学出版社 1992 年版，第 224～225 页。

③ 参见[法]列维-布留尔：《原始思维》，丁由译，商务印书馆 1981 年版，第 69 页。

④ 参见[法]列维-布留尔：《原始思维》，丁由译，商务印书馆 1981 年版，第 5 页。

二、神话中的巫术狂欢何以可能

"金枝"神话中对槲寄生的崇奉之情，对酒神狄俄尼索斯的死亡和复活时的悲哀和狂欢，农神节上的狂欢，都属于上述情感。它不仅是人们与对象联系的中介，而且还通过这种情感(包括在仪式中)完成对神灵力量的控制，或祈求神灵的庇佑。尤其重要的是，在巫术仪式中，秩序是严格要求被遵循的。巫术力量的获得、神灵的护佑都依赖于这种仪式的严格正确进行。而在仪式进行中的情感也须顺应其目标需要得到充分的表达。

所以说，巫术狂欢作为一种情感由集体成员对某神灵的表象所产生的感情而来，但并非偶然发生，而主要是具有存在论性质的共通感。维柯认为，共通感是"在所有人中存在的一种对于合理事物和公共福利的感觉，而且更多的还是一种通过生活的共同性而获得、并为这种共同性生活的规章制度和目的所限定的感觉"[①]。那种给予人的意志以其方向的东西不是理性的抽象普遍性，而是表现一个集团、一个民族、一个国家或整个人类的共同性的具体普遍性。[②] 因此，巫术狂欢这一种原始情感是人与事物产生关系时的意识独特激动状态的表现，而且具有集体的整个同一特性。

由万物之神灵崇拜而集中为"社稷"崇拜，其实质是掺杂巫术的原始宗教。其中的巫术仍然遵循神话思维的方式。神话的所有范畴都遵循着独特的原则：神话思维中的关系之构件的共生或对应。从量的角度来说，部分表征着整体，并且就"是"整体。从质的角度来说，物之属性对于物来说也是实体。从相似性范畴来说，事物的相似产生的是一种现实的力量。[③] 这些范畴的特性源于神话的直觉方式。在对世界的整体直观中，"全部的实在和事件都被具体化为神性的和渎神的基本对立"[④]。因此，在"社稷"神话中，土神谷神与其他诸多神灵共同组成人们对世界的表象，所有的表象相互关联，共同护佑特质世界和人类生活世界。万物皆有灵性，而且彼此之间交相感应。在巫术的意义上，通过伤害

---

① [德]汉斯—格奥尔格·伽达默尔：《真理与方法》，洪汉鼎译，商务印书馆 2010 年版，第 37～38 页。

② 参见[德]汉斯—格奥尔格·伽达默尔：《真理与方法》，洪汉鼎译，商务印书馆 2010 年版，第 35 页。

③ 参见[德]恩斯特·卡西尔：《神话思维》，中国社会科学出版社 1992 年版，第 71～77 页。

④ [德]恩斯特·卡西尔：《神话思维》，中国社会科学出版社 1992 年版，第 86 页。

对象的肖像便可伤害对象本身，或通过模拟动作或仪式便可控制自然力量为己所用。

从现象学角度来说，在神话—宗教意识的最早阶段，正是事物从情感上打动自我，因而在内心中释放出某种希望或恐惧、愿望或惊恐、满足或失望的倾向，这种情感强度使事物“客观化”为神灵形象。因此，狂欢这种感情也属于这类情感。当然这种情感与仪式和神灵共生同在。在《礼记·月令》中，记载有原始祭祀时对包括天子、诸侯和百姓在内的集体的统一的规定，从中可以推测出仪式进行时对情感的统一要求。这种感情体现出集体的高度一致性，属于“集体表象”，是集体成员对待有关客体发生出统一的尊敬、崇拜或欢乐的感情。因此，它是一种原始的共通感。这种巫术情感与巫术本身不可分离，统一然一体。这种巫术情感在现代民俗中依然保存着遗迹。

本章小结

自人类学的视角来看神话中的狂欢，其内容本质是一种巫术。巫术原则贯穿了整个古代的人类活动。巫术原则在这种狂欢活动中具有普遍性。其中，时间、空间等要素并非现代思辨哲学所揭示的那样是先天的直观形式，而是遵循巫术原则而浑然一体的。也就是说，在巫术原则看来，时间和空间、因果关系等都是一体化的现象，并未分化开来。需要指出的是，这种巫术原则使古代的狂欢活动充满了神秘感。因而，古代狂欢实则隔离出神圣与非神圣的时间和空间等因素的界限。这种古代狂欢活动因而以其神圣的性质支配了人们的生活。这种独特的存在地位使得古代狂欢成为前现代的原始社会独有的现象。其中的思维并非是现代主体的反思而是“神话思维”。这种思维将正常的感官经验与超感官经验通过巫术衔接起来，成为主导原始社会集体活动的核心力量。因此，古代节日狂欢正是依靠这种巫术原则，从最初的感情这种基质出发，生成其特有的狂欢。狂欢作为情感因而成为人类与神灵联系的中介。正是因为人类想要操控神灵的力量为我所用，狂欢这种情感及其诸多活动才得以生成。

第二章

民俗学视域中的节日狂欢

在这一章中，我们将着重从民俗角度来探讨西方的狂欢节、中国的庙会的狂欢内涵。本章将民俗学归为人类的文化范畴，从文化角度分析它的特征、时间和空间观念、仪式和感受的演变。

第一节　民俗学视域及其特征

民俗学从文化研究的视角来探析民间和风俗，由此揭示其区别于古代节日狂欢的现代性特征，因此它是一门现代学科。这一视角对于作为民间风俗的节日狂欢来说具有重要的意义。

一、民俗与民俗学

民俗是指一个国家或民族中广大民众所创造、享用和传承的生活文化。"民俗"作为专门学科术语，是英国学者汤姆斯(William Thoms)1846 年创用的"Folklore"的意译，内含"民间"(folk)和"风俗"(lore)。民间与官方对应，而风俗是指生活模式和集体习惯。民俗是民间文化的重要组成部分，而且是其中带有集体性、传承性、模式性的现象，主要以口耳相传、行为示范和心理影响的方式扩散和传承。①

---

① 参见钟敬文：《民俗学概论》，上海文艺出版社 1998 年版，第 1～4 页。

英国学者爱德华·泰勒(Edward Tylor)在他的《原始文化》中将“文化”定义为:“这是一个复杂的整体,包括知识、信仰、文艺、道德、法律、习俗以及一个人作为社会成员所获得的其他任何能力与习惯。”[①]美国人类学教授巴斯科姆(William Bascom)认为,文化人类学与民俗学关系最为密切,后者直属于前者。民俗学是研究活着的人们中的各种习俗、传统和制度的。[②] 而且对人类学家来说,民俗是构成任何特定民族的文化的重要组成部分。可以说,没有一种已知文化不包含民俗。“一切民俗都是口头流传下来的,但一切口头流传下来的并不都是民俗。”“正是口头传承这个特点,才把民俗与文化的其他事项区别开来。”[③]民俗是文化的一部分,成为人类学的研究对象之一。

因此,民俗是人类知识传统及风俗习惯的一部分,也是社会传承的一部分。民俗的成长与变迁问题,也从属于知识的传播发明,所以可以通过民俗来研究文化移入、成型问题、文化与环境之间的关系及文化与个性之间的关系等问题。[④]

民俗的内容非常丰富。它包括神话、传说、故事、寓言、谜语、民谣和其他歌曲的唱词以及其他次要的形式,然而不包括民间艺术、民间舞蹈、民间音乐、民间服装、民间医药、民间习惯或民间信仰。[⑤]

二、作为民间文化的民俗节日——狂欢

民俗节日狂欢作为民间文化来理解更可概括出其普遍性特征。从古代的巫术狂欢到民间的诙谐文化,从古代的巫术仪式、宗教仪式到狂欢节的庆典,其中经历了人类理智化、被除魅的过程。在韦伯看来,理智化即由科学和技术而产生的智力的理性化。所谓理智化和理性化,即:只要人们想知道,他任何时候都能够知道;从原则上说,再也没有什么神秘莫测、无法计算的力量在起作用,

---

① [英]泰勒:《原始文化——神话、哲学、宗教、语言、艺术和习俗发展之研究》,连树声译,上海文艺出版社1992年版,第1页。

② 参见[美]阿兰·邓迪斯:《世界民俗学》,陈建宪、彭海斌译,上海文艺出版社1990年版,第29页。

③ [美]阿兰·邓迪斯:《世界民俗学》,陈建宪、彭海斌译,上海文艺出版社1990年版,第42页。

④ 参见[美]阿兰·邓迪斯:《世界民俗学》,陈建宪、彭海斌译,上海文艺出版社1990年版,第43页。

⑤ 参见[美]阿兰·邓迪斯:《世界民俗学》,陈建宪、彭海斌译,上海文艺出版社1990年版,第41页。

人们可以通过计算掌握一切。而这就意味着为世界除魅。人们不必再像相信这种神秘力量存在的野蛮人那样，为了控制或祈求神灵而求助于魔法。技术和计算在发挥着这样的功效，而这比任何其他事情更明确地意味着理智化。[①] 这一过程在狂欢活动的历时变迁中表现出来。

俄国学者巴赫金提出“狂欢式”这一概念，意指一切狂欢节式的庆贺、仪式、形式的总和。[②] 他将欧洲中世纪和文艺复兴时期的狂欢式节作为核心论述对象，指出狂欢式节的核心范畴及民间文化的狂欢化这一重大倾向。他的视角被扩大至世界范围内，研究者纷纷借鉴其视角和理论来挖掘本民族文化中的狂欢因素和特征。狂欢式作为社会美的艺术形态出现并被重视。钟敬文先生认为，每个民族都有上、中、下三层文化，民俗是中下层民间文化的一部分。他把民俗分为特质民俗、社会民俗和精神民俗、语言民俗等四大类。[③] 这四类民俗实际上融为一体。在诸多种类的民俗中，都可见民俗仪式及其狂欢情态。

本章借用前述理论中的相关概念，并进一步试图从文化哲学角度来阐释节日狂欢，尤其是其内容、性质和时(空)间等观念。

第二节　西方的狂欢节和中国的庙会

民俗在某种程度上是现代科学对巫术和宗教进行除魅的结果，但仍不同程度地保留了后者的某些因素。单就祭祀时的献祭的语词来说，沟通人与神之间桥梁的并非仪式，而是符号的和观念的语词的力量。这种祈祷的力量正是源于巫术的思想原则，即通过呼唤、赞美对象的名字而获取其力量。这一典型的演变表明的重大意义在于，包括仪式等在内的中介转化为符号形式，联系了人与神。就这种巫术意义上的因素来说，它最集中地体现在庙会和节日民俗中。

一、欧洲民俗狂欢

中世纪和文艺复兴时期的狂欢节与古代的酒神节和农神节等农事庆典有

---

① 参见[德]马克斯·韦伯：《学术与政治：韦伯的两篇演说》，冯克利译，三联书店 1998 年版，第 28～29 页。

② 参见[俄]米哈伊尔·巴赫金：《陀思妥耶夫斯基诗学问题》，《巴赫金全集》第 5 卷，白春仁、顾亚铃译，河北教育出版社 1998 年版，第 160 页。

③ 参见钟敬文：《民俗学概论》，上海文艺出版社 1998 年版，第 4～5 页。

内在渊源。苏联学者巴赫金揭示了狂欢节的重大意义，它不只对日常生活的人们来说具有解放作用，而且深层地影响了文学等艺术的实践方式。尤其重要的是，他对狂欢节这一节日特有的时间观念进行分析，揭示了其以节日时间为核心的时间三维——“过去—现在—未来”循环往复的模式特征。

狂欢节(carnival)，又叫“嘉年华会”，从词源上说，它来源于古拉丁文“carne vale”，意思是“和肉再见”。巴赫金认为，古代的酒神节和农神节等农事庆典是中世纪狂欢节的源头。[①]

追溯至欧洲酒神节和农神节等庆典中的巫术思想，可为狂欢节提供必要的思想来源，也可为柏拉图的节日起源作很好的注脚。在古代，希腊的酒神节恰恰与“一年中季节的更迭、特别是植物的生长与凋谢”相关。酒神通常被认为是葡萄树以及葡萄酒的人格化。在此节日上举行的纪念仪式实质上是巫术性的，也就是说，根据巫术的交感原理，其意图是为了确保植物春天再生、动物繁殖，而这些都受到冬天损害的威胁。而在农神节上，假定主持吃喝笑闹的假王在起初是代表萨恩图本人。传说中这位由捻阄获得国王的地位的奴隶在经历狂欢之后，以神的身份死去。在巫术意义上，这位国王兼负着重要责任。人们认为社会福利乃至总的自然现象的推移都密切地依赖于他的生存。在国王年富力强之时就将他处死，以使他的神灵生命传给他继承者，保证生命力永在。这些可以表明，中世纪狂欢节庆典中，给小丑以国王的地位，举行“加冕—脱冕”的仪式，都有其巫术思想的渊源。

二、中国民俗狂欢

中国古代的民俗，自其中的仪式和祈求来说，有神话传说的依据。它作为一种民间传承文化，它的主体部分形成于过去，而延伸至社会生活的各个领域。我们主要从社会组织民俗——庙会和节日岁时民俗——节日等来理解中国民俗狂欢。

中国以悠久的农耕文化为背景，以自然变化、生物荣枯和河流涨落等为基础的生产—生活方式，深层地决定了以“社稷”等神灵为崇拜对象的民俗观念。在中国古代社会，社会组织民俗——庙会和节日岁时民俗——节日往往融为一体。

古代皇帝“合诸天道”，与臣民一起，在“东西南北”郊野分别迎接“春秋夏

① 参见[俄]巴赫金：《拉伯雷的创作与中世纪和文艺复兴时期的民间文化》，《巴赫金全集》第6卷，李兆林、夏忠宪译，河北教育出版社1998年版，第12页。

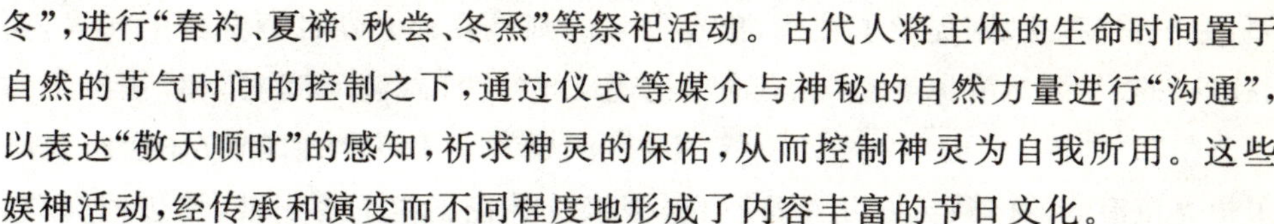

冬”，进行“春礿、夏禘、秋尝、冬烝”等祭祀活动。古代人将主体的生命时间置于自然的节气时间的控制之下，通过仪式等媒介与神秘的自然力量进行“沟通”，以表达“敬天顺时”的感知，祈求神灵的保佑，从而控制神灵为自我所用。这些娱神活动，经传承和演变而不同程度地形成了内容丰富的节日文化。

这些上古习俗逐渐被传承下来的。例如，《荆楚岁时记》中记载：“社日，四邻并结综会社，牲醪，为屋于树下。先祭神，然后飨其胙。”[①]社日，祭土地神之日，分春社和秋社。立春后第五个戊日为春社，立秋后第五个戊日为秋社。这其实是祭祀土神之后，参与祭祀的人共同分享祭神之牲肉。这种祭神之后的饕餮大餐其实是一种交感巫术，分得神的肉从而获得神的力量。

而关于晚明时期的灯节之盛景，耶稣会士利玛窦的描述是：“中国人所有节日中最重要的，全国各教都庆祝的就是他们的新年，举行庆祝是在第一个新月以及还有第一个满月的时候。这后一天叫灯节，因为家家户户都挂着用纸板、玻璃或布巧妙地做成的各种灯笼，点得通明透亮。……此时晚间还有狂欢，一队队的人在街上耍龙灯，像酒神巴库斯的礼赞者那样欢呼跳跃，燃放鞭炮和焰火，全城呈现一片彩色缤纷的耀目景象。”[②]这里可见当时灯节之繁盛和其中的狂欢时刻。而这种景象恰是在以西方的狂欢文化为背景的耶稣会士的“视域”呈现的。

而祭祀之时的仪式逐渐演化为民俗。如《诗经》中的《郑风》《溱洧》等篇目中上古的习俗同样出现在古代社会习俗中。《论语》中有：“暮春者，春服既成，冠者五六人，童子六七人，浴乎沂，风乎舞雩，咏而归。”[③]其中“浴乎沂”也就是“水滨禊祓”，即“去除秽污”的意思。在祭祀之时，同时进行其他活动，如男女约会、商业往来、民间才艺表演等。《荆楚岁时记》中又载有“三月三日，四民并出江渚池沼间，临清流，为流杯曲水之饮”[④]。

唐宋诗词中有关于社日的内容。唐张籍《吴楚歌词》：“庭前春鸟啄林声，红夹罗襦缝未成。今朝社日停针线，起向朱樱树下行。”唐王驾《社日》诗：“桑柘影斜春社散，家家扶得醉人归。”宋陆游有《春社》描述的是春社时的社肉、社酒、社

---

① (南朝梁)宗懔:《荆楚岁时记》,宋金龙校注,山西人民出版社 1987 年版,第 33 页。

② [意]利玛窦、[比]金尼阁:《利玛窦中国札记》,何高济等译,何兆武校,中华书局 1983 年版,第 81 页。

③ 杨伯峻:《论语译注》,中华书局 2017 年版,第 170～171 页。

④ (南朝梁)宗懔:《荆楚岁时记》,宋金龙校注,山西人民出版社 1987 年版,第 38 页。

酒，另一首《春社》则提及了社戏，出现最多的则是春社时饮社酒共醉的场景，如《社饮》的“先醉后醒惊老惫”、《代邻家子作》的“社日淋漓酒满衣”和“扶得吾翁烂醉归”、《社鼓》中的“饮福父老醉，嵬峨相扶持”、《社肉》的“醉归怀余肉”等。宋梅尧臣有《春社》诗云：“年年迎社雨，淡淡洗林花。树下赛田鼓，坛边伺肉鸦。春醪酒共饮，野老暮相哗。燕子何时至，长皋点翅斜。”宋张演在《社日》诗中写道：“桑柘影斜春社散，家家扶得醉人归。”元方太古《社日出游》诗：“村村社鼓隔溪闻，赛祀归来客半醺。”

明清时期的县志记载了社祭时热闹的情景。嘉靖浙江《武康县志》：“春社，清明前数日，各村率一二十人为一社会，屠牲酾酒，焚香张乐，以祀土谷之神，乃如若装扮师巫、台阁，击鼓鸣锣，插刀拽锁，叫嚣㕰突，如癫如狂。”[①]在苏州东岳庙会中，“在娄门外者，龙墩各村人赛会于庙，张灯演剧，百戏竞陈，游观若狂”[②]。在河北怀来的泰山庙会中，“男女纷纷随之，盈街溢巷，万头攒动，真盛观哉”[③]。值得注意的是，这段描述中对社日仪式的判定，其神态之“狂”。

社火作为民俗的一种，一般是以“装扮”为特征的表演。河北赤城正月十五上元节的时候，“沿街设立松棚，杂缀诸灯，翠缕银葩，绚然溢目。又唱秧歌，谓之‘社火’”[④]。临晋地区“人民嬉戏诸技艺，则有高抬、柳木棍，妆演戏目，游行街衢；夜又有龙灯、竹马、旱船、太平车等，金鼓喧阗，观者如堵，俗谓之‘闹社户’。卜昼卜夜，歌谑欢呼，举国若狂，殆滥觞于大公傩云”[⑤]。

综上所述，中西文化史的史前史背景中都出现巫术狂欢，以“金枝”和“社稷”为范型的中西巫术狂欢形态也都存在具有巫术意义的仪式。区别于现代理论思维的神话思维中的情感缘起于人们对自然等超强度力量的“惊奇”，而后形塑了神灵形象，并使之成为与神灵“交流”的中介。这揭示了狂欢作为一种情感，其实是人们对于植物、土地和五谷等对象超强生产力的“欢娱”，因而创制植物神、土神和谷神等形象，并结合仪式沟通神灵。这种巫术意义的情感分别通过巫术和祭祀等形式出现，因而成为史前史文化的重要特征。经过文字等符号化而为神话。古代社会中，这种神话思维中的情感被除魅而转变为纯粹的民俗

① 嘉靖《武康县志》卷三，《天一阁藏明代方志选刊》，上海古籍出版社 1962 年版，第 10 页。

② （清）顾禄：《清嘉录》卷三，上海古籍出版社 1986 年版，第 65 页。

③ 《怀来县志》，成文出版社 1969 年版，第 46 页。

④ 《赤城县志》，成文出版社 1968 年版，第 39 页。

⑤ 《临晋县志》，成文出版社 1976 年版，第 164 页。

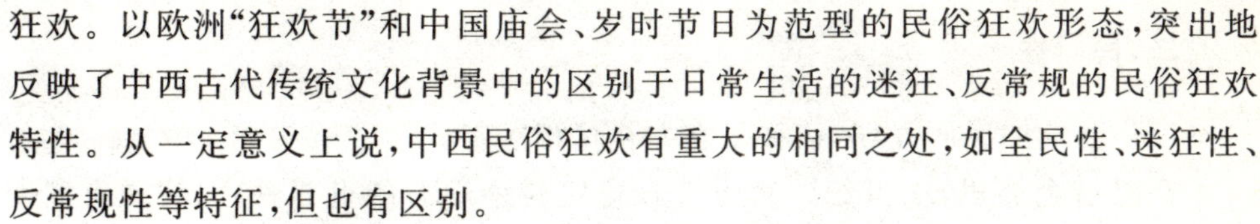

狂欢。以欧洲“狂欢节”和中国庙会、岁时节日为范型的民俗狂欢形态，突出地反映了中西古代传统文化背景中的区别于日常生活的迷狂、反常规的民俗狂欢特性。从一定意义上说，中西民俗狂欢有重大的相同之处，如全民性、迷狂性、反常规性等特征，但也有区别。

第三节　民俗狂欢的特征

对民俗狂欢性质的判定，依据的是作为人文科学方法论的“阐释学”原则，即受制于阐释主体的视域这一特定条件。在“中西礼仪之争”、阉割与反阉割等对立关系中，古代狂欢的诸特性才能得以呈现。

一、迷狂性

源自于神话—宗教早期的情感，狂欢得以产生。在人们认识对象的过程中，在情感的这种无确定性状态中，某些对象以其强度和力量与共同的背景分离开来。面临对象，意识在某一时刻激动、紧张和松弛状态的表现，与之相应便是最初的神话形象。因此，神话形象不是反思的产物，而是情感的“对象化”的产物。

前引文献所记述的中国的庙会仪式中也可见到这种迷狂状态。嘉靖浙江的武康县的春社，屠宰牲畜，祭祀神灵，焚香奏乐，装扮舞蹈，如癫如狂。在苏州东岳庙会中，各村人在庙前赛会，张灯演剧，游观若狂。这些对社日仪式中人们的神态的描述中，其“迷狂”的特征尤其明显。学者赵世瑜指出，中国庙会中的狂欢精神指群众性的文化活动中表现出的突破一般社会规范的非理性精神。赵世瑜特意指明，所谓“理性”与“非理性”并不是在启蒙时期理性主义和更晚近的非理性。“理性”行为指的是经过深思熟虑之后的有目的的行为，这种行为多采用冷静、平和、精确的方式；而“非理性”的行为则是指纯粹由感情支配的、不考虑方式和目的的随心所欲的行为。前者符合社会规范，而后者则正相反。[①]他所说的狂欢精神其实是酒神精神的体现。概言之，表现为巫术和民俗的狂欢中，迷狂的特征主要是受神力支配的结果。

---

① 参见赵世瑜:《狂欢与日常:明清以来的庙会与民间社会》，三联书店 2002 年版，第116 页。

二、民间性

民俗狂欢的民间立场，往往与官方礼仪相区别。

在巴赫金那里，中世纪的官方节日肯定整个现有的世界秩序，将现有制度神圣化、合法化、固定化，狂欢节是“不断生成、交替和更新的节日。它与一切永存、完成和终结相敌对。它面向未完成的将来”①。

中国庙会及岁时节日里的狂欢的性质则比较复杂，它需要参照中国传统文化，尤其是主流意识的文化来判定。

中西文化近代首次碰撞——“中国礼仪之争”始于明末、激化于18世纪初、结束于1939年，它在中国文化史上具有重要意义。明末清初，耶稣会士入华传播天主教，因为有由此带来的西欧文化背景的对比，中国文化的性质的原有认识需要重要认识。利玛窦(1552～1610)对中国文化的特征作出描述：

> 中国所熟习的唯一较高深的哲理科学就是道德哲学……他们没有逻辑规则的概念，中国哲学家之中最有名的叫作孔子。……中国有学问的人非常尊敬他，以致不敢对他说的任何一句话稍有异议，而且还以他的名义起誓，随时准备全部实行，正如对待一个共同的主宰那样。……然而，他却从未像神那样受到宗教式的崇拜。……他的后裔仍受到大家高度的尊敬。统治者们给予孔氏家族的族长以世袭的尊荣并赋之以特殊的豁免权。②

而对于其信仰来说：

> 全中国各地偶像的数目赫然之多简直无法置信。这种偶像不仅在庙里供奉，一座庙里可能就有几千尊偶像，而且几乎家家户户都有。……但是可以十分肯定，这个民族并没有多少人对偶像崇拜这种做作的、可恶的虚构有什么信仰。他们在这上面之所以相信，唯一的根据便是他们外表上崇奉偶像即使无益，至少也不会有害。我们对各个教派的考察结论是，目前在中国凡是受过一点教育的人中间最普遍为人接受的意见是，三大教实际已合为一套信条，它们可以而且应该全都相信。……他们相信他们能同时尊奉所有三种教派，结果却发现自己根本没有任何一种，因为他们并不

---

① [俄]巴赫金：《拉伯雷的创作与中世纪和文艺复兴时期的民间文化》，《巴赫金全集》第6卷，李兆林、夏忠宪译，河北教育出版社1998年版，第10～11页。

② [意]利玛窦、[比]金尼阁：《利玛窦中国札记》，何高济等译，何兆武校，中华书局1983年版，第31～32页。

真心遵循其中的任何一种。[①]

关于儒家的评论是：

> 孔庙实际是儒教上层文人唯一的庙宇。……他们不向孔子祷告，也不请求他降福或希望他帮助。他们崇敬他的方式，正如前述的他们尊敬祖先一样。[②]
>
> 儒家这一教派的最终目的和总的意图是国内的太平和秩序。他们也期待家庭的经济安全和个人的道德修养。他们所阐述的箴言确实都是指导人们达到这些目的的……他们利用五对不同的组合来构成人的全部关系，即父子、夫妇、主仆、兄弟以及朋友五种关系。[③]
>
> 儒家不承认自己属于一个教派，他们宣称他们这个阶层或社会集团倒更是一个学术团体，是为了恰当地治理国家和国家的普遍利益而组织起来的。[④]

在利玛窦看来，以儒学为主流的中国传统文化是世俗文化。因而，中国文化是"远东的人文主义"[⑤]。利玛窦的观点因此被学术界称为"利玛窦判断"[⑥]。利玛窦关于中国文化人文主义特征的论断，在17～18世纪欧洲启蒙主义思想界发生了重大而深远的影响，由此开始了近代中西文化的第一次交流与比较。

作为人文科学方法论所代表的阐释学原则是：关于人文对象的判断是以判断主体自身的"视域"为相关条件的。因此，值得注意的是，利玛窦所代表的耶稣会士是以作为文艺复兴与宗教改革产物的耶稣会自身的人文主义背景为参照系的。这一"人文主义"观点是与神本主义信仰相区分的自然人性的人文观念。

中国的思想、文化和学术，主要不是在教会内部以宗教理论、天条戒律的方式发展起来的。在中国传统文化中，以儒学为主流的文化所占的位置是其他学

---

① [意]利玛窦、[比]金尼阁：《利玛窦中国札记》，何高济等译，何兆武校，中华书局1983年版，第113～114页。

② [意]利玛窦、[比]金尼阁：《利玛窦中国札记》，何高济等译，何兆武校，中华书局1983年版，第103～104页。

③ [意]利玛窦、[比]金尼阁：《利玛窦中国札记》，何高济等译，何兆武校，中华书局1983年版，第104页。

④ [意]利玛窦、[比]金尼阁：《利玛窦中国札记》，何高济等译，何兆武校，中华书局1983年版，第105页。

⑤ [法]裴化行(H. Berard)：《利玛窦评传》，商务印书馆1993年版，第133～152页。

⑥ 李天纲：《中国礼仪之争》，上海古籍出版社1998年版，第261页。

说（如道家、墨家等）或宗教（如佛教、基督教等）所无法相比的。中国的“人文主义”和西方的“与神本主义信仰相区分的自然人性的”人文观念不同。主流的儒家的“人文主义”其实是一种“集体主义”“君权统治”。在天坛、孔庙、祠堂里的祭祀行为，是后人对先人先贤的崇敬，而不是对灵魂的恐惧、怀疑或祈求。

中国古代社会中的这种儒家学说与政权合一的意识形态，在“五四”时期成为被激烈批驳的对象。而所利用的观念仍然是中国文化思想界的世俗化方向的“人文主义”观念。胡适称五四新文化运动为“中国的文艺复兴”和“一场人文主义运动”，依据的“人文主义”是西方自由主义意义上的个人本位的“人文主义”，它确是起源于文艺复兴的世俗化人文主义。

基于这种判定，即通过庙宇崇敬呈现儒家学说与政权合一的意识形态，而民间的庙会和岁时节日则呈现所谓反规范的“癫狂”的特征。

学者巫仁恕以城隍信仰为例，探讨民间信仰、节庆仪式与集体抗议三者之间的微妙关系。在明末清初时期，庙会节庆活动是传统农业庆祝时令转换的节日的延长，发展出特有的精神意涵和意识形态，有类似欧洲狂欢节庆的颠覆及暴力因子。明清城隍神在仪式、神格与庙宇功能等三方面都发生了重大的变化：城隍庙成为“士民公议”时的场所，城隍神演变成具有可与阳间地方官抗衡甚至有权惩治阳官的“阴间司法审判官”形象，原来官方祭祀城隍的仪式被民间世俗化。世俗化后的城隍祭奠仪式含有抗争行动合法化的效果。①

前引《武康县志》中所指庙会狂欢，“此最诡诞鄙亵可恶之甚，前令桂公禁之息已，数载今复炽矣”②。可见这种仪式是不符合礼仪规范的，因而禁止，但并不奏效。

三、反常规性

在人类学、政治学和社会学的考察中，在世界各地，以欧洲为中心的观念披着宗教教义或国家意识形态的外衣打压这种狂欢时间观念及其相关仪式，而民俗狂欢以其迷狂的仪式、民间的嘉年华和反常规的言行等手段给予了抵抗。

在前引学者赵世瑜的著述中，他指出中国庙会和岁时节日中的狂欢精神是群众性的文化活动中表现出来的突破一般社会规范的非理性精神。他特意指

① 巫仁恕：《节庆、信仰与抗争——明清城隍信仰与城市群众的集体抗议行为》，《近代史研究所集刊》2000 年第 34 期。

② 嘉靖《武康县志》卷三，《天一阁藏明代方志选刊》，上海古籍出版社 1962 年版，第 10 页。

明所谓“理性”与“非理性”并不是在启蒙时期理性主义和更晚近的非理性。“理性”行为指的是经过深思熟虑之后的有目的的行为，这种行为多采用冷静、平和、精确的方式；而“非理性”的行为则是指纯粹由感情支配的、不考虑方式和目的的随心所欲的行为。前者符合社会规范，而后者则正相反。它常常表现为纵欲的、粗放的、显示人的自然本性的行为方式。他认为庙会狂欢有原始性、全民性、反规范性等特征，并具有传统社会的“调节器”功能。[①] 这种宏观的判断，更需要佐以微观的例证。

从文化人格层面来思考，与占主流的儒家的人格结构对立的是“狂狷”类型的人格理想。叶舒宪借助福柯的方法去研究中国文化。从某种意义上说，阉割与狂狷的两极对立可以落实到文化结构中儒道的对峙与互补，而对阉割与狂狷的纵横观照亦可视为对儒道分野的某种心理—行为学分析。[②] 他将中国传统文化对主体的“宰制”或“规训”理解为阉割，与之相对的则是狂狷(未阉割)。从“文化模式”或“人格模式”的角度看，反阉割在传统文化中所形成的思想和行为程式突出地体现为狂狷现象。

> 在中国传统文化中，儒家主张的仁爱、忠恕和孝顺；道家主张的柔弱、谦下和无为、不争；再加上佛家的慈悲和容忍，虽然各有差异，但在阴柔温顺的基本价值取向上则是彼此一致、相互呼应的。儒、释、道三家合流的濡染出的典型中国人格，自然只能是以阴柔文弱为基本性征的。[③]
>
> 如果把儒教型的中庸型君子人格作为我们文化传统所培育成的众数人格，那么作为反阉割尝试而出现的狂狷型人格便可视为此种无需治疗的文化性精神异常。它既作为众数人格与文化期待的反面形象而存在和传承，也作为社会允许范围之内的越轨尝试而获得舆论的理解乃至某种程度的赞赏和支持。[④]

狂狷是指与中庸相区别的另一种人格。从词源上说，“狂”在《说文解字》中解释为：“狾犬也。从犬，㞷声。”意思是“疯狗”。《论语·子路》一章中，孔子说：“不得中行而与之，必也狂狷乎！狂者进取，狷者有所不为也。”他从文化角度延伸了“狂”的意义，指不遵行中庸原则的人格特征。狂狷人格启示了包括孔子在

① 参见赵世瑜：《狂欢与日常：明清以来的庙会与民间社会》，三联书店 2002 年版，第 116 页。

② 叶舒宪：《阉割与狂狷》，陕西人民出版社 2010 年版，第 224 页。

③ 叶舒宪：《阉割与狂狷》，陕西人民出版社 2010 年版，第 153 页。

④ 叶舒宪：《阉割与狂狷》，陕西人民出版社 2010 年版，第 230 页。

内的许多古代文人志士的多元化人生理想。与儒家所代表的人格占主流位置不同，这一人格在古代被正统社会礼制“宰制”或“规训”。中国传统文化史中的具有众多“狂狷”人格的人物和群体，如孔子、孟子等个人和“竹林七贤”等重要团体。

因此，中国传统文化中的庙会和岁时节日等形态体现了民俗狂欢，体现出与官方礼仪对立的迷狂特征，与儒家主流的人文观念对立的反规范性特征以及与中国传统文化尤其是中庸人格相反的“反阉割”的狂狷人格特征。

综上所述，在中西文化背景中，产生了具有共同巫术意义的狂欢形态，其中的狂欢作为一种情感，是人们与神灵交流的中介。它与仪式等其他因素一起成为巫术意义的因果关系整体中的某一部分。巫术和宗教的意义被除魅，使狂欢仪式走向了民俗意义。中西民俗中的狂欢形态，在内容上有很大区别。西方形成了狂欢节日，表达其纯粹的狂欢情感；而中国的庙会和岁时节日狂欢，虽不同程度地包含了狂欢的因素和成分，但仍然归属于民间宗教的立场。但尤其需要区别的是，中国传统文化中与中庸人格相反的“狂狷”人格，它深层地构成了中国文化史的个性文化和群体文化。

第四节　民俗节日狂欢的核心观念

狂欢观念从神圣的巫术狂欢转变为民俗节日中的主要情感。在与日常生活的对比体验中，节日狂欢显示出其特有的文化体验，因而形成独特的观念。

一、节日必定要狂欢的观念

节日具有与日常生活不同的秩序，由此人们有了双重时间感，即日常生活的时间与节日时间。在日常生活中，人们的体验是简单入味而且是重复的。在节日时间中，游戏、大型的节目展演、形式各异的竞赛等可以产生巴赫金意义的“狂欢节式的世界感受”，因而人们极易进入狂欢状态。

巴赫金的“狂欢”原指欧洲中世纪狂欢节上人群的纵情欢娱的心灵状态。节日中，人们彼此随便而亲昵地接触；建立在平时的社会等级关系暂时消除了，人们相互之间可以插科打诨；所有对象都具有了相对性，既神圣又可笑。而其中最核心的是体验“交替与变更的精神、死亡与新生的精神”。传统节日不同程度地包含着上述精神，但更为重要的是其中蕴藏着传统的宇宙时空哲学观念。

作为范型的传统时空观念，深层地提示现代人以健康平衡的方式作息，生命时间因此而自在长久。但这种观念主要是以感性的游戏方式存在的。赫伊津哈认为，节日时间和游戏时间在本质上具有同一性。因为“两者都宣告平常生活的停止；两者都由欢乐愉悦支配……两者都受时空限制；两者都具有自发的随意和严格的规矩”①。要言之，节日活动为释放心理能量提供了空间，而节日时间则深层地提醒并决定了现代个体生命本有的平衡有序的节律。

与西方的节日狂欢不同，中国人在节日中感受到的是现世生活透露出来的热闹与愉悦。传统的春节、端午节等讲求热闹的氛围，就连清明节也充满了喧闹和情趣。明代张岱记载了清明的盛况：“是日，四方流寓及徽商西贾、曲中名妓，一切好事之徒，无不咸集。长塘丰草，走马放鹰；高阜平冈，斗鸡蹴踘；茂林清樾，劈阮弹筝。浪子相扑，童稚纸鸢，老僧因果，瞽者说书，立者林林，蹲者蛰蛰。日暮霞生，车马纷沓。宦门淑秀，车幕尽开，婢媵倦归，山花斜插。臻臻簇簇，夺门而入。余所见者，惟西湖春、秦淮夏、虎邱秋，差足比拟。然彼皆团簇一块，如画家横披；此独鱼贯雁比，舒长且三十里焉，则画家之手卷矣。”②

总的来说，得益于巫术被除魅的过程，狂欢作为一种情感，从巫术、宗教中的中介形式演变为纯粹的独立的感性感觉。狂欢式意指一切狂欢节式的庆贺、仪礼、形式。作为一种游艺，虽有因时代、民族和庆典的不同而呈现出来的不同样式，但是却有内在的关联，即统一的世界感受。这种感受因历史原因在程度上或多或少地存在于狂欢式中，而在中世纪和文艺复兴时期的狂欢节以及中国的民俗节日中，这一感受得到最大程度的、生动的表现。

二、循环往复的“到时”时间观念

对于狂欢节的时间，巴赫金指出：“一定的和具体的自然（宇宙）时间、生物时间和历史时间观念永远是它的基础。同时，节庆活动在其历史发展的所有阶段上，都是与自然、社会和人生的危机、转折关头相联系的。死亡和再生、交替和更新的因素永远是节庆世界感受的主导因素。正是这些因素通过一定的节日的具体形式，形成了节日特有的节庆性。”③这种时间感受是从歌德的时空感

---

① ［荷兰］约翰·赫伊津哈：《游戏的人——关于文化的游戏成分的研究》，多人译，中国美术学院出版社 1996 年版，第 24 页。

② （明）张岱：《陶庵梦忆扬州清明》，马兴荣点校，中华书局 2007 年版，第 66 页。

③ ［俄］巴赫金：《拉伯雷的创作与中世纪和文艺复兴时期的民间文化》，《巴赫金全集》第 6 卷，李兆林、夏忠宪译，河北教育出版社 1998 年版，第 10～11 页。

发展的结果。后者的主要特征是，时间是“不同时间（过去与现在）的融合”，具有完整性，即“事件时间与完成这一事件的具有地点的密不可分性”，而且具有积极的创造性，即“贯穿于时间之中的、连接时间与空间、连接不同时间的那种必然性”。以这种必然性为基础，时间包括了将来，因而是“完整的时间”。[①] 因此，在巴赫金看来，歌德的现代性，表现在自然界和人们的生活中，都是“实质上的异时性：是过去不同阶段的残余或遗迹，是或远或近的未来的萌芽”[②]。但令巴赫金遗憾的是，歌德并未强调这种时空感的必然性，即它面向未完成的将来的必然性。歌德的视觉和思维具有特殊的时空体（хронотоп）性质。在歌德的世界里，“一切都是时空，都是真正的时空体”[③]。巴赫金由此提出了狂欢体时间，它“仿佛是从历史时间中剔除的时间，它的进程遵循着狂欢体特殊的规律，包含着无数彻底的更替和根本的变化”[④]。这里，狂欢体时间具有歌德的时空体内涵，是过去与未来共同融合于现在的特别时间，而且充溢于现在的每一个“存在者”之中。它既不忘过去，又向未来开放，体现出在这一时间的双重性。

“游戏、预言（讽刺模拟的）、谜语的那些形象和民间节日的形象能够合成一个有机的、意义与风格统一的整体。”[⑤]它们的公分母就是狂欢体时间。就狂欢化的结果来说，陀思妥耶夫斯基艺术任务完成的时间也主要不是狂欢体时间，而是“狂欢化了的时间”，而拉伯雷的创作生动而完整地表现了这种狂欢体时间。

从以上分析可知，巴赫金提出的狂欢体时间具有鲜明的历史性内涵，它并非康德意义上的形而上学时间，具有文化意义。也就是说，作为一种生活方式的狂欢节文化和由之影响的文化产品，是统一于狂欢体时间支配的文化心理结构的结果。

---

① 参见［俄］巴赫金：《小说理论》，《巴赫金全集》第 3 卷，白春仁、晓河译，河北教育出版社 1998 年版，第 257 页。

② ［俄］巴赫金：《小说理论》，《巴赫金全集》第 3 卷，白春仁、晓河译，河北教育出版社 1998 年版，第 239 页。

③ ［俄］巴赫金：《小说理论》，《巴赫金全集》第 3 卷，白春仁、晓河译，河北教育出版社 1998 年版，第 258 页。

④ ［俄］巴赫金：《陀思妥耶夫斯基诗学问题》，《巴赫金全集》第 5 卷，白春仁、顾亚铃译，河北教育出版社 1998 年版，第 235 页。

⑤ ［俄］巴赫金：《拉伯雷的创作与中世纪和文艺复兴时期的民间文化》，《巴赫金全集》第 6 卷，李兆林、夏忠宪译，河北教育出版社 1998 年版，第 272 页。

三、广场仪式的戏仿观念

巴赫金将中世纪和文艺复兴时期的狂欢节作为主要研究对象，将其与同时代的在宗教控制下的日常生活并峙。他提出了狂欢式的范畴和特质。他认为狂欢式作为民间文化的第二种生活、第二世界，是对日常生活，即非狂欢节生活的“戏仿”，是作为“颠倒的世界”而建立的。因此，狂欢节的形象、物品、思维、笑、广场等一切现象都具有“两重性”。[①]

巴赫金认为，中世纪和文艺复兴时期的狂欢式都是非巫术和非宗教的。尽管可以说，“节庆活动在其历史发展的所有阶段上，都是与自然、社会和人生的危机、转折关头相联系的。死亡和再生、交替和更新的因素永远是节庆世界感受的主导因素”[②]。但是，正是民间文化的诙谐或笑的因素，使“这些仪式完全摆脱了一切宗教和教会的教条主义、神秘主义和虔诚。它们也完全丧失了巫术和祈祷的性质”[③]。

狂欢式世界感受“与一切现成的、完成的东西相敌对，与一切妄想具有不可动摇性和永恒性的东西相敌对”，它为了表现自己，“所要求的是动态的和变易的、闪烁不定的、变幻无常的形式”。[④] 它是“几千年来全体民众的”世界感受，“使人解除了恐惧，使世界接近了人，也使人接近了人(一切全卷入自由而亲昵的交往)；它为更替演变而欢呼，为一切变得相对而愉快，并以此反对那片面的严厉的循规蹈矩的官腔”[⑤]。正是从此意义上，巴赫金认为，只有在狂欢节和其他节日的民间广场活动中，节日的节庆性才能被充分而单纯地得以实现。而到了17世纪下半叶，节日生活被国家化和日常化，上述狂欢节世界感受狭隘化为节日情绪，所以它也与现代的假面狂欢、舞台游艺演出等形式深刻地区别开来。

---

① 参见[俄]巴赫金：《拉伯雷的创作与中世纪和文艺复兴时期的民间文化》，《巴赫金全集》第6卷，李兆林、夏忠宪译，河北教育出版社1998年版，第14页。

② [俄]巴赫金：《拉伯雷的创作与中世纪和文艺复兴时期的民间文化》，《巴赫金全集》第6卷，李兆林、夏忠宪译，河北教育出版社1998年版，第10～11页。

③ [俄]巴赫金：《拉伯雷的创作与中世纪和文艺复兴时期的民间文化》，《巴赫金全集》第6卷，李兆林、夏忠宪译，河北教育出版社1998年版，第7页。

④ 参见[俄]巴赫金：《拉伯雷的创作与中世纪和文艺复兴时期的民间文化》，《巴赫金全集》第6卷，李兆林、夏忠宪译，河北教育出版社1998年版，第13页。

⑤ [俄]巴赫金：《陀思妥耶夫斯基诗学问题》，《巴赫金全集》第5卷，白春仁、顾亚铃译，河北教育出版社1998年版，第212页。

四、怪诞的审美形态

狂欢节，作为民间诙谐(笑)文化的典型，是巴赫金论述的核心对象，也是诙谐文化的内涵最为丰富和全面的审美对象。以狂欢节为典型的民间诙谐(笑)文化，具有解放大众的乌托邦精神和将神圣与权威降格去魅的效果。巴赫金的论述的另一着眼点，则是挖掘了作为民间诙谐(笑)文化的核心范畴的审美形态——怪诞。

巴赫金通过对拉伯雷创作中的怪诞形象的分析(其实也是狂欢式节中的形象)，认为其以狂欢节为审美文化对象，从而和近代哲学美学中的崇高等审美范畴区别开来，凸显狂欢节日文化的诙谐的特质。巴赫金用民间诙谐(笑)文化来归摄整个狂欢式，并提出其中核心范畴的“笑”。狂欢式的“笑”是全民的、包罗万象的、双重性的。① 狂欢节中小丑(扮演国王)、傻瓜、巨人、侏儒、残疾人和各种各样的江湖艺人等，其实是由人装扮的，和游戏中的“装假(only pretending)”一样。它呈现出不同于平常的状态，而处于游戏之中，因此属于快适的艺术。

即使如巴赫金的论述，也未能穷尽狂欢节及狂欢化的节日的丰富内涵，这一未完成性、开放性使狂欢式及巴赫金的论述成为解释不尽的谜。

第五节　民俗节日狂欢的生成机制

民俗节日狂欢的生成与古代巫术狂欢有深刻的联系，其中时间感和空间感的转变是其生成的重要支撑因素。这种转变过程实质上也正是韦伯所说的祛魅过程，也即原始社会的巫术狂欢的神圣性逐渐为民俗中的狂欢的游戏性所替代。

一、民俗节日狂欢时间感：从依托自然规律时间向游戏时间演变

“时间是一个玩骰子的儿童，儿童掌握着王权！”②赫拉克利特的关于时间的论断，将时间对于万物的深层决定作用突显出来。时间是狂欢式赖以生成的关

---

① 参见[俄]巴赫金：《拉伯雷的创作与中世纪和文艺复兴时期的民间文化》，《巴赫金全集》第6卷，李兆林、夏忠宪译，河北教育出版社1998年版，第14页。

② 转引自[德]恩斯特·卡西尔：《神话思维》，中国社会科学出版社1992年版，第154页。

键因素,也是现代性发生的重要基础。狂欢式的古今之嬗变,其实质归于时间感的变化,尽管其循环往复的形式特征依然存在。这一变化需要依托古代的神话思维和游戏模式来分析。而狂欢式的时间经验,只有置于现代性的主流时间经验框架下,才能显示出其独特意义。

巴赫金在谈到狂欢式时指出:“它那追溯到人类原始制度和原始思维的深刻根源,它在阶级社会中的发展,它的异常的生命力和不衰的魅力——这一切构成文化史上的一个非常复杂有趣的问题。”①这一论断将我们的研究目光引向了狂欢式的起源时间问题。而且,他在狂欢节的时间感的论述中指出:“一定的和具体的自然(宇宙)时间、生物时间和历史时间观念永远是它的基础。同时,节庆活动在其历史发展的所有阶段上,都是与自然、社会和人生的危机、转折关头相联系的。死亡和再生、交替和更新的因素永远是节庆世界感受的主导因素。”②巴赫金提出“狂欢体时间”的概念,即从历史时间中剔除的时间,它的进程遵循着狂欢体特殊的规律,包含着无数彻底的更替和根本的变化,是一种“狂欢化了的时间”。③ 这里,“狂欢体时间”是巴赫金的原创性的概念,我们需要将其还原至原始的时间内涵。

起源于巫术的狂欢式依然保持着这种时间的感受。西方的酒神节一般在春季。中世纪和文艺复兴时期的狂欢节,则在大斋期(复活节前的40天)前的几天进行。中国民间的龙王节在农历二月。与上述巫术一致,它们根据巫术的交感原理,其意图和形式的实质仍然是巫术的,尽管看起来是戏剧式的。狂欢式的时间感受,与宇宙时间、生物时间和历史时间相关。

狂欢节的主要特征是“毁坏一切和更新一切的时代才有的节日”,是“真正的时间节日,不断生成、交替和更新的节日”。④ “它与一切永存、完成和终结相敌对。它面向未完成的将来。”⑤在中世纪,“游戏、预言(讽刺模拟的)、谜语的那

---

① [俄]巴赫金:《陀思妥耶夫斯基诗学问题》,《巴赫金全集》第5卷,白春仁、顾亚铃译,河北教育出版社1998年版,第160页。

② [俄]巴赫金:《拉伯雷的创作与中世纪和文艺复兴时期的民间文化》,《巴赫金全集》第6卷,李兆林、夏忠宪译,河北教育出版社1998年版,第10～11页。

③ 参见[俄]巴赫金:《陀思妥耶夫斯基诗学问题》,《巴赫金全集》第5卷,白春仁、顾亚铃译,河北教育出版社1998年版,第235页。

④ 参见[俄]巴赫金:《拉伯雷的创作与中世纪和文艺复兴时期的民间文化》,《巴赫金全集》第6卷,李兆林、夏忠宪译,河北教育出版社1998年版,第160页。

⑤ [俄]巴赫金:《拉伯雷的创作与中世纪和文艺复兴时期的民间文化》,《巴赫金全集》第6卷,李兆林、夏忠宪译,河北教育出版社1998年版,第11页。

些形象和民间节日的形象"之所以能够同时在狂欢节中出现，正是因为它们都处于节日的时间中。[①] 在与之相对应的拉伯雷的创作中，诸多情节、形象和语言等都生动而完整地表现了这种狂欢体时间。

巴赫金所说的节日时间并非形而上学意义上的时间，具有鲜明的历史性内涵和文化意义。而这种节日时间，在伽达默尔那里，被认为具有循环往复的特性。伽达默尔把这种重复出现的节日庆典活动称之为它的"重返"(Weiderkehr)。然而，节庆活动是一次次地演变着的，因为与它同时共存的总是一些异样的东西。对于节庆活动的本质来说，"它的历史关联是次要的……它并不是以某一种历史事件的方式而成为某种同一的东西，但是它也并非由它的起源所规定，以致真正的节日庆典活动只是在从前存在"。庆典的活动的进行，只是"它应当定期地被庆祝"。节日庆典活动是在"自我表现"上"才比所有属于历史的东西更彻底的意义上是时间性的，只有在变迁和重返过程它才具有它的存在"。[②]

因此，巴赫金提出的狂欢化理论所赖以生成的狂欢节渊源于古代的酒神节和农神节等农事活动，正是特有的古代的节日时间，使这一特有的节日具有节庆性和狂欢式世界感受；然而，在其存在方式上，显示出循环往复的时间模式特征。这里的节日时间因世界各地自然条件和生物繁殖规律等不同而呈现出不同的日历节点，而且以"过去"作为重要的意义"策源地"，成为建构"现在"和"未来"的依据。

二、民俗节日狂欢空间感：从神圣性转向公共性

从空间角度来看狂欢式，意在挖掘其中的空间要素即"广场"的内涵及其存在的意义。狂欢式的"广场"作为空间不仅和时间紧密相连，而且还与时间一致经历了去魅的过程。现代都市的一大景观是各种广场的出现，其功能与现代个体的原时的能量释放相关，并从更深层的意义上凸显现代群体即大众的主体位置。

在同一时期的狂欢节中，这种感受被巴赫金称为"人体地形学"。"宇宙仿佛只是在人的肉体上才重新汇集了它所具有的全部丰富多样性：宇宙的全部要

---

① 参见[俄]巴赫金：《拉伯雷的创作与中世纪和文艺复兴时期的民间文化》，《巴赫金全集》第6卷，李兆林、夏忠宪译，河北教育出版社1998年版，第268页。

② 参见[俄]巴赫金：《陀思妥耶夫斯基诗学问题》，《巴赫金全集》第5卷，白春仁、顾亚铃译，河北教育出版社1998年版，第173～174页。

素都在统一的人体这一平面上相互聚首和结合。"借助于人体,"中世纪等级制的世界图景訇然倒塌了,一幅新图景由以被创造"①。人体与世界的界限"沿种属关系、沿着人和自称风景、人和地貌的具体相似性路线进行"②。原始的巫术交感观念仍然被借用。但要指出的是,狂欢式中的空间感和厅堂、街道、集市等"广场"已不再有占星术意义上的共存关系,亦即作为狂欢式的活动场所与空间的宇宙意义已截然分开。

与神话的结构性空间区别,也与纯数学的功能性空间不同,现代的空间观念转向其社会关系的"生产"性质。列斐伏尔的"空间的生产(production of space)"理论,即由空间中事物的生产(production in space)转向空间本身的生产。空间不仅被社会关系支持,也生产社会关系和被社会关系所生产。③ 这一观念具有历史进程意义,具有依据时代、社会、生产模式与关系而定的特殊性。现代的广场,因与大众的政治集会、商业活动、演出仪式相关联,而成为公共的空间。当然,在这里,公共的空间的出现,不仅与现代空间观念对神话空间意义的去魅有关,而且还与现代大众的涌现有关,更与空间作为现代政治、经济的主导力量(列斐伏尔意义上的)有关。

三、民俗节日狂欢仪式:从神圣性走向游戏性

巴赫金注意到了狂欢节中的游戏因素。而赫伊津哈则说:"正是在本质上,节庆和游戏的关系十分紧密。"④这两者都宣告平常生活的停止,也即不再按照钟表规定的日常生活时间而自在。赫伊津哈认为游戏是所有文化普遍性的因素(the play-element of culture)⑤,只有"在纯游戏的精神上"才能真正理解"仪

---

① [俄]巴赫金:《拉伯雷的创作与中世纪和文艺复兴时期的民间文化》,《巴赫金全集》第6卷,李兆林、夏忠宪译,河北教育出版社1998年版,第421~422页。

② [俄]巴赫金:《拉伯雷的创作与中世纪和文艺复兴时期的民间文化》,《巴赫金全集》第6卷,李兆林、夏忠宪译,河北教育出版社1998年版,第415页。

③ 参见[法]亨利·列斐伏尔:《空间:社会产物与使用价值》,包亚明主编:《现代性与空间的生产》,上海教育出版社2002年版,第48页。

④ [荷兰]约翰·赫伊津哈:《游戏的人——关于文化的游戏成分的研究》,多人译,中国美术学院出版社1996年版,第2页。

⑤ 参见[荷兰]约翰·赫伊津哈:《游戏的人——关于文化的游戏成分的研究》,多人译,中国美术学院出版社1996年版,第2页。

式、祭祀、供奉和秘拜”等。[①] 他指出游戏的主要特征：自主的(free)，非“平常的”，隔离的，而且“创造”秩序。[②]

伽达默尔在赫伊津哈研究的基础上，进一步认为游戏、节庆和艺术具有同一性。他认为，游戏在“自我表现(Selbstdarstellung)”上和艺术具有同一性。游戏对于游戏者来说具有优先性，它“不是在游戏者的意识或行为中具有其存在”，而是它“吸引游戏者入它的领域中，并且使游戏者充满了它的精神”。[③] 他认为，艺术作品和游戏一样，正是“在表现中才出现构成物的统一性和同一性”[④]。节庆的演变与艺术和游戏一样，节庆因此也具有优先性，它首先“存在于那里”。伽达默尔在探讨艺术存在方式时，引入了“游戏”的概念，认为艺术作品就是游戏。而在探讨它的时间性时，又引入了定期的节庆活动。节庆的周期反复的性质，和艺术作品的经验具有相似之处。而节庆的这种时间经验，因不同于用仪表来观测和计算的均匀的时间，而被称为原时。[⑤]

我们可以认为，节庆和游戏同样具有这种原时的限定。当这种原时出现之时，即节日来临之际或游戏开始之时，所有的人都自动成为游戏者与观赏者。显然，这里突出了狂欢式的时间经验与日常生活时间经验的不同。我们由此转到日常生活时间的探讨上来，并由此看出狂欢式的时间的现代性意义。

因此，节庆文化正是依托循环往复的节日时间和游戏时间模式，主要以仪式为媒介，创建秩序，完成传承。

四、民俗节日狂欢世界感受：作为共通感

巴赫金的狂欢化理论，渊源于狂欢节这一特有的节日。正是节日时间的到来，包括狂欢节在内的狂欢式才具有统一的狂欢式世界感受。这一感受如太一一般充溢于各种节庆活动当中。

---

① 参见[荷兰]约翰·赫伊津哈：《游戏的人——关于文化的游戏成分的研究》，多人译，中国美术学院出版社 1996 年版，第 5 页。

② 参见[荷兰]约翰·赫伊津哈：《游戏的人——关于文化的游戏成分的研究》，多人译，中国美术学院出版社 1996 年版，第 9～14 页。

③ 参见[德]汉斯—格奥尔格·伽达默尔：《真理与方法》，洪汉鼎译，商务印书馆 2010 年版，第 172 页。

④ [德]汉斯—格奥尔格·伽达默尔：《真理与方法》，洪汉鼎译，商务印书馆 2010 年版，第 154 页。

⑤ 参见[德]汉斯—格奥尔格·伽达默尔：《美的现实性》，《外国美学》第 11 辑，商务印书馆 1995 年版，第 381 页。

巴赫金认为，狂欢化主要是指“狂欢式对文学产生的决定性的影响”。狂欢式意指一切狂欢节式的庆贺、仪礼、形式的总和。作为一种游艺形式，狂欢式有统一的世界感受，在一定程度上可以转为“文学的语言”。[①] 在文艺复兴时期，狂欢式世界感受及其特有的诸多范畴，如人们之间随便而又亲昵的接触、插科打诨、俯就和粗鄙等，作为具体感性的“思想”一直流传于欧洲最广泛的人民群众之中，因而在形式和体裁形成方面给文学以巨大的影响。[②] 狂欢式世界感受的核心便是“交替与变更、死亡与新生的精神”[③]。

巴赫金认为，只有在狂欢节和其他节日的民间广场活动中，节日的节庆性才能被充分而单纯地体现。而到了 17 世纪下半叶，节日生活被国家化和日常化，上述狂欢节世界感受狭隘化为节日情绪，所以它也与现代的假面狂欢、舞台游艺演出等形式深刻地区别开来。

巴赫金指出，在狂欢式的世界感受的基础上，逐渐形成了各种复杂文艺复兴的世界观。[④] 因此，可以说，狂欢式世界感受其实是一种因节日时间而形成的文化心理结构，具有本体论性质。

“狂欢化的渊源，就是狂欢节本身。”[⑤]可以说，狂欢化理论的“策源地”是狂欢节（英语 Carnival，俄语 Карнавал）。在巴赫金看来，节庆活动是人类文化极其重要的第一性形式，“一定的和具体的自然（宇宙）时间、生物时间和历史时间观念永远是它的基础”[⑥]。从起源上讲，节庆活动与古代多神教农事型节庆活动有本质的联系；从发生学上讲，它们与基督教弥撒有同源关系，但也存在着本质性的区别。

先就酒神节来说。在古代西亚文明国家和埃及等国家，于一年中季节的更

---

① 参见［俄］巴赫金：《陀思妥耶夫斯基诗学问题》，《巴赫金全集》第 5 卷，白春仁、顾亚铃译，河北教育出版社 1998 年版，第 157～158 页。

② 参见［俄］巴赫金：《陀思妥耶夫斯基诗学问题》，《巴赫金全集》第 5 卷，白春仁、顾亚铃译，河北教育出版社 1998 年版，第 159～160 页。

③ ［俄］巴赫金：《拉伯雷的创作与中世纪和文艺复兴时期的民间文化》，《巴赫金全集》第 6 卷，李兆林、夏忠宪译，河北教育出版社 1998 年版，第 160 页。

④ 参见［俄］巴赫金：《陀思妥耶夫斯基诗学问题》，《巴赫金全集》第 5 卷，白春仁、顾亚铃译，河北教育出版社 1998 年版，第 168 页。

⑤ ［俄］巴赫金：《拉伯雷的创作与中世纪和文艺复兴时期的民间文化》，《巴赫金全集》第 6 卷，李兆林、夏忠宪译，河北教育出版社 1998 年版，第 170 页。

⑥ ［俄］巴赫金：《拉伯雷的创作与中世纪和文艺复兴时期的民间文化》，《巴赫金全集》第 6 卷，李兆林、夏忠宪译，河北教育出版社 1998 年版，第 10 页。

迭时节，人们以哀悼与欢庆的戏剧性的仪式交替地纪念酒神（狄俄尼索斯或巴克斯）悲痛的死亡和欢乐的复活。对他的狂热的崇奉，通过纵情的舞蹈、激动的音乐和极度的醉酒而表现出来。在弗雷泽看来，这些仪式在实质上是巫术性的。也就是说，根据巫术的交感原理，其意图是为了确保植物春天再生、动物繁殖，而这些都受到冬天损害的威胁。[①] 再就农神节来说。这个节庆是在每年的十二月里，即罗马历一年中交替的时节，在古罗马的街道上、公共场所和住宅中举行。除了宴会、饮酒、种种疯狂的寻欢作乐，节日中最引人注意的特点，莫过于“自由民阶级和奴隶阶级之间的区分暂时废除”。

巴赫金认为，中世纪和文艺复兴时期的狂欢式都是非巫术和非宗教的。尽管可以说，“节庆活动在其历史发展的所有阶段上，都是与自然、社会和人生的危机、转折关头相联系的”。但是，正是民间文化的诙谐或笑的因素，使“这些仪式完全摆脱了一切宗教和教会的教条主义、神秘主义和虔诚。它们也完全丧失了巫术和祈祷的性质”[②]。“狂欢节具有宇宙的性质，这是整个世界的一种特殊状态，这是人人参与的世界的再生和更新。”[③]巴赫金所说的狂欢式世界感受其实是一种共通感（common sense，或译为“共同感觉”），即一种通过生活的共同性而获得并为这种共同性生活的规章制度和目的所限定的感觉。[④] 它具有本体论的特性，它存在于狂欢节的每一个参与者身上（当然，这也不是统计学上的普遍性）。它将人们从严肃的官方文化中“解放”出来，而这种力量的基石正是狂欢节所依托的循环往复的节日时间。

本章小结

综上所述，中西方有不同的民俗文化传统，但在节日中，依照传统民俗过节并且必然要追求喜庆的气氛。民俗节日中的狂欢活动从原始社会的神圣性走

---

① 参见[英]弗雷泽：《金枝》，赵昕译，陕西师范大学出版总社有限公司 2010 年版，第 358 页。

② [俄]巴赫金：《拉伯雷的创作与中世纪和文艺复兴时期的民间文化》，《巴赫金全集》第 6 卷，李兆林、夏忠宪译，河北教育出版社 1998 年版，第 7 页。

③ [俄]巴赫金：《拉伯雷的创作与中世纪和文艺复兴时期的民间文化》，《巴赫金全集》第 6 卷，李兆林、夏忠宪译，河北教育出版社 1998 年版，第 8 页。

④ 参见[德]汉斯—格奥尔格·伽达默尔：《真理与方法》，洪汉鼎译，商务印书馆 2007 年版，第 42 页。

向了全民性。其中，时间感、空间感、仪式感都呈现出民俗节日特有的公共性、游戏性等特征。巴赫金的狂欢化理论从社会学角度区别了民间的诙谐文化特别是狂欢节的文化特征与官方的节日特征。他所提出的狂欢节的范畴基本上可以看作是民俗节日中的基本特征。从民俗学角度来看节日狂欢，显示出从这一视域所独有的民间视角。自巴赫金研究开始，民间视角成为研究民俗节日狂欢的重要视角。狂欢化理论也成为阐释民俗节日文化重要的资源。然而，这一视角扩大了民间文化在社会整体文化结构中的功能。

第三章

判断美学视域中的节日狂欢

判断美学主要是指康德的形式主义美学。康德所提出的审美判断力是现代主体心灵结构中的三大能力之一。他认为，美学学科真正应该就人类的审美判断力作出根本的批判。他对美的四契机分别作出了明确的界定。自康德建立的美学标准来看，他所强调的去除审美对象中的质料也就是人的经验部分，而只有留下形式感的美的对象才能称之为美的。从这一形式主义美学的视域来看节日狂欢，节日狂欢显示出与形式主义美学不一样的审美趣味，即怪诞。这种观念同样在俄国巴赫金那里得到了阐释，即从民间诙谐文化的角度提出了节日狂欢中的诸多形象中的审美观念——“怪诞现实主义”。这一观念显然非独立的个体观念，而是一种整体的观念。

第一节　现代判断美学原理

一、审美判断力在现代主体心灵结构中的位置

康德认为，在现代主体的心灵结构中有三种能力，即认识能力、愉快和不愉快的情感、欲求能力。[①] 它们各有自己的活动领地。知性对于作为感官客体的自然是先天地立法的，以在一个可能经验中达到对自然的理论认识。理性对于

① 参见[德]康德：《判断力批判》，邓晓芒译，杨祖陶校，人民出版社 2002 年版，第 11 页。

作为主体中超感官的东西的自由及其独特的原因是先天地立法的，以达到无条件的实践的知识。知性立法下的自然概念的领地和理性立法下的自由概念的领地，使超感性的东西与现象分开了一条巨大的鸿沟。这二者的联系则由愉快和不愉快的情感即审美判断力来完成，亦即判断力是二者的中介。

也就是说，对于一般心灵来说，对于认识能力（即对自然的理论认识能力）来说，知性就是包含先天构成性原则的能力；对于愉快和不愉快的情感来说，判断力是其先天地直接实践性的概念和感觉的能力；对于欲求能力来说则是理性，它规定了终极目的而且是实践性的，同时也带有对客体的纯粹智性的愉悦。[①]

在康德看来，审美判断力也有其先天性的规律，亦即普遍性、必然性的规律，而且这种规律是反思性的。一般判断力是把特殊思考为包含在普遍之下的能力。这种思考过程是：如果普遍过程的东西（规则、原则、规律）给予了，那么把特殊归摄于它们之下的那个判断力就是规定性。与之相反的是反思性的，亦即如果有特殊给予了，判断力必须去为此寻求普遍。判断力的原则就自然的合目的性而言，它是特殊的先天概念，只在反思性的判断力中有其根源。并且，它是一个先验原则。所谓一个先验的原则，就是通过它而使人考虑到这种先天普遍条件的原则，唯有在此条件下诸物才能够成为我们知识的一般客体。它与形而上学的原则不同。所谓形而上学的原则是指，如果一个原则让人考虑的是这种先天条件，唯有在此条件下所有必须经验性地给出其概念的客体都能先天地进一步得到规定。

自然的合目的性的原则存在着这样的审美表象，即在一个客体的表象上只是主观的东西，亦即是表象与主体的关系，而非与对象的关系；否则，如果该表象上用作或能够被用于对象的规定的东西，就是逻辑有效性。这种主观的东西根本不能成为任何知识成分，而是与这表象结合着的愉快与不愉快的情感。而这种情感的实质是相像力（作为先天直观的能力）通过一个给予的表象而无意中被置于与知性（作为概念的能力）相一致之中，并由此唤起了愉快的情感。一个这样的判断就是对客体的合目的性的审美判断。它的对象的形式，而不是它的作为感觉的表象的质料，在关于这个形式的单纯反思里就被评判为对这样一个客体的表象的愉快的根据。这样的对象就是美的。这样一种普遍有效的愉快情感下的判断的能力就叫鉴赏。因此，愉快的根据只被放在一般反思的对象

① 参见[德]康德：《判断力批判》，邓晓芒译，杨祖陶校，人民出版社 2002 年版，第 32 页。

的形式中，并非放在对于对象的任何感觉中，也与包含任何一种意图的某个概念没有关系。

审美判断不仅作为鉴赏判断与美相关，而且作为出自某种精神情感的判断还与崇高相关。[①]

二、形式主义美学的主要原理

康德的形式主义美学，强调审美愉悦的无利害目的，因而将其与快适的愉悦区别开来。

首先，康德从鉴赏判断的质、量、内在所观察到的目的关系、对对象的愉悦的模态四个契机来看。第一，从质来看，鉴赏是通过不带任何利害的愉悦或不愉悦而对一个对象或一个表象方式进行评判的能力。一个这样的愉悦的对象就叫作美。[②] 第二，从量来看，凡是那种没有概念而普遍令人喜欢的东西就是美的。第三，从内在所观察到的目的关系来看，美是一个对象的合目的性形式，如果这形式是没有一个目的的表象而在对象身上被知觉到的话。第四，对对象的愉悦的模态来看，美是那种没有概念而被认作一个必然愉悦的对象的东西。[③]

其次，康德区分了自由美和依附美。"前者不以任何有关对象应当是什么的概念为前提；后者则以这样一个概念及按照这个概念的对象完善性为前提。前一种美的类型称之为这物那物的（独立存在的）美；后一种则作为依附于一个概念的（有条件的美）而被赋予那些从属于一个特殊目的的概念之下的客体。"[④] 那么相对应这两种美进行的鉴赏判断也是不同的。"在对一种自由的美（按照单纯的形式）作评判时，那鉴赏判断是纯粹的。它不预设任何一个目的的概念，要杂多为了这个目的而服务于给予的客体并要它对这客体有所表现，借此只会使在观赏该形象时仿佛在做游戏的那个想象力的自由受到限制。""一个鉴赏判断就一个确定的内在目的之对象而言，只有当判断者要么关于这个目的毫无概

---

① 参见[德]康德：《判断力批判》，邓晓芒译，杨祖陶校，人民出版社 2002 年版，第 14～24 页。

② 参见[德]康德：《判断力批判》，邓晓芒译，杨祖陶校，人民出版社 2002 年版，第 45 页。

③ 参见[德]康德：《判断力批判》，邓晓芒译，杨祖陶校，人民出版社 2002 年版，第 37～77 页。

④ [德]康德：《判断力批判》，邓晓芒译，杨祖陶校，人民出版社 2002 年版，第 65 页。

念，要么在自己的判断中把这目的抽掉时，才会是纯粹的。”①

最后，快适与个人的趣味和快感相关，是那在感觉中使感官感到喜欢的东西。它具有对欲求能力的关系，带有病理学上的东西（通过刺激）为条件的愉悦。因此，“快适（感觉）与本来只涉及到形式的美相结合就妨碍了鉴赏判断的纯粹性。”②鉴赏判断是静观的，是使他喜欢的东西，而快适是使他快乐的东西。对应于前者是（优）美的艺术，而后者则是快适的艺术。前者本身表现出庄重和严肃，而后者则显得诙谐和轻松。

快乐，促进人的全部生活的情感，包括肉体的舒适。诸感觉的一切交替着的自由游戏都使人快乐，无论是音调还是言语的游戏（玩笑）。笑是由于一种紧张的期待突然转变成虚无而来的激情。③ 而与其相近的诙谐幽默，则是将“一切事物都完全不同于平常的（甚至与平常根本相反的）的那样来作评判”，而且“能随意地合目的地（为了借助于一种使人好笑的对比来作一种生动的表演）呈现这种变化的”表演。④

在这种美学思想的指引下，我们可以分析节日狂欢中诸要素的美学意蕴。

第二节　判断美学与节日狂欢要素分析

节日狂欢作为民间诙谐（笑）文化的典型形态，是最能体现诙谐文化的内涵的审美对象。民间诙谐（笑）文化，具有解放大众的乌托邦精神和将神圣与权威“降格”“祛魅”的效果。自判断美学看来，民间诙谐文化的核心范畴的审美形态应该归于怪诞。

一、世俗化的怪诞形象

在康德的分析中，优美和崇高，因其纯粹的形式和合比例的内容，而成为鉴

---

① [德]康德：《判断力批判》，邓晓芒译，杨祖陶校，人民出版社 2002 年版，第 66～67 页。

② [德]康德：《判断力批判》，邓晓芒译，杨祖陶校，人民出版社 2002 年版，第 66 页。

③ 参见[德]康德：《判断力批判》，邓晓芒译，杨祖陶校，人民出版社 2002 年版，第 179 页。

④ 参见[德]康德：《判断力批判》，邓晓芒译，杨祖陶校，人民出版社 2002 年版，第 182 页。

赏判断的静观对象。而一些行为之所以是怪诞的,原因有多种。“不自然的事物,只要是其中被认为有崇高的成分,哪怕是很少或者全然不曾被人发现,都是怪诞的。”[①]那些“为了自己的、祖国的或我们朋友的权利而勇敢地承担起困难,这是崇高的”,而“由于骑士对荣誉的召唤具有一种颠倒的观念而产生的可悲的残余”的骑士团的“决斗”区别于冒险,则是怪诞的。而且,修道院和类似的坟墓用来禁闭活生生的圣徒们,区别于冒险性的古代隐士孤独的冥想,是怪诞的。苦行、发誓和其他许多修士的道德,区别于用原则约束自己的崇高的激情,是怪诞的。乃至于圣骨、圣木和所有这类的废物(连西藏大喇嘛的圣屎也不例外)都是怪诞的。[②] 另外一些文学也是怪诞的。如古罗马时期的《变形记》和法国荒唐的神话故事等。[③]

在谈到不同民族文化中的形象时,康德指出,印度人的宗教是由各式各样的怪诞构成的,如硕大无比的神像、本领高强的猴子哈曼的牙齿、法克尔们的违反自然的忏悔方式等。古代中国人的繁文缛节的习俗和绘画也是怪诞的,原因在于中国人有着异常古老的习俗。[④]

巴赫金通过对拉伯雷创作中的怪诞形象的分析(其实也是狂欢式节中的形象),用民间诙谐(笑)文化来归摄整个狂欢式,并提出其中核心范畴的“笑”。[⑤]它呈现出不同于平常的状态,而处于游戏之中,因此属于快适的艺术。

巴赫金进一步指出,这种形象中的审美观念与古典主义的审美观念不同,可称之为怪诞现实主义。在此形象体系中,物质—肉体的因素是从它的全民性、节庆性和乌托邦性的角度展现出来的。在这里,宇宙、社会和肉体在不可分离的统一中展现出来,作为一个不可分割的活生生的整体。[⑥]

这种审美观念即怪诞现实主义的主要特点是降格,即把一切高级的、精神性的、理想的和抽象的东西转移到整个不可分割的物质—肉体层面、大地和身体的层面。需要指出的是,俄语中的“降格”一词还有“世俗化”“人间化”等意

① [德]康德:《论优美感和崇高感》,何兆武译,商务印书馆 2001 年版,第 10 页。

② 参见[德]康德:《论优美感和崇高感》,何兆武译,商务印书馆 2001 年版,第 11 页。

③ 参见[德]康德:《论优美感和崇高感》,何兆武译,商务印书馆 2001 年版,第 12 页。

④ 参见[德]康德:《论优美感和崇高感》,何兆武译,商务印书馆 2001 年版,第 60～61 页。

⑤ 参见[俄]巴赫金:《拉伯雷的创作与中世纪和文艺复兴时期的民间文化》,《巴赫金全集》第 6 卷,李兆林、夏忠宪译,河北教育出版社 1998 年版,第 14 页。

⑥ 参见[俄]巴赫金:《拉伯雷的创作与中世纪和文艺复兴时期的民间文化》,《巴赫金全集》第 6 卷,李兆林、夏忠宪译,河北教育出版社 1998 年版,第 23 页。

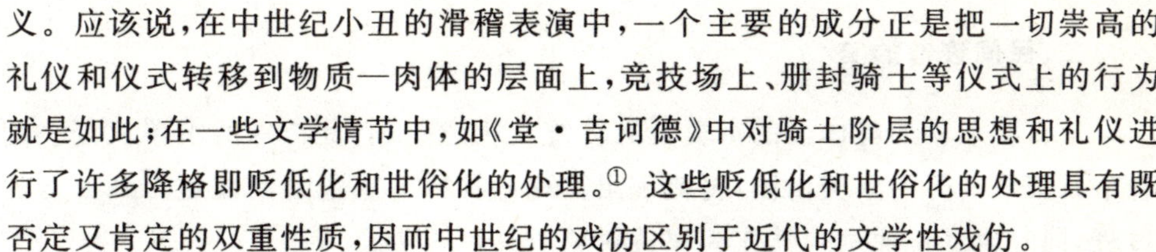

义。应该说，在中世纪小丑的滑稽表演中，一个主要的成分正是把一切崇高的礼仪和仪式转移到物质—肉体的层面上，竞技场上、册封骑士等仪式上的行为就是如此；在一些文学情节中，如《堂·吉诃德》中对骑士阶层的思想和礼仪进行了许多降格即贬低化和世俗化的处理。① 这些贬低化和世俗化的处理具有既否定又肯定的双重性质，因而中世纪的戏仿区别于近代的文学性戏仿。

怪诞形象的双重性特征可以这样来总结，即它以这种或那种形式体现（或显示）变化的两极即旧与新、垂死与尊重、变形的始与末；而且，怪诞形象所表现的另一种未完成的特征，即是在死亡和诞生、成长与形成阶段，处于变化、尚未完成的变形状态的现象特征，这一点尤其体现在对时间、对形成的态度上。② 这两种重要的特征尤其在时间感和人体形象上体现出来。

这一世俗性质体现在节日狂欢的整体活动中。这一点同样在其他国家的节日活动中体现出来。在文艺复兴时期的意大利城市中举行的游行，不久发展为"凯旋式"，或者说，步行和乘车的化装人物的行列。但是它的宗教性质已逐渐为世俗性质所代替。③

对照前述康德所依据的形式主义审美观念，节日狂欢中的形象无疑主要是怪诞的。在佛罗伦萨的狂欢节中，根据古代的群神形象造就的群像显示出其怪诞的特征。如：一个头上长着四副惊人的面孔的妒忌之神，四种"气质"和属于它们的星宿，三个命运之神，智虑之神高踞在宝座上，"希望"和"恐惧"被缚在她的脚下；还有四行之神、时代之神、风神和季节之神，等等；还有那打开不久的棺材的有名的死神之车；还有古典神话中的人物，等等。④ 这一切都使人想到中国农村的社火。在中国的一些乡村和城镇，至今仍然保存着闹社火的习俗。其时，不同时代、不同领域的诸神或形象，如福禄寿三星、唐僧师徒、观音大士、金童玉女等等，均拉上街头来被观看。再配以震耳欲聋的锣鼓声，整个活动场面热闹非凡。观看者人山人海，涌满街头，都无比欢欣。

---

① 参见[俄]巴赫金：《拉伯雷的创作与中世纪和文艺复兴时期的民间文化》，《巴赫金全集》第 6 卷，李兆林、夏忠宪译，河北教育出版社 1998 年版，第 24 页。

② 参见[俄]巴赫金：《拉伯雷的创作与中世纪和文艺复兴时期的民间文化》，《巴赫金全集》第 6 卷，李兆林、夏忠宪译，河北教育出版社 1998 年版，第 29 页。

③ 参见[瑞士]雅各布·布克哈特：《意大利文艺复兴时期的文化》，何新译，马香雪校，商务印书馆 1983 年版，第 398 页。

④ 参见[瑞士]雅各布·布克哈特：《意大利文艺复兴时期的文化》，何新译，马香雪校，商务印书馆 1983 年版，第 420 页。

二、民间诙谐的笑

节日狂欢中的群体性的审美具有传统文化意蕴，有其特殊的审美机制。阐释节日狂欢的笑的审美内涵，将梳理出笑这一种行为从危险到规定再到放开的过程，同时也真正地阐释其作为审美对象所具有的功能。

（一）笑的历史：从被禁止到全民性

古希腊理论家认为，笑具有不合时宜的危险性。在柏拉图和亚里士多德那里都有相关的说法。柏拉图谈到笑的本质感觉是一种快感。[①] 而滑稽可笑则是一种缺陷，因为这种与德尔斐神庙上的格言"认识你自己"所表达的情况刚好相反，即简直不认识自己。[②]

而且滑稽可笑又分为不同的情况。在强有力的对象那里，这种滑稽可笑本身都有伤害别人的危险；而在没有势力的对象那里则是滑稽可笑的。另外，如果这种滑稽可笑是从自己对没有势力的朋友的关系中出现，则是痛感与快感的结合；如果是对待有势力的朋友时，则显得可恨。[③]

对于笑的功能，柏拉图提出其具有非常危险的后果，出于对城邦保卫者的教育目的，保卫者们不应动不动就笑，因为"暴烈的笑总不免就有同样的暴烈的心理反响跟着来"[④]。甚至不准诗人把一个好人写成轻易就发笑，尤其不能把神们写成这样，如"神们都哄堂大笑不止，看见火神在宴会厅里跛来跛去"[⑤]。

在亚里士多德那里，喜剧模仿低劣的人。它所表现的是于人无害的滑稽。"滑稽只是丑陋的一种表现。滑稽的事物，或包含谬误，或其貌不扬，但不会给造成痛苦或带来伤害。"[⑥]比如喜剧演员的面具。

俄国学者巴赫金探究了中世纪和文艺复兴时期的"笑"（或诙谐）文化。他特别指出在民间狂欢文化中的"笑"（或诙谐）的内涵，而且从拉伯雷的创作中将

---

① 参见[古希腊]柏拉图：《柏拉图文艺对话集》，朱光潜译，商务印书馆 2015 年版，第 271 页。

② 参见[古希腊]柏拉图：《柏拉图文艺对话集》，朱光潜译，商务印书馆 2015 年版，第 269 页。

③ 参见[古希腊]柏拉图：《柏拉图文艺对话集》，朱光潜译，商务印书馆 2015 年版，第 269～271 页。

④ [古希腊]柏拉图：《柏拉图文艺对话集》，朱光潜译，商务印书馆 2015 年版，第 38 页。

⑤ [古希腊]柏拉图：《柏拉图文艺对话集》，朱光潜译，商务印书馆 2015 年版，第 39 页。

⑥ [古希腊]亚里士多德：《诗学》，陈中梅译，商务印书馆 1996 年版，第 58 页。

这种"笑"给予了极其重要的正面价值。他指出,"笑"首先是"节庆的诙谐"。它并非是对某一单独"可笑"现象的个体反应。因此,它是"全民性的""包罗万象的""双重性的"笑。[①] 拉伯雷著作《巨人传》中的形象及其表达都体现出巴赫金所指出的笑的特征。

(二)作为审美观念的一种笑

对17世纪斯宾诺莎而言,"笑和诙谐都是一种单纯的快乐,只要不过度,本身都是善的",而"只有沉闷的、愁苦的迷信才会禁止享乐"。而快乐对于人的作用甚大,"我们所感到的快乐愈大,则我们所达到的圆满性亦愈大。换言之,吾人必然地参与精神性中亦愈多"[②]。

对18世纪的康德来说,笑与游戏、诙谐幽默天然关联,它们无疑都促进着健康的情感。首先,"诸感觉的一切交替着的自由游戏都使人快乐,因为它促进着健康的情感"。其次,"音乐和笑料却是带有审美理念或者甚至知性表象的两种不同的游戏,最终并没有什么通过它们而被思考,它们仅仅能通过交替,但却是生动地使人快乐"[③]。他因此与肉体建立起联系,音乐和笑料"这两种游戏中"的鼓动都只是"肉体上的","尽管它们也都是由内心的理念激活起来的,而对健康的情感通过某种与那个游戏相符合的内脏活动",就构成了人的快乐。而且这些音调等只是载体,而且是"那在肉体中被促进的生命活动,即推动内脏和横隔膜的那种激情",构成了可以"用心灵来掌握肉体,并把心灵用作肉体的医生"而感到的快乐。[④] 再次,在玩笑中,"游戏从观念开始,这些观念全都使肉体产生活动;并且知性在这种表演中酒肉没有发现所期待的东西时突然松弛下来,于是人们就在肉体中通过各种器官的振荡而感到了这种松弛的作用,这些器官的平衡的恢复,并对健康具有良好的影响"[⑤]。复次,笑是由于一种因知性的紧张的期待突然转变成虚无而来的激情。它同虚假的故事严格区分开来。因为它

---

① 参见[俄]巴赫金:《拉伯雷的创作与中世纪和文艺复兴时期的民间文化》,《巴赫金全集》第6卷,李兆林、夏忠宪译,河北教育出版社1998年版,第14页。

② [荷兰]斯宾诺莎:《伦理学》,贺麟译,商务印书馆1997年版,第206页。

③ [德]康德:《判断力批判》,邓晓芒译,杨祖陶校,人民出版社2002年版,第177～179页。

④ 参见[德]康德:《判断力批判》,邓晓芒译,杨祖陶校,人民出版社2002年版,第177～178页。

⑤ [德]康德:《判断力批判》,邓晓芒译,杨祖陶校,人民出版社2002年版,第178～179页。

“必然会导致内心的激动及与之和谐的内部身体的运动，后者不由自主地持续着并产生出疲倦，但同时也产生快感”[①]。最后，与快乐相近的诙谐幽默，则属于精神的独创性，是在内心气质中将“一切事物都完全不同于平常的（甚至与平常根本相反的）的那样来作评判”，“能随意地合目的地（为了借助于一种使人好笑的对比来作一种生动的表演）呈现这种变化的”的表演。这种风格属于快适的艺术，而不是美的艺术。因为美的艺术本身表现出几分庄重，要求某种严肃。因此，在康德这里，“笑”因此是一种快适的艺术。

综上所述，康德的审美观念注重无条件的判断力所对应的领域，因而超出感官经验而注重形式。对由反思事物的形式而来的愉悦的感受性不仅表明了主体身上按照自然概念在与反思判断力的关系中的诸客体的合目的性，而且反过来也表明了就诸对象而言根据其形式甚至无形式按照自由概念的主体的合目的性。因此，审美判断不仅作为鉴赏判断与美相关，而且作为出自某种精神情感的判断与崇高相关。审美判断力批判也由此分为两部分。但是，诸如节日中的笑和怪诞等形象中的审美观念并非康德所说的判断美学所梳理的形式主义审美观念，因而称之为怪诞的。这种怪诞的审美观念在巴赫金那里从民间笑（诙谐）文化的角度提出来。应该说，他们两人在此观念上是基本一致的。但巴赫金更注重节日狂欢中诸多因素的风格统一性。也就是说，节日中的笑、怪诞形象、戏仿等广场艺术形式其实都笼罩于狂欢这一感受之下。

第三节　异化背景中的节日狂欢审美特征及作用

节日狂欢突出以休闲为目的的趣味享受，从饮食、身体到视觉等均有相应主题的（如餐饮文化、广场艺术、视觉文化等）“嘉年华”活动。这种休闲娱乐的群体性活动无疑使大众的感性（aesthetics）[②]获得最大程度的完善，因而使人沉

---

① [德]康德：《判断力批判》，邓晓芒译，杨祖陶校，人民出版社 2002 年版，第 180 页。

② 这一概念主要是在德国鲍姆加通的意义上使用的。在他那里，“aesthetics”即感觉的或朦胧的认识方法。感觉或感受的完善性称为美。所谓完善性，即多样性中的统一。一切同感性认识的完善性，与感官知觉的整体中各部分的统一相对立的东西都是丑的。（参见[英]鲍桑：《美学史》，张今译，中国人民大学出版社 2010 年版，第 167～168 页）马尔库塞也指出，德文中的感性和肉欲仍是同一个术语“Sinnlichkeit”。它既指本能的（特别是性欲的）满足，也指感性知觉和表象（即感觉）。（参见[美]马尔库塞：《爱欲与文明》，黄勇、薛民译，上海译文出版社 2012 年版，第 165 页）

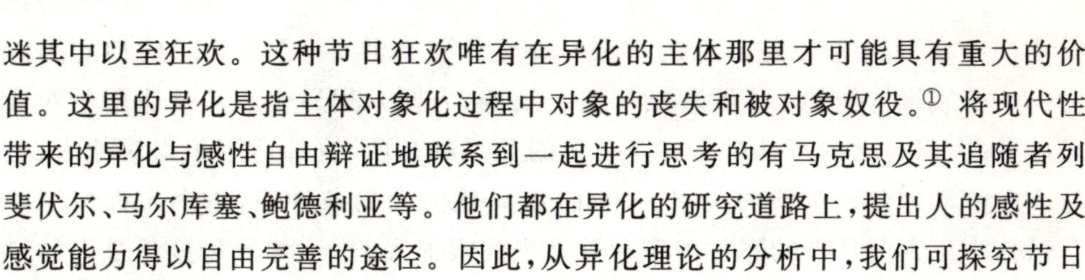

迷其中以至狂欢。这种节日狂欢唯有在异化的主体那里才可能具有重大的价值。这里的异化是指主体对象化过程中对象的丧失和被对象奴役。[①] 将现代性带来的异化与感性自由辩证地联系到一起进行思考的有马克思及其追随者列斐伏尔、马尔库塞、鲍德利亚等。他们都在异化的研究道路上，提出人的感性及感觉能力得以自由完善的途径。因此，从异化理论的分析中，我们可探究节日狂欢的审美特征和作用。

一、异化与感性自由的关系是现代性批判的重要主题

在对现代性的反思中，首先将异化作为重要主题切入社会批判的是马克思。他在概括现代性带来的巨大变化的同时，提出现代社会中的劳动异化现象。因而人在运用自己的动物机能时才是自由的。法兰克福学派马尔库塞进一步提出文化异化的现象，在将爱欲受压抑的观点与劳动异化结合，提出爱欲解放论，批判现代资本主义社会的弊端，提出一种非压抑性的文明的可能性。西方马克思主义大师法国列斐伏尔在此基础上，指出日常生活已经全面异化的事实，并提出通过节日来解放和完善人的感性的方案。他的学生鲍德利亚延续异化的思路，认为当今社会的最重要的意识形态即消费意识形态，因而休闲是对非生产性时间的一种消费。

在马克思那里，异化是重要的主题。他所讨论的异化存在于工人的劳动当中，而这正是国民经济学所不予关注的对象。在《1844 年经济学哲学手稿》中，他主要考察了实践的人的活动即劳动的异化行为。第一，通过“工人对劳动产品这个异己的、统治着他的对象的关系”来探讨劳动的产品的异化。也就是说，这种关系同时也是工人对感性的外部世界、对自然对象——异己的与他敌对的世界——的关系，工人越是通过自己的劳动占有外部世界、感性自然界，他就越是在感性的外部世界失去生活资料。第二，通过“在劳动过程中劳动对生产关系”来探讨劳动的异化。也就是说，这种关系是工人对他自己的活动——一种异己的、不属于他的活动——的关系。工人的劳动是外在的东西，不是自愿的劳动，而是被迫的强制劳动。劳动本身不是满足一种需要，而是满足劳动以外的那些需要的一种手段。结果是，人（工人）只有在运用自己的动物机能——吃、喝、生殖，至多还有居住、修饰等等——的时候，才觉得自己在自由活动，而在运用人的机能时，觉得自己只不过是动物。这些都是物的异化。第三，人的

---

① 参见《马克思恩格斯全集》第 42 卷，人民出版社 1979 年版，第 91 页。

类本质变成对人来说是异己的本质——无论是自然界，还是人的精神的类能力——变成维持他的个人生存的手段。第四，人同人相异化。凡是适用于对自己的劳动、对自己的劳动产品和对自身的关系的东西，也都适用于人对他人、对他人的劳动和劳动对象的关系。因此，在异化劳动的条件下，每个人都按照他自己作为工人所具有的那种尺度和关系来观察他人。[①] 这种异化显然是人的异化。不论是物还是人的异化，马克思都是以人作为类存在物作为根本的参照。人是类存在物，不仅是在实践上和理论上把类当作自己的对象，而且人把自身当作现有的、有生命的类来对待，因为“人把自身当作普遍的因而也是自由的存在物来对待”[②]。与其他动物有限性的尺度和需要相比，“人懂得按照任何一个种的尺度来进行生产，并且懂得处处都把内在的尺度运用于对象；因此，人也按照美的规律来构造”[③]。但是，“异化劳动把自主活动、自由活动贬低为手段，也就把人的类生活变成维持人的肉体生存的手段”[④]。这种异化劳动与自由活动的关系由此被揭示，而后者所遵循的“美的规律”被看作是马克思美学的经典表达。

法兰克福学派马尔库塞将爱欲受压抑的观点与劳动异化结合，提出通过解放爱欲，建立一种非压抑性的文明的可能性。马尔库塞认为，现代资本主义社会对爱欲压抑除了一般文明要求的基本压抑之外，还有为维持特定统治形式所必需的额外压抑；而且在特定的现实原则即操作原则支配下，“人的身心都成了异化劳动的工具”，人也是在异化中工作，“占据极大部分个体生活时间的劳动时间是痛苦的时间，因为异化劳动是对满足的反动，对快乐原则的否定”[⑤]。这种异化导致的直接结果是：闲暇时间也是由“工作时间本身，由讨厌的、机械性的异化劳动程序实现的。……是工作能量的一种消极释放和再创造”[⑥]。因此，在一个异化的世界上，爱欲的作用表现在：它“将成为一种致命的破坏力量，必将全盘否定支配着压抑性现实的原则”[⑦]。这样，一种非压抑性的文明可能会诞生出来。

---

① 参见《马克思恩格斯全集》第42卷，人民出版社1979年版，第89～98页。

② 《马克思恩格斯全集》第42卷，人民出版社1979年版，第95页。

③ 《马克思恩格斯全集》第42卷，人民出版社1979年版，第97页。

④ 《马克思恩格斯全集》第42卷，人民出版社1979年版，第96页。

⑤ [美]马尔库塞：《爱欲与文明》，黄勇、薛民译，上海译文出版社2012年版，第34～35页。

⑥ [美]马尔库塞：《爱欲与文明》，黄勇、薛民译，上海译文出版社2012年版，第36页。

⑦ [美]马尔库塞：《爱欲与文明》，黄勇、薛民译，上海译文出版社2012年版，第82页。

西方马克思主义者列斐伏尔认为日常生活已经全面异化(alienation)。在他这里,日常生活“在某种意义上是一种剩余物,即它是被所有那些独特的、高级的、专业化的结构性活动挑选出来用于分析之后所剩下来的鸡零狗碎,因此也就必须对它进行总体性的把握。……日常生活是一切活动的汇聚处,是它们的纽带、它们的共同的根基。也只有在日常生活中,造成人类的和每一个人的存在的社会关系总和,才能以完整的形态与方式实现出来。在现实中发挥出整体作用的这些联系,也只有在日常生活中才能实现并体现出来,虽然通常是以某种局部的不完整的方式实现出来,这包括友谊、同志关系、爱、交往的需求以及游戏等等”[①]。而全面异化已成为时代症候,“异化是我们这个时代的一个必须经历的磨难,没有办法逃脱。只有将来从异化中解脱出来的人,才能看清楚并知道什么是没有人性的,在我们生活的时代还有什么值得拥有”[②]。列斐伏尔认为,如果要消除日常生活异化,就要在文化层面有所创新。而节日时间完全改变了人所处的时空,消除了日常生活中的异化状态,释放了在日常工作积蓄的身体和心理能量。

鲍德里亚延续他的老师列斐伏尔所指出的消费社会(society of consumption)的思路,尤其指出人与物的关系异化为消费逻辑关系。他认为,当今社会的最重要的意识形态即消费意识形态。[③] 之所以消费能有如此的地位,是因为消费的社会逻辑是“生产与驾驭社会符号的逻辑”。一方面,消费过程作为“建立在一个密码基础上的明确意义和交流过程”,消费实质上是一种交流体系;另一方面,消费过程作为“社会分类和区分过程”,消费并非消费物的本身(使用价值),而是将物作为消费者的符号,确定其知识、权力和文化等在社会等级的排列顺序。[④] 因而确立了消费者的地位和身份,生成了新的阶级划分。这一消费逻辑产生的重大后果是:在此符码的指涉中,消费主体消失了。作为消费主体的人即消费大众“唯有经过‘精选包装’,它才有机会出现在需求的‘标准包装’

---

① Henri Lefebvre. *Critique of everyday life*(*Vol*.). Landan and New York: Verso. 1991. p97.

② Henri Lefebvre. *Critique of everyday life*(*Vol*.). Landan and New York: Verso. 1991. p184.

③ 参见[法]鲍德里亚:《消费社会》,刘成富、全志钢译,南京大学出版社 2000 年版,第 40 页。

④ 参见[法]鲍德里亚:《消费社会》,刘成富、全志钢译,南京大学出版社 2000 年版,第 41 页。

之中"[①]。在鲍德里亚看来,作为一种符号操纵下的意识心理塑形,消费逻辑最根本的问题是它剥夺了物品和人的真实"象征价值",由此,物与人才会沦落为有用的交换价值物。

值得注意的是鲍德里亚对休闲时间的本质的分析。在此"消费社会"中,时间的占有成为对个体、范畴、阶级进行区分的特征。而相对于真正的"自由的时间"即真正具有空闲的价值的时间,消费社会中的时间作为物品用于"投资",是一种服从于交换价值规律的珍贵的、稀缺的东西。表面上被划分开来的劳动时间和休闲时间也是如此。因而休闲并非就是"享受"自由时间、满足休息的功能,而是"对非生产性时间的一种消费"[②]。

总的来说,以马克思的异化为基础的社会批判,不可避免地提出消除异化的理想。不管是马克思提出的"美的规律"命题,还是马尔库塞的"爱欲解放论",还是列斐伏尔的"节日"方案,还是鲍德里亚的消费意识批判,都指向了以完善感性的可能性为目的的方向。这种感性在宽泛的意义上包含了本能(特别是性欲)和感性知觉和表象(即感觉),它构成了现代大众节日狂欢的基础。而且,这种突出感性自由与异化之间联系的思考,都不同程度地注意到了现代时间经验的区分。马克思基于劳动异化考虑到了自由的时间;马尔库塞区分了工作时间和闲暇时间;列斐伏尔区分了异化的工作时间、闲暇时间和未被异化的节日时间;鲍德里亚指明了休闲时间的本质并非对时间的自由支配,而是区别于劳动时间的束缚。

二、异化背景中的节日狂欢的时代特征

节日狂欢呈现出以下新的时代特征:

第一,大众的节日狂欢时间体现非劳动时间。在异化的社会中,主导的时间观念是现代性时间,它体现在劳动之中。与之相关联的时间分化为多种:闲暇时间、节日时间、游戏时间和艺术审美时间等。异化不仅使劳动时间理性、单调、乏味,而且还清除了其他时间中本有的内涵。闲暇时间并非意味着"享受",节日时间也并非能够使众人相聚,游戏时间并非使人沉迷,艺术审美时间也并不能使人"升华",反而统一异化为"非劳动时间",因而直接沦为感性刺激和心

---

① [法]鲍德里亚:《消费社会》,刘成富、全志钢译,南京大学出版社 2000 年版,第 43 页。

② [法]鲍德里亚:《消费社会》,刘成富、全志钢译,南京大学出版社 2000 年版,第 154 页。

理能量的发泄，这其实是大众狂欢的时间。任何与现代性时间区分的时间都可能成为狂欢的理由，在这些狂欢时间中，任何仪式或活动都可能成为疏解身心能量的途径。

第二，快适成为节日狂欢时的流行趣味。快适是一种感官享受，其中包含性欲、食欲、休息、消遣等其他生物欲望。如前所述，马克思指出，劳动异化的一个重大后果是，人在劳动之时不再是人，而只有表现出动物本能时才可能体现为自由状态。因此，在异化的日常生活中，释放能量直接体现为基础性的快适。这一快适表现为趣味甚至是恶趣。广场艺术中重节奏轻抽象、重身体轻心灵的肢体动作表现，晚上休闲时重感性刺激轻理性思辨、重感官享受轻思辨交锋的身心疏解景象，都表现出大众的快适情感。

第三，审美作为核心情感体现为节日狂欢的依据。现代艺术的一个动机是消除读者或听众与艺术品之间的距离，所以昔日在殿堂中表演的艺术而今可在广场上与大众见面。广场艺术在某种程度上表现的是大众的艺术，而非精英的艺术。现代教育也重视审美教育的作用，从而想要代替昔日宗教的位置。尤其艺术审美在哲学家那里也被强调其公共的作用。这种审美的公共价值体现在现代各种团体生成的机制中。对于当前社会最大的团体——粉丝团来说，审美是其最核心的目标。

第四，异化的消费意识使节日狂欢活动都被迫归属于消费的逻辑。在这一逻辑的支配下，大众狂欢本身失去了其纯粹的目的。狂欢与商业的耦合是现代社会中由消费逻辑支配的大众狂欢景观。消费本身已经深刻体现为阶层属性。大众在这一系统中，被分属于不同的阶层。大众这种与精英相对的阶层失去了传统的含义。更为深刻的是，消费直接体现为世俗的幸福观。在异化的社会环境中，大众狂欢也呈现出其消费的普遍特征。也就是说，消费意识割裂了美德与幸福的关系。传统的“美德承诺幸福”的道德律已经让位给俗世的幸福主义。

第五，节日狂欢中的大众因此失去了传统的含义，而真正成为游离的动态的概念能指。“分化了的感觉结构同分化了的阶级有复杂关系。”[①]威廉斯在研究英国社会和文化的关键词时指出，“大众”包含了两种含义的过渡：一是“现代版的大众或者暴徒：卑微、无知、不稳定的群众”，二是对同样的人的描述，但现

① [英]雷蒙德·威廉斯：《马克思主义与文学》，王尔勃译，河南人民出版社2008年版，第144页。

在"被视为一种积极的或潜在的积极的社会力量"。[①] "大众"逐渐成为现代社会的最大部分群体，而且也是社会的中坚力量。费斯克也指出："大众是动态的、多重角色的，并且可能以'主动的行为人'而'屈从式主体'的方式，在阶级、性别、年龄、种族等各种社会范畴间从事活动。"[②]消费意识以广告为载体虚构大众喜爱并参与的伪情境，在其中将消费与角色、身份、文化地位、经济地位等相互牵连，从而确定大众的阶层属性。这种虚构无疑使作为主体的大众也真正成为游离的动态的群体，失去了其可内涵化的阶级成分。

本章小结

综上所述，从现代判断美学的视角下，节日狂欢其实并非是形式主义审美的直接结果，而毋宁是快适趣味；节日中的形象突出地表现与优美和崇高等表象的戏仿。在关于异化理论视角下，节日时间成为化解异化的重要方案。大众的快适趣味甚至恶趣味成为狂欢中的流行趣味，而审美作为核心情感而具有信仰维度。然而，受消费意识支配，大众狂欢中上述因素被迫服务于商业目的，因而带有消费性质而直接被虚构为阶层属性。大众狂欢中的消费直接等同于世俗的幸福主义观念，而替代了传统的道德律念。大众因此失去了传统的含义，而真正成为游离的动态的概念能指。这一综合性的感觉体现为共通感，它成为今天的各种审美狂欢团契生成的关键。因此，未来疏解大众的狂欢情绪，需要从现代性时间观念和其他时间经验的对立关系出发，实现现代大众的生理—心理平衡。

---

① Raiford Guins and Omayra Zaragoza Cruz. *Popular Culture*: *A Reader*. landon: SAGE. 2005, p31.

② [美]费斯克：《理解大众文化》，王晓珏、宋伟杰译，中央编译出版社 2001 年版，第 249 页。

第四章

现代性与节日大众狂欢

现代社会的节日狂欢以大众狂欢最为典型。这需要还原至现代性语境，分析其存在依托的框架和逻辑，即需要从时空感和美感分析现代狂欢式的生成。从时间感来看，现代狂欢式的游戏时间与占主流地位的直线矢量时间模式抗衡；从空间感来讲，现代节日狂欢的广场从神圣空间走向了公共空间，为现代大众摆脱主流生产—生活空间的受压抑的状态提供了充分的释放空间；而它的游戏形式为现代艺术和商业袭取，构成现代广场舞和快闪等形态，这些形态仍可保持狂欢式的存在论的“共在”意义，产生动人的力量。

第一节　现代性时间与节日时间

现代社会不仅改变了古代社会的生产—生活方式——现代工商业逐步取代了古代的农耕业，而且现代性也祛除了农耕文明时代的时间的神秘观念——作为其基础的现代时间支配现代群体的文化心理。现代性（modernity）是指现代（含现代化的过程与结果）条件下人的精神心态与性格气质，或者说文化心理及其结构。[①] 它是现代人自身的属性，也是主体性的人成为现代人的重要衡量标准。现代时间是度量现代人的生命的重要尺度，生命时间转化为现代时间而使主体成为现代人。

① 参见尤西林：《人文科学导论》，高等教育出版社2002年版，第21页。

一、现代性及其时间观念

"现代性"概念首先由法国诗人波德莱尔(Baudelaire)在19世纪中期从艺术审美领域提出来,着重强调艺术审美感觉的现时更新,"现代性就是过渡、短暂、偶然,这是艺术的一半,另一半是永恒和不变"①。现代性理论在韦伯(Max Weber)那里延续为"现代性的现代欧洲起源"的重要主题。直到20世纪50年代,经现代化理论的阐释,现代性从现代欧洲的起源中分离了出来,被描述成"一种一般意义的社会发展模式",并隔断了它"与西方理性主义的历史语境之间的内在联系"。② 这种研究给予的启示是:现代性可以作为一种中性模式,其时空观也是中性的——世界各民族和国家不再苛求于欧洲的唯一范型,各有不同的现代性产生机制。对于后继现代化的国家来说,现代最强大的变动机制和最深广的生活基础就是现代化,因而现代化—现代性构成现代生产—生活最根本的解释学视野。

现代性与现代时间的内在关系是现代性研究文本的重要课题。这一课题在马克思那里被表述为:"一切固定的僵化的关系以及与之相适应的素被尊崇的观念和见解都被消除了,一切新形成的关系等不到固定下来就陈旧了。一切等级的和固定的东西都烟消云散了,一切神圣的东西都被亵渎了。人们终于不得不用冷静的眼光来看他们的生活地位、他们的相互关系。"③而在波德莱尔提出"现代性"概念以后,至少在艺术审美领域中,现代时间的"未来"一维逐渐压倒性地主导审美观念,而"过去"一维被压制。美国学者卡林内斯库认为现代性只有在"线性不可逆、无法阻止地流逝的历史性时间意识的构架中"才能被构想出来。④ 从时间的角度来看,现代时间被赋予的明确观念是无休止地追求"未来"、否定"现在"、弃掉"过去"的高速矢量直线时间。现代性以此现代时间为基础,将"现在"的意义建立于"未来",而否弃传统的"过去"。

这种主导现代社会的现代时间,在美国学者卡林内斯库那里,被解释为"客

---

① 《波德莱尔美学论文选》,郭宏安译,人民文学出版社2008年版,第439~440页。

② 参见[德]哈贝马斯:《现代性的哲学话语》,曹卫东译,译林出版社2011年版,第2~3页。

③ 《马克思恩格斯文集》第2卷,人民出版社2009年版,第30~31页。

④ 参见[美]卡林内斯库:《现代性的五副面孔:现代主义、先锋派、颓废、媚俗艺术、后现代主义》,顾爱彬、李瑞华译,译林出版社2015年版,第12页。

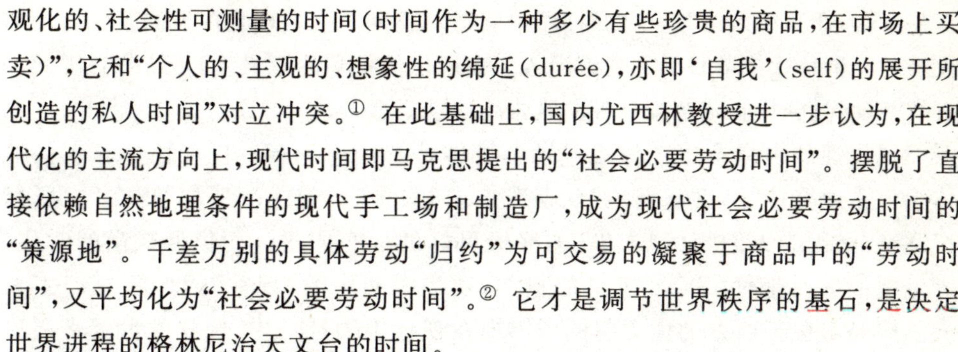

现化的、社会性可测量的时间（时间作为一种多少有些珍贵的商品，在市场上买卖）”，它和“个人的、主观的、想象性的绵延（durée），亦即‘自我’（self）的展开所创造的私人时间”对立冲突。[①] 在此基础上，国内尤西林教授进一步认为，在现代化的主流方向上，现代时间即马克思提出的“社会必要劳动时间”。摆脱了直接依赖自然地理条件的现代手工场和制造厂，成为现代社会必要劳动时间的“策源地”。千差万别的具体劳动“归约”为可交易的凝聚于商品中的“劳动时间”，又平均化为“社会必要劳动时间”。[②] 它才是调节世界秩序的基石，是决定世界进程的格林尼治天文台的时间。

“弃旧从新”的现代性和各种进步观念相结合，从而连续成为思想史。从思想史角度来看，中国现代性的发生，首先开始于清末民初的“达尔文进化论”思想的译入。古代悠久的农耕文化产生的观念的弊端，自鸦片战争开始到甲午战争惨败之后，从器物、制度、文化等各个层面都显露出来。严复所译《天演论》包含的激进“进化论”思想和当时将要“亡国灭种”的现实相结合，激起了一代又一代中国人的思想观念的更新。社会主义现代化建设及其共产主义信念从根本上更新了前现代观念，因而具有现代性的性质。改革开放以后，随着世界资本市场的扩大，中国经济以“社会必要劳动”为基础，进入了世界市场。因此，中国人的时间观念从此完全更新。这同时意味着，在时间领域，中国人的现代性时间取代了中国传统的节日时间为代表形态的古代时间的主导地位。这也就是韦伯所说的“祛魅”在汉语语境中的含义。

“社会必要劳动时间”在时间领域实现了对古代时间的超越，主导了成千上万现代个体的生产—生活方式，进而支配了他们的生命时间。生命时间只有经由社会必要劳动时间才能转换为现代时间，而具有现代意义，主体转变为现代人。但是，社会必要劳动时间对生命时间的挤压，是现代化对“作为自然性的人自身的生命及其时间的改造与统治”的结果，“生命时间的差异多样性与独特个性便被单一的社会必要劳动时间效率尺度抹平”，“个体定位于无人称的机器—机构而沦为标准件”。[③] 社会必要劳动时间和生命时间这一根本对立，突出地表现为现代人公共生活—私人生活的分裂。社会必要劳动时间越久，现代人的生命时间越短——表现是工作时间时极端的忙碌和休息时间的缩短及猝死；现代人在客观公共时间中

① 参见［美］卡林内斯库：《现代性的五副面孔：现代主义、先锋派、颓废、媚俗艺术、后现代主义》，顾爱彬、李瑞华译，译林出版社 2015 年版，第 3 页。

② 参见尤西林：《心体与时间》，人民出版社 2009 年版，第 15～16 页。

③ 参见尤西林：《心体与时间》，人民出版社 2009 年版，第 22 页。

越是紧张，在其私人的“属己的时间”中就越发放纵——表现是白天的紧张有序和夜晚的纵情狂欢或节日的无聊散漫等。在现代性批判的意义上，传统节日因此具有抗衡现代性时间、疏解现代性的紧张感的重要意义。

现代性的内在矛盾产生现代社会群体特有的虚无感。现代性要求现代群体无何止地弃掉“过去”、否定“现在”、追求“未来”。匀速流逝的“现在”之所以有意义，是因为人们相信“未来”的终极目标的现实回报。而信仰式微的时代，缘于现代工商业对“未来”意义的掏空，现代时间中的“现在”因此不再产生意义。曾经出现于西方的虚无感同样出现在现代中国社会中，纯粹的世俗幸福追求和感性的娱乐蔚然成风。“现在”沦为空无的时间结构，表现为没有目的的极端忙碌和无事可做的无聊。对此，韦伯曾形容生活于现代社会中的“狭隘的专家没有头脑，寻欢作乐者没有心肝”①。因此，从根本上逆转现代性的时间方向，回归中国传统节日时间，不仅必要而且意义重大。

总之，在现代时间经验中，有卡林内斯库的“客观时间”和“自我时间”，伽达默尔区分的“正常实用的时间”和“属己的时间”，马克思的“社会必要劳动时间”和生命时间以及日常生活时间和节日时间等。这些概念在所指上有重合之处，而且处于微妙的对立关系之中。在现代化主流方向上，主导日常生产—生活的“社会必要劳动时间”，正是可测量的“客观时间”、可安排的“正常实用的时间”；而节日时间也正是“自我时间”“属己的时间”，与生命时间也极其相似，且处于被主导的地位。要言之，在中国现代化的进程中，现代时间取代传统节日时间对生产—生活方式的主导地位，现代人也被迫卷入现代性急速的“弃旧从新”的激流之中。然而，由现代时间产生的现代性内部矛盾，激发了扭转现代时间方向的种种观念。

二、节日时间

在批判现代性的意义上，我们有必要提出“节日时间”这个与之相对立的概念。“节日时间”具有以下特征：

(一)狂欢性

从词源来看，与“狂欢节”相比，“嘉年华”(carnival)一词体现出中性色彩，而这一称谓正是教会为抑制信徒的热潮而发明的。与此相关的是希腊文“orge-

---

① [德]马克斯·韦伯：《新教伦理与资本主义精神》(罗克斯伯里第3版)，[美]卡尔伯格英译，曹卫东译，社会科学文献出版社2010年版，第117～118页。

ia”一词，它原指狂热的宗教仪式。到罗马便衍生出“粗鲁、过度、大吃大喝、饮酒过量、滥性”等意义。希腊文的“ekstasis”(狂喜)在罗马帝国的官方语言拉丁文中，常翻译为“superstito”(迷信)。而在英文中的“狂喜”(ecstasy)，其希腊文的根源便是“抽离自己”。[①] 汉语词“狂欢”的出现始于晚近，意指纵情欢乐。在广泛的意义上，我们将“狂欢”与“嘉年华”等同使用。

节日狂欢时间是指一种以充满“未来”意义的“当下”或将“过去”现实化为“现在”因而含有狂欢情感的时间。节日时间与现代性时间结构不同：社会必要劳动时间以外在的“未来”扬弃此岸的现在；而狂欢时间则将“未来”内化为“现在”——“现在”因收摄“未来”而充溢为满足的瞬间，或回归“过去”——“过去”现实化为“现在”，从而决定“未来”意义，由此形成循环往复时间观念。

狂欢时间受现代性驱使因而与其统一，群体在现代劳动时间中表现出肯定现代性的迷狂；但它也反抗现代性因而与其对立，群体在狂欢时间中表现否定现代性的反常规性、民间性和失序特征。尽管在新的媒介环境下，狂欢的节日时间与现代性时间对立的关系仍然存在。

(二)循环往复性

首先，伽达默尔把这种重复出现的节日庆典活动称之为“它的重返”(Weiderkehr)。节日庆典活动是“在某种比所有属于历史的东西更彻底的意义上是时间性的，只有在变迁和重返过程它才具有它的存在”[②]。因此，可以说，节日与过去的关联，其实是节日与庆典活动的关联。事实上，由过去呈现的庆典活动不是同一活动，它经常是另一种活动的存在。只是由于其经常是别的东西而存在的存在物才在某种彻底的意义上是时间性的，即它在变易中才有其存在。这里的庆典活动表现的通常是回忆的重要对象。其次，在本质上，节日庆典活动和游戏的关系十分紧密。“两者都宣告平常生活的停止；两者都由欢乐愉悦支配，尽管这并不一定——因为节日也可能是严肃的；两者都受时空限制；两者都具有自发的随意和严格的规矩。”[③]

---

① 参见[美]芭芭拉·艾伦瑞克：《街头的狂欢》，胡訢諄译，北京联合出版公司 2017 年版，第 48、79 页。

② [德]汉斯—格奥尔格·伽达默尔：《真理与方法》，洪汉鼎译，商务印书馆 2010 年版，第 173～174 页。

③ [荷兰]约翰·赫伊津哈：《游戏的人——关于文化的游戏成分的研究》，多人译，中国美术学院出版社 1996 年版，第 24 页。

(三)抗衡现代性时间

现代性时间本质上是遗忘“过去”、否弃“现在”、奔向“未来”的线性矢量时间。节日时间相对于现代性时间的核心(即社会必要劳动时间)来说,主要立足于“现在”和“过去”而决定“未来”的意义(尽管有可能是虚无的)。节日狂欢时间的结构因此呈现为:其一,狂欢时间将“未来”内化为“现在”,“现在”因收摄“未来”而充溢为满足的瞬间,主要体现为私人闲暇时间、审美时间等。其二,回归“过去”——“过去”现实化为“现在”,从而决定“未来”意义,由此形成循环往复时间观念,主要体现为神圣时间(或积极时间)、游戏时间、节日时间、革命时间等。

首先,节日狂欢时间将“未来”内化为“现在”。生命时间作为人类的本我属己的时间,有其本有的生死规律。生命中的“未来”以死为界限,具有宿命论的悲剧倾向,而这种生物学上的“未来”无不以“现在”为支撑。“现在”是落实“未来”的每一个瞬间,它自在地形成了人的童年、少年、青年、中年和老年。生命时间具有不可逆的特性。人的器官和功能在成熟之后会随着年龄的增大而不断地退化和衰老,直到不可再用。因此,生命的“现在”必然包含着“未来”的意义。这是我们理解其他时间的标本。

从时间上来说,现代性蕴含的虚无主义是没有“未来”的“现在”时间观念,因此对“未来”的理想幻灭,沦为感官经验主义;同时,它又进一步表现为对“现在”的感受幻灭,无力使“未来”意义落实为一个生成性的“当下”。对虚无主义的逆转性结合的实质是:将“未来”内化为“现在”,从而在“现在”(当下)可以感受体验到有意义的“未来”。而这种逆转恰恰可以体现为节日狂欢时间。

其次,节日狂欢时间将“过去”现实化为“现在”。现代文化记忆理论中的回忆观念有力地支撑了我们对于“过去”的理解,体现为节日时间和游戏时间的狂欢时间将“过去”现实化为“现在”。现代文化记忆理论认为:“‘过去’(Vergangenheit)完全是在我们对它进行指涉时才得以产生的。”[①]节日的重复出现,其实质是过去的重新表现。节日被人们重复庆祝,实际上是“过去”作为内容存在于其中。“过去”在节日中被呈现为庆典活动。节日作为记忆的首要形式,将“过去”现实化从而保持记忆。节日作为对过去的回忆重复出现,这在古代文化中具有普遍性,是由古代时间的循环模式的特性决定的。

---

① [德]扬·阿斯曼:《文化记忆:早期高级文化中的文字、回忆和政治身份》,金寿福、黄晓晨译,北京大学出版社 2015 年版,第 23 页。

在现实社会中，交往记忆和文化记忆并非如此界限分明，前者不同程度地渗透在后者当中。在中国和春节和清明等节日中，祭拜祖先是首要仪式。这一过程需要与“过去的人”进行对话，并分享三餐，全家族共同纪念。尤其是出门远行，临别之时向祖先叩头对话以示作别，或生活在外的人在街头小巷中焚纸以示“交往”和关切。对死者的悼念并非单纯的仪式，而是因为情感的联系、文化的塑造以及有意识的、克服断裂的对过去的指涉。这些因素使得生者和死者在同一时间和空间相连，成为“在那里的同在”(Dabeisein)。[①] “每逢佳节倍思亲”，上述“同在”其实与节日时间内在相关。因而，依托节日的组织形式，作为记忆共同体的集体成员的集会才能按时出现，集体成员本人才能在场。

在节日期间，仪式的定期重复延续了家庭和民族的自我认同的知识，保障了文化意义上的再生产，共同的文化精神才能由此被现时化(vergegenwärtigen)到现实生活中来。节日的仪式必须严格遵循规定的次序进行。也就是说，一方面每次节日庆典内部的“仪式”的次序像固定的游戏那样得到了确定，另一方面每次庆典都像之前的那些庆典依照着同样的“次序”不断地重复自己。

（四）日常生活批判的指向性

列斐伏尔认为，日常生活已经全面异化(Alienation)。在当代资本主义社会中，不仅社会全面异化，而且人的异化更为严重，尤其集中体现在日常生活领域。所谓日常生活领域，是指与每一个人息息相关的领域，是个人最直接的生存领域。日常时间被现代资本工厂体制划分为工作与休息、闲暇相对立的部分。消费主义观念无孔不入。现代人的生活需求是被资本市场所生产的资讯诱导安排的，日常生活的各个层面甚至生活中的每件小事都为异化所操控。这一异化也侵入了伦理学和美学领域，渗透到日常生活的文化消费中。

为了摆脱日常生活中工作时间的压抑，人们不得不在闲暇时间从各种休闲活动(如电影、体育、旅游、度假和社交集会等)中寻求慰藉。但闲暇时间及其休闲活动也一样被高度异化。尤其是大众传播媒介不仅控制了日常生活的时间秩序，而且奥运会、世足赛、颁奖典礼等传媒上的节目也渐渐成为人们日常生活中默认的庆典，而私人闲暇时间的庆贺与传统节庆时间(calendrical time)及其仪式(ritual)往往会受这些媒介节目的宰制。

列斐伏尔认为，如果要消除异化，仍然得从日常生活入手。要解决这个问

① 参见[德]汉斯—格奥尔格·伽达默尔：《真理与方法》，洪汉鼎译，商务印书馆 2010 年版，第 175 页。

题，就要从节日时间来考虑。因为节日作为一种革命，不管它是暴力还是非暴力的，都能从日常琐碎中获得释放或解放，从节日中重新复活。① 而且要重新设置一个新解放方案，也就是重新复活节日并聚合文化碎片，以至于使整个日常生活焕然一新。

而"农民庆典既加强了社会联系，同时又给了他们一切被集体纪律压抑和日常工作的需要压抑的欲望以约束。在庆祝的时候，每个人、整个社会一下子就超越了自己，可以说从自然、食物、社会生活和他自己的身心爆发出所有的活力、快乐和可能。节庆与日常生活有所不同只是在于将日常生活中慢慢积累起来的力量的爆炸。"②"正是节日重新发现和夸大并克服了日常生活和节庆之间的冲突，并且这一方案可以和都市社会相协调，这些方案是（对日常生活）革命计划的最终方式。这个方案把我们带回到我们'过去'开始的地方，在可接纳的意义上说，它让我们回到比掌握（物质现实）和实践的观念更合理的适应的观念。"③

因此，在现代性时间和节日时间这一对立的关系中，我们才可能真正理解节日狂欢的重要性。

第二节　大众审美狂欢形态

大众的感觉结构在一定时期体现为时尚。"时尚"这一汉语词，在一个时代里曾为"摩登"所取代，而后者正是英文词"modern"的音译结果。这个流行词最大程度地体现了大众审美的现代性。从时间角度来说，时尚被最大程度地赋予了现代性审美观念。这种当下流行的审美不仅最大程度地占有了"现代"这一时间观念，而且最深层地受到了追新逐异的现代性的支配——时尚最容易流行起来，也最容易被弃掷身后。因此，作为时尚，现代大众对审美狂欢持肯定的态度，他们对充满未来意义的审美保持着持久的兴致，因而主要体现为对服饰装扮、"明星"及其相关现象的追逐和沉迷。但在另一方面，作为对审美狂欢的否

---

① Henri Lefebvre. *Everyday Life in the Modern World*. Translated by Sacha Rabinovitch. London：Penguin Press，1971. p36～38.

② Henri Lefebvre. *Critique of everyday* life(Vol1.). Landan and New York：Verso. 1991. p202.

③ Henri Lefebvre. *Everyday Life in the Modern World*. London：Penguin Press，1971. p206.

定的态度，他们拒绝“奔向未来”，而主要体现为自我的“当下”感官刺激和对“过去”的回忆及节日文化的沉迷。

一、作为肯定的审美现代性的大众狂欢

狂欢可以作为肯定的审美现代性来理解，而借助快闪和广场舞现象则可以理解这种狂欢的形态、特征和本质。

（一）大众审美和现代性内在相关

在波德莱尔那里，现代性与艺术关联紧密。在他看来，现代性就是艺术的一半，体现为短暂、瞬间即逝。这种变动不居的现代性正是19世纪中期法国艺术的重要特征。他认为，艺术不应该仅仅体现为古典的原则，而且应该注意当时的时代烙下的印迹。如果说现代性在此主要指“现在”这一特有的时间，那么它仍然保留着为“现代”辩护的“古今之争”的背景。但是，在波氏这里，现代性已经无法再被固定为某一时期的特征，而充满了变动不居的不确定性——这种不确定性正是艺术的现代特征。此后，主要在艺术审美领域，崇尚“未来”的创作指向逐渐占了上风，替代了“过去”的传统在艺术创作中的地位。而今，这种艺术审美的现代性仍然支配着千万大众的心灵，而作为共通感使他们逐渐分化为特有的艺术团体。

作为线性时间观念，现代性的时间观念显示出弃绝“过去”、永远加速奔向“未来”的特征。艺术审美因此承担着“未来”的最大意义。这种“未来”已不同宗教背景中的“未来”。它们都拥有无限的境界。但艺术审美领域的“未来”可以转化为现实从而成为人的实践活动；而宗教背景中的“未来”则永远处于“彼岸”而无法转化为“此岸”活动。因此，在艺术审美这种特有的情感中，“未来”一直处于牵引的源头，而使整个审美充满了意义。

（二）大众狂欢的形态

受“未来”意义的指引，现代时尚极具变动性。从大众服饰的时代变换和明星的层出不穷可以看出大众审美的这种特性。20世纪80年代，大街上流行喇叭裤、烫发头和录音机组合而成的审美形象。阔大的裤腿形似喇叭的开口，而窄小的裤腰则把着装人的腰围束紧，显示出流畅的变动线条；烫发头在男女中流行一时，波浪似的头发，再染上金黄色，充满西欧人的“洋味儿”；录音机作为移动的音乐播放器，成为年轻人随时跳舞的必备器材。这种审美形象集中地体

现为明星的打扮上。而进入90年代后，西装、旗袍等跟风而上。新世纪以来，牛仔裤则成为年轻人最喜爱的休闲服；近年来，翻新的牛仔裤，如破洞的、流穗的或折痕的牛仔裤则成为流行时尚。所有的裤边都被折起，突出脚踝，以显出视觉上的相对身高。

明星的引领仅仅是这类服饰打扮不断变动的一个原因。而明星的出现及其大众迷狂的现象，更能体现大众狂欢的情感形态。从20世纪90年代开始，娱乐明星相继出现。香港、台湾的明星通过电影、电视等媒介迅速被世界范围内的大众认识，而其他国家的明星也为中国大众所熟知。美国明星杰克逊去世这一消息引起全世界范围内的粉丝的轰动，其音乐的魅力畅行半个世纪而依然有人为之迷狂。在他的歌唱现场，粉丝为一睹其舞姿竟狂叫飞泪甚至昏厥。他的粉丝遍布世界各地，至今仍然有模仿者登上舞台展示其魅力。

不仅如此，“明星”这一职业身份不只出现在艺术领域，而且还出现在学术、官场和写作等领域。学术明星、政治明星和美女作家等头衔本身就蕴含了“明星”一词本有的现代性含义。学术和写作等有其自身的治学规律，但在现代性的线性时间观念所支配的现代生活中，这类活动也逐渐成为大众追逐的对象。尤其是以学术和写作为关注点，引领了大众疯狂地从事某一种阅读或研究的活动。在一定程度上，这一大众粉丝疯狂活动的背后，可透视出当代社会面对学术研究或阅读写作活动时的浮躁浅薄的心态。这或许能消解学术研究等活动的严肃性和严谨性，因而这种活动被看作是一种类似追星的活动。因为“江山代有‘明星’出”，这些明星“各领风骚数些年”，迅速沉寂。

二、作为否定的审美现代性的大众狂欢

（一）作为否定的审美现代性的大众狂欢景观

从否定或对立的意义上说，节日时间、生命时间和私人闲暇时间等属己时间拥有区别于劳动时间的时间经验。体现这种时间观念的艺术审美等领域首先表现出对现代性的“敌意”。现代大众狂欢因此表征为：成千上万的现代个体目睹娱乐明星从闪光的舞台中央“冉冉升起”而狂嘶呐喊以至涌泪昏厥；大众为争得文化明星或学术明星的签名而彻夜等候并自然形成审美团体；不可计数的现代个体聚集在现代广场（甚至是宽阔的马路）完成舞蹈或“快闪”的身体艺术；与艺术相关的现代明星通过毒品等致幻类药物而寻找现代灵感；快节奏的都市生活中充斥着感性刺激的夜间娱乐消遣文化。有中国学者特意列举了包括流

行歌词、武侠与言情、周星驰喜剧、手机短信等个案，以巴赫金的狂欢化理论视角分析其中的狂欢精神。[①]

国内学者龙其林列举现代以网络事件为中心线索的大众狂欢，其中包括网络恶搞、博客写作、艳照门、山寨文化、网络雷词、人肉搜索、正龙拍虎、凤姐审丑、吊丝文化等。[②] 在大众文化研究领域的经典路数是将大众文化视为精英与大众的对话、对抗或斗争场域。文化主义研究者把大众文化看作"一种自下而上自发兴起的文化，一种真正的工人阶级文化——人民的声音（也即某些派别的文化主义、社会史/来自底层的历史）。这是作为能动性（agency）的大众文化"。这种范式由英国文化的创始人威廉斯开创，后来费斯克等人的"民粹主义"是其最典型、最极端的表现形式。费斯克在理解大众文化时，援引巴赫金的"狂欢节"理论、福科的"规训"和布迪厄的"场域"等概念，将大众文化视为大众内部产生的文化，因而是对精英文化的一种抵抗。[③] 而这种抵抗通过消费，即在购物、文化消费、电子游戏、饮食快餐、摇滚音乐等日常生活细节中完成了对精英文化的反抗。

英国青年亚文化包括青年一代倡导的文化群体（如 20 世纪 60 年代的嬉皮、20 世纪 70 年代的朋克等）、狂欢派对（青年人在特定的聚会场所饮酒、跳舞、吸食迷幻剂的彻夜狂欢活动）、旧货市场、少女杂志、时装等。[④] 澳大利亚学者约翰·多克尔从现代文艺，如庆典、戏剧、傻子、骗子、歌舞杂耍、电视、情节剧和侦探小说等发现了狂欢思想。这是将巴赫金的狂欢化理论运用于实际的最好案例。通过分析，他认为这种狂欢思想的对抗并挑战着"公共领域"理性的狭隘感知形式。[⑤]

（二）通过两个个案来理解大众狂欢的艺术本体

我们以"交响乐快闪"和广场舞为个案，来探讨大众狂欢的艺术本体。

---

① 参见邹贤尧：《广场上的狂欢：当代流行文学艺术研究》，中国社会科学出版社 2008 年版，第 69～230 页。

② 参见龙其林：《大众狂欢：新媒体时代网络文化透析》，浙江古籍出版社 2014 年版，第 1～180 页。

③ 参见[美]费斯克：《理解大众文化》，王晓珏、宋伟杰译，中央编译出版社 2001 年版，第 53 页。

④ 参见[英]默克罗比：《后现代主义与大众文化》，田晓菲译，中央编译出版社 2000 年版，第 173～223 页。

⑤ 参见[澳]约翰·多克尔：《后现代与大众文化》，王敬慧、王瑶译，北京大学出版社 2011 年版，第 4 页。

1.“交响乐快闪”

网络视频西班牙巴塞罗那银行宣传片 *Banco Sabadell* 展现了“交响乐快闪”的动人场面：2012 年 5 月 19 日下午 6 时，在西班牙巴塞罗市的一处广场上，乐团成员和广场群众共同演绎了贝多芬第九交响曲第四乐章《欢乐颂》。[①] 广场上，孩子在玩轮滑，大人们在闲坐，婴儿在手推车里熟睡。一名大提琴手在广场中心按弦伫立，面前放着一个精致的礼帽。这时，路过的小女孩在帽子里投下一枚硬币，一场震撼人心的快闪开始了。在抑扬的大提琴音乐中，小提琴手、指挥、打击乐手、鼓手等一一走出来，加入交响乐的演奏中。在此过程中，群众越聚越多。小女孩爬上了灯杆。小男孩坐在爸爸的肩头。老人蹒跚地围过来。小聚会上的人围观过来，随着音乐舞动。乐手、演唱者和观赏者挤在一起开始了大合唱，表演者和观赏者共同沉浸在音乐的感觉中。群情激荡。每一个人的脸上都露出激昂的神情。音乐流淌在广场的每一个角落，浸润着每一个人的心田。

在转发这一视频的微博中，标题之后附有这样的评论：“打开画面似乎很一般，但看到一半，已经泪流如雨……世界上最伟大、最能震撼人的莫过于音乐，太壮观了，看得热血沸腾!!!”泪流如雨、热血沸腾等感性体验已经是浏览者的狂欢状态，接近于柏拉图所说的“迷狂”。视频下面的评论一直处于开放状态，不可计数，其中如“艺术从来都不应该被关在殿堂里”“一场盛典”“深深被震撼到了，这就是音乐的力量”则是上述自我陷入狂欢状态的提示。

那么，使广场上和网络上的大众陷入迷狂的艺术本体是什么？这一快闪活动由一个小女孩投下一枚硬币开启，专业乐团把经典的音乐《欢乐颂》演奏带到广场上，音乐本身的感染力使得演奏者和欣赏者的情绪瞬间融为一体。可以肯定的是，音乐本身的美感使得全场激情奔放、全情投入。但更令人感动的是，昔日在殿堂里演奏的音乐而今在广场上的群众中演出，异于现代艺术囿于精英而圈子化的趋势，广场艺术以其最深广的方式将美感嵌入大众心灵。使得现场男女老少全部投入其中，并且使观赏视频的网友泪流如雨、热血沸腾的艺术本体，不仅仅是音乐，而且还有在这一时间和空间中发生的一切构成的“时空体”。

如果严格区分“交响乐快闪”的艺术形态，它们都是一种(准)行为艺术。所谓行为艺术(Performance Art)，是艺术家把现实本身作为艺术创造的媒介，并

---

① Som Sabadell，即索姆萨瓦德尔，是一种交响乐快闪。在街头演奏一曲交响乐，引发观众的参与。此次快闪是西班牙巴塞罗银行 Sabadell 成立 130 周年发起的。(参见 http://www.vmovier.com/44600，2014-07-04)

以一定的时间延续，展现自身生存生活状态的行为活动。它具有生活真实性与事件的一次性，是在特定的时间和地点，由个人或群体行为构成的一门艺术。它是在以艺术家自己的身体为基本材料的行为表演过程中，通过艺术家身体的体验来达到一种人与物、与环境的交流，同时经由这种交流传达出一些非视觉审美性的内涵。[①] 之所以说这两个个案是准“行为艺术”，是因为这一行为事件不是纯粹的身体行为，而与艺术品的歌曲不可分离。但是，它们显然也不是近代以来与生活分离的纯艺术。从美学和艺术学的角度来说，这一准“行为艺术”是动态的现实审美和静态的艺术审美相结合。如果用舞者和观舞者来比喻的话，这两个个案中既包括了舞者也包括了观舞者。舞者是广场上参与快闪的大众，而观舞者则是广场以外网络之上的大众。前者生产美感，后者代偿性地感受，二者相互鼓动，共同升华，直接激化为群情激奋的迷狂状态。

在这个个案出现之后，有无数的模仿者生产出同样类型的艺术品，但这一演绎的无穷序列远不是感动千万人的第一次“时空体”。即使他们重复同样的场景，或演绎同样的歌曲，或模仿同样的姿态，都远不能再现感动千万人的生动景象。尽管在这些不多的关注中，仍有评论者发出感动的声音，但都不同程度地附带了第一次“时空体”出现时的氛围的记忆。因此，正是这一在特殊时间和地点发生的“时空体”才是群体狂欢的艺术本体。

2. 广场舞

现代个体依靠这样的审美感觉迅速形成广场舞团等开放性团体，在现代的作为公共空间的广场上，极力地表现审美团契的力量。然而，应当指出的是，与原始巫术或宗教狂欢节所依托的巫术或宗教共同体相区别，中世纪的广场文化和当代广场艺术则更多依托现代性语境中的审美共通感；又与中世纪的广场文化相区别，当代的广场艺术则成为日常生活的相对立的私人时间的心理能量“释放”载体，而这种日常生活时间（空间）与私人时间（空间）之间所形成的“相关者的对立”的张力关系是中世纪的日常生活和广场文化之间所不具备的。[②]

从游戏时间来理解现代广场舞艺术仍然是一个简捷的路径。伽达默尔引进游戏概念来阐明艺术作品的存在方式。他认为，艺术和游戏在存在方式上有本质上的相同性。也就是说，在“自我表现（Selbstdarstellung）”上，游戏与艺术

---

① 参见尤西林：《现实审美与艺术审美——以“旭日阳刚演唱”为个案》，《文艺理论研究》2011 年第 6 期。

② 参见[古希腊]亚里士多德：《范畴篇解释篇》，方书春译，商务印书馆 1959 年版，第 41～42 页。

都是作为一个“意义整体”“反复地被表现，并能反复地在其意义中被理解”。[①]而在表现中，它们将“所真正要求的东西带到了具体存在(Da-Sein)”[②]。在游戏中，游戏者和看游戏的观众之间没有区别，观众不只是一个观察者，而且是游戏的“共同参与者”，是游戏的一个组成部分。观赏者和游戏者是“在那里的共在(Dabeisein)”[③]。这样的现象学阐释对理解现代广场艺术尤为重要。现代艺术的动机之一就是，它面向大众进而消除那种造成观众与艺术作品对立的隔阂。现代广场舞艺术中舞者与观舞者(他们也是跳舞活动的一部分)在表现与观赏的促动中融为一体。

游戏的自我表现方式也唯有在时间中才得以呈现。伽达默尔在讨论这个问题时，引入了“节庆”概念。他认为，节庆的时间性就是艺术的时间性，也就是游戏的时间性。他称艺术作品就是“游戏”，而且称节庆为“庆祝的艺术”，称戏剧是“观赏游戏”。在此意义上，游戏、节庆与艺术具有同一性。因此，借助节庆活动来认识艺术的时间结构，同时也认识了游戏的时间性。

他把定期节日的庆典活动的重复出现称之为“它的重返”(Wiederkehr)，这种重返表现为一种“历史的时间性”。[④] 节庆是一次次演变着的，因为与它的每一次出现而共在的总是一些异样的东西，但经历这种演变的仍然是同一个节日庆典活动。

为突出游戏、节庆和艺术这种特殊的时间性，伽达默尔又在另一处严格区分了两种时间经验，即通常实用的时间和属己的时间或实现了的时间。前者是一种实用的时间，是“人们支配的时间，人们自行分割的时间，人们认为自己得到了或是没有得到的时间”。它是“时间的空无的时间结构，人们必须有什么东西填充进去”。这种时间经验的极端例子是“无聊”。后者不是“从一些空洞的瞬间拼凑出整体时间来的一种循序渐进的序列”，它是“非连续性”的。而且“人们惯常支配时间的那种计算的、安排的特性，在节庆中由于这种时间的静止状

① 参见[德]汉斯—格奥尔格·伽达默尔：《真理与方法》，洪汉鼎译，商务印书馆 2010 年版，第 171 页。

② [德]汉斯—格奥尔格·伽达默尔：《真理与方法》，洪汉鼎译，商务印书馆 2010 年版，第 172～173 页。

③ [德]汉斯—格奥尔格·伽达默尔：《真理与方法》，洪汉鼎译，商务印书馆 2010 年版，第 183 页。

④ 参见[德]汉斯—格奥尔格·伽达默尔：《真理与方法》，洪汉鼎译，商务印书馆 2010 年版，第 181 页。

态而被消除了”。后者的基本形式是“童年、青少年、壮年、老年和死亡”。[①] 显然，广场舞艺术的时间是属己的时间经验，它在自身现象的往返重复中构成其时间特征，因而与实用的时间经验区别开来。

另外，广场作为空间在广场艺术中与时间交织在一起的。迈克·迪尔评述列斐伏尔的“空间的生产”指出，时间和空间不能割裂。他说：“相对性和绝对性都是相互映射的结果，每一方都常常涉及另一方；空间和时间亦复如是。”[②]而列斐伏尔理论的核心是生产与生产行为的空间的概念，即“(社会)空间是(社会的)产物”。这一理论中的规则之一是：“任何一个社会，任何一种生产方式，都会生产出自身的空间。社会空间包含着生产关系和再生产关系(包括生物的繁殖以及劳动力和社会关系的再生产)，并赋予这些关系以合适的场所。”[③]在列斐伏尔看来，空间已经被“社会化”了，而且若具有“依据时代、社会、生产模式与关系而定的特殊性”的话，空间就会有“资本主义的空间”和“迈向社会主义的空间”。[④] 在这个意义上，广场究竟是被“生产”出来的。

区别于原始巫术或宗教的空间，狂欢节的空间具有游戏场地的开放性质。现代的广场在地理上延续了前现代的场地，但其时空内涵远超过后者。现代的广场突出了其公共性质而成为拥有审美团契的大众的首要活动场所。按照列斐伏尔的“空间的生产”理论，正是现代时间和心体的紧张关系，即长期处于无限加速奔向未来的现代时间模式中的心体亟须在其他时间模式(即原时)释放积蓄的心理能量，相应的公共广场空间才得以生成。正如现代主流模式的社会必要劳动时间和原时相对立，现代主流模式的生产—生活空间也与“广场”相对立。而正是在这种“相关者的对立”关系中，广场作为空间的审美娱乐意义才呈现出来。现代广场因此成为大众娱乐消费和狂欢的空间。

列斐伏尔将空间的生产建基于现代的生产—生活方式，这与前述马克思主义的社会必要劳动时间的社会存在论的基础相同。世界的时间与空间逐渐被统一纳入不再直接依赖自然条件的手工工场(menufactures)和制造厂(fab-

---

① 参见[德]汉斯—格奥尔格·伽达默尔：《美的现实性——作为游戏、象征、节日的艺术》，张志扬等译，三联书店 1991 年版，第 69～70 页。

② [美]迈克·迪尔：《后现代血统：从列斐伏尔到詹姆逊》，转引自包亚明：《现代性与空间的生产》，上海教育出版社 2002 年版，第 86 页。

③ [美]迈克·迪尔：《后现代血统：从列斐伏尔到詹姆逊》，转引自包亚明：《现代性与空间的生产》，上海教育出版社 2002 年版，第 86 页。

④ 参见[法]亨利·列斐伏尔：《空间：社会产物与使用价值》，转引自包亚明：《现代性与空间的生产》，上海教育出版社 2002 年版，第 49～58 页。

riques)这一共同的策源地。[1] 而由此产生的时间观念与空间观念成为主宰全球人类的主流模式。

那么,这种现代空间的主流模式形态及其特点是什么呢?这就是由马克斯·韦伯由新教精神所推理出的资本主义精神用以建构企业的形式理性制度及其空间架构。马克斯·韦伯在加尔文教的革新意义上发现了西方现代理性主义的根源,并且由此衍生出资本主义精神。理性成为现代性的主导力量。而这种理性主义浸透在西方资本主义企业特有的自由劳动的组织方式中。德国哈贝马斯指出,现代国家制度也是在同传统国家制度的对照中显示出其理性特征:行政和司法受立法制约,权威对一切人具有约束力;集中而稳固的税收系统;统一指挥的军事力量;立法和正当使用暴力的垄断化;以专业官僚统治为核心的管理组织。[2] 显然,它同传统型统治和卡里斯玛型统治相区别。形式理性帮助建立了强有力的现代经济秩序,

然而,恰如上文韦伯指出的那样:“深受机械和机器生产基础上的技术及经济条件的制约”,今天这一秩序“决定着所有生于斯的个人的生活方式”,“铸造出一件钢铁般坚硬的外壳”。[3] 这是著名的“形式理性”(工具理性)和“价值理性”冲突的现代性悖论。

现代主流模式的生产—生活空间和“广场”空间,分别从属于不同的关系,前者因形式理性而构建起服务于生产—生活的目的的人际关系,而且以科层制度(M.韦伯:bureaucracy)作为保障;后者因审美而建构起类团契关系,以共同的兴趣作为宗旨。在这种“相关者的对立”关系中,现代心体求诸前者而维持基本的生产—生活本能并生存于世间,但又受其宰制;诉诸后者而释放积蓄的心能并走向审美之无限境界。

总的来说,快闪和广场舞等广场艺术都是在特定的即区别于现代性时间(空间)的时间和空间发生的准“行为艺术”。这种艺术都有不可重复的一次性特征,因而构成了一次特殊的“时空体”。而这种“时空体”本身才可能是现代群体狂欢的艺术本体。

---

① 参见尤西林:《心体与时间》,人民出版社 2009 年版,第 15 页。

② 参见[德]于尔根·哈贝马斯:《交往行为理论》第 1 卷,曹卫东译,三联书店 2004 年版,第 154 页。

③ 参见[德]马克斯·韦伯:《新教伦理与资本主义精神》(罗克斯伯里第 3 版),卡尔伯格英译,曹卫东译,社会科学文献出版社 2010 年版,第 117 页。

第三节 节日大众狂欢的核心观念

一、现代节日中的大众狂欢的时间感

现代性是现代化条件(包括其后果)下的人的主体心性结构,时间是其深层的塑造因素之一。现代化的物质生产—生活技术不仅塑造了现代时间的模式,而且还深层地决定了现代人的主流时间经验。

区别于古代依托宇宙的自然时间、生物的繁衍时间规律的时间模式,现代时间以现代的机器生产—生活方式为前提,锻造出现代的以单位商品生产为原型模式的社会必要劳动时间。现代化的一个重要标志是以机器及其现代技术为依托的生产方式的出现。机器主导的生产以其标准化的操作和单位时间产品的出现作为核心,产品在市场中的流通也以其生产时间作为重要的价值。在此,时间和产品一起被塑造。时间因此被产品单位化而成为社会必要劳动时间。它成为社会生产—生活中决定性的因素之一。时间就是生命,时间就是金钱,这是资本生产时代最具原动力的观念。因此,社会必要劳动时间成为现代主流时间观念,居于深层的基础位置。

现代的社会必要劳动时间,将时间的三维区别开来,并将“现在”单位化、量化,不断加速,奔向未来。在这种主流时间观念中,现代个体处于高度紧张的状态之中。这一趋势产生的后果是,现代个体需要进入社会必要劳动时间的塑造才能成为现代人,而且由此与商品一样沦为标准件。这一时间,冲出固定的劳动时间而趋向人的原时,即生命节律时间挤压。这两种不同的时间经验,由此在个体身上产生完全对立的状态。加速奔向未来的社会必要劳动时间势必被狂欢式的原时反弹。而现代个体在劳动时间之外,走向狂欢式的时间则是一种自然的平衡。

二、现代节日狂欢的大众的空间感

如迈克·迪尔所总结列斐伏尔的理论规则那样:“社会空间包含着生产关系和再生产关系,并赋予这些关系以合适的场所。创造过程所需要的具体场所与生产、禁止和压制相关，结果，主导性空间有可能支配其周遭的附属空间。”[1]现代的广场，如天安门广场、巴黎广场、红场和时代广场以及遍布各个城市的纪念广场、休闲广场等，与现代主导的生产—生活空间相对立。而正是在这种“相关者的对立”关系中，“广场”作为现代空间的意义才呈现出来。

随着现代资本的全球化运转，摆脱了直接依赖自然条件的手工工场（menu-factures）和制造厂（fabriques）成为世界性的时间与空间产生的共同策源地。[2]韦伯的“形式理性”帮助建立了强有力的现代经济秩序，德国哈贝马斯归纳了韦伯的对现代资本主义企业的理解：“同家政的脱离；资本核算（合理的簿记）；以货物、资本以及劳动市场的机遇为趋向的投资决策；有效地投入具有形式自由的劳动力；把科学知识应用到技术当中。”同样，现代国家制度也是在同传统国家制度的对照中显示出其理性特征，即“行政和司法受立法制约，权威对一切人具有约束力；集中而稳固的税收系统；统一指挥的军事力量；立法和正当使用暴力的垄断化；以专业官僚统治为核心的管理组织”。[3] 显然，这个现代空间“深受机械和机器生产基础上的技术及经济条件的制约”，而且“决定着所有生于斯的个人的生活方式”，“铸造出一件钢铁般坚硬的外壳”。[4] 韦伯将这一现象讽刺地称为“狭隘的专家没有头脑，寻欢作乐者没有心肝”[5]。

狂欢式的空间，因其保持着大众的公共性质，而不再受主流生产—生活空间（包括时间）的限制，借助于大众的共通感，更在规定的社会必要劳动时间之外，特别是节日的时间里，疯狂释放在主流空间中压制积蓄的心能。现代大众艺术，如广场舞和快闪，展示出与主流生产—生活空间（包括时间）迥异的身体状态和情感氛围。现代的政治、商业和演出将其内容与狂欢式结合起来，极力烘托氛围，达到其预设目的。由此，我们的论述转到狂欢式的审美内涵上来，探究其存在论的本源意义。

---

① ［美］迈克·迪尔：《后现代血统：从列斐伏尔到詹姆逊》，转引自包亚明主编：《现代性与空间的生产》，上海教育出版社 2002 年版，第 87 页。

② 参见尤西林：《心体与时间》，人民出版社 2009 年版，第 15 页。

③ 参见［德］于尔根·哈贝马斯：《交往行为理论》第 1 卷，曹卫东译，三联书店 2004 年版，第 154 页。

④ 参见［德］马克斯·韦伯：《新教伦理与资本主义精神》（罗克斯伯里第 3 版），［美］卡尔伯格英译，曹卫东译，社会科学文献出版社 2010 年版，第 117 页。

⑤ ［德］马克斯·韦伯：《新教伦理与资本主义精神》（罗克斯伯里第 3 版），［美］卡尔伯格英译，曹卫东译，社会科学文献出版社 2010 年版，第 118 页。

三、狂欢式的共在的游戏状态

在巴赫金的论述中，狂欢式并非一成不变的，而是未完成的、流变的。在他看来，中世纪和复兴时期的狂欢式节及其狂欢化了的节日文化（即拉伯雷时期的前后）具有与时间、空间和世界联系的内涵，因而处于民间诙谐文化发展的最高峰。而后，浪漫主义及现代的狂欢式，因失去了上述联系，而沦为讽刺、幽默等纯粹的否定形式。现代以来的社会，处于现代性的急剧加速和分化的时间—历史进程之下。包括节庆等在内的节日，也逐渐失去了它本有的传统的时空观念的联系，而施予了现代的内涵。不仅节庆的内涵逐渐嬗变为现代的观念的更替，而且狂欢式节及其狂欢化了的节日中的诙谐形式也演变为现代的新的形式。另外，作为民间诙谐文化的手段的幽默、讽刺等独立为艺术手段。最后，狂欢式的形式被商业和艺术等利用。

现代的艺术，在区别于独立的精英艺术而圈子化的同时，趋向大众化。现代的广场，如体育场、博物馆和表演舞台等封闭性的空间，已经给观赏者配置了阔大的位置和视听的技术；开放性的城市广场，也从自然景观的功能角度与观赏者的居住环境协调起来；即使在现代媒介的盛会传播中，也将观赏者的整体面貌和表情作为重点传达出来。

现代的明星，以其庄严的姿态从舞台中央的白色迷雾中冉冉升起，并以其超常的装扮（如美国的杰克逊的三角裤和太空舞步，中国的崔健折起一条腿的裤角），应和节奏感超强的音乐，扭动身体时，台下的观众挥舞着臂膀，拼命地嘶叫，不知所措地飙泪。这是现代艺术的狂欢情景。这一情景在没有明星的大众广场上同样上演。在傍晚（晚间）或节日的广场上，大众从日常的家庭中走出来，以现代流行的节奏为依托，舒展身体；旁边的观众是与其相同的大众，随时可以加入这场表演活动中。需要指出的是，广场舞中的表演者并没有上述明星的时髦打扮和超常舞步，也没有现代舞蹈要求黄金比例的舞姿和身材，而是平常的穿着（当然杂有民族的舞蹈装扮）和本真的身体（与经过专业训练的身体区别）。

现代艺术和商业领域的互相渗透而形成的快闪形态，依托的仍然是狂欢式的审美资源。在互联网为平台的商业活动中，不仅在时间上预设各种节日（如“11.11”光棍狂欢节、“6.18”粉丝狂欢节等），而且在营销策略中也使用狂欢式的形式，上演舞台走秀和玩笑互动等环节。

狂欢式的存在论意义可以从其自我表现来看。从狂欢式的具体的存在形式即节日庆典来看，它的存在绝不单纯是表演者或观赏者所具有的诸多体验的交点，而是它存在于那里并被庆祝。观赏者的存在是由他“在那里的共在(Dabeisein)”所规定的。“共在”就是“参与”(Teilhabe)，是由观看而来的入迷状态。这样一种共在具有忘却自我的特性，构成了观赏者的本质。① 然而，现代艺术和商业仅仅袭取其形式，希冀达到明星与观赏者或商品与消费者“共在”的迷狂状态。

然而，我们还要注意到，即使沦为中介的狂欢式，其中“共在”的表演者和观赏者仍可保持着共通感的动人力量。艺术由此走向大众，而与日常生活结合起来；商业借此将其服务价值形象地传递给大众，体现其本有的工具(中介)力量；更为重要的是，作为主体的大众，在艺术和商业的活动中，以游戏的状态呈现真实而自由的自我。

本书通过对这一古老的仪式的历史性嬗变的爬梳，呈现出它在时间中表现出来的存在方式。这一嬗变过程呈现为多种结果：不仅狂欢式本源的神圣意义在时间中被去魅，而其作为游戏时间依然是抗衡现代主流时间的重大资源；而且狂欢式的空间也被替代为现代广场，在其中，观赏者因此被设置为重要的游戏参与者而呈现出自由状态，从而区别于被压抑的主流的生产—生活空间；更为重要的是，狂欢式成为现代艺术和商业等领域利用的框架，其中表演者和观赏者与游戏“共在”，保持着共通感的动人力量。

四、大众文化狂欢化的倾向

上述现代主流时间观念和节日时间等私人时间观念的对立，深刻地表征为当代大众文化的狂欢化倾向。为释放在主流的社会必要劳动时间中的积蓄的心理能量，现代人在节日时间等闲暇的私人时间，在现代广场(甚至宽阔的马路上)、网络中，以其生动的身体姿态、形象、仪式和文字等为手段，纵情欢愉，达到狂欢状态。

1. 在时间上“折返”的节日文化

从现代性角度来说，节日文化狂欢化有极其重要的意义。从字形上看，节(繁体字为“節”)和竹节有关，含有两个竹节的结合部的意思。《易经·节卦》：“天地节而四时成。”②意即天地以气序为节，使寒来暑往，各以其序，则四季分

---

① [德]汉斯—格奥尔格·伽达默尔：《真理与方法》，洪汉鼎译，商务印书馆 2010 年版，第 181～186 页。

② 黄寿祺、张善文译注：《周易译注》，上海古籍出版社 2001 年版，第 488 页。

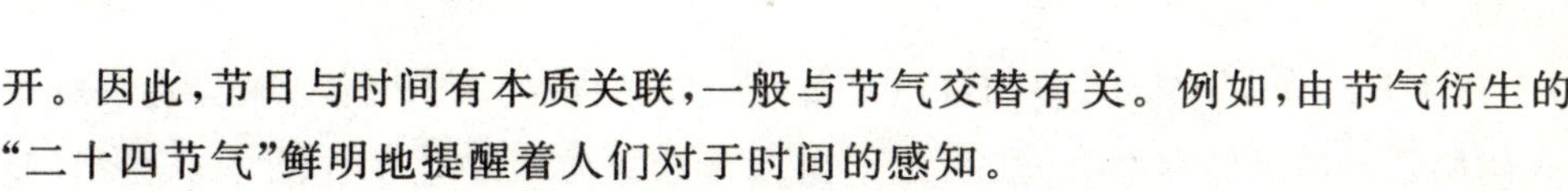

开。因此，节日与时间有本质关联，一般与节气交替有关。例如，由节气衍生的“二十四节气”鲜明地提醒着人们对于时间的感知。

节日到来之前、来之时、过后都给过节的人们与日常区分开来的深刻不同的狂欢式世界感受。从“交替与变更、死亡与新生的精神”角度来说，节日之前的准备（如春节前的办年货）、节日之中的安排（从腊月二十三开始到正月初七之间每一天的任务，已形成民谣）和节日中突破日常的行为（穿新衣、放鞭炮、醉酒等）、话语（开玩笑、骂人等）都具有深刻的创造新的“世界感受”的功能。有意味的是，如果没有了这些刺激性的因素，节日就显得极其平淡了；或者某人不参与其中，那么大家就觉得他是个另类。因此，节庆需要大家的共同参与，在行为语言等方面“统一”起来，才具有节庆的氛围，才会有巴赫金所说的统一的狂欢式世界感受。当然，这种感受不是理性得到的，也不是某人特意设置的，而首先来自于节日时间。

袭取节庆的功能，在现代私人闲暇时间，现代人同样希冀更新自我，排除在日常工作中形成的感受。在闲暇时间、八小时工作之外的晚上，通过跳舞、饮酒等方式，以找到不同的感受，都有了狂欢化的意味。然而需要指出的是，现代性时间的主导作用仍然存在，因急进向未来寻找意义，现代艺术群体吸毒和自杀，成为狂欢化的极致形态。

要言之，从时间角度来说，节日一般发源于节气顺序，从古代延续而来，在每一年都重复出现。由此形成的节日文化，依托的过去—现在—未来的循环往复的自在模式，不同于现代性时间的线性矢量模式。对应于线性矢量的现代时间中现代性的心理能量的挤压，节庆文化和晚间娱乐文化的狂欢化都有了释放功能和更新世界感受的必要性。

2. 在空间上展开的广场文化

现代大众在时间上“折返”之时，也向空间拓展。当然这里的时间和空间观念是结合在一起的。在晚上或节假日，现代的广场，如街角公园、休闲广场等空间，成为广场舞、快闪等艺术的舞台。20世纪末开始，中国的城市开始注重休闲广场的建立，它是区别于和现代性时间结合的空间的其他“场所”。

现代艺术的动机之一是消除它与观众的隔阂，趋向大众化。在晚上或节假日，现代广场的“艺术家们”从日常生活的时间中走出来，在广场、街角、公园甚至宽阔的马路上，用重形式感而轻抽象的肢体动作，借助于重音型乐器和扩音设备，形成宏大的声浪场面，吸引了成百上千的人们驻足，并参与进来。在广场上，舞者与观舞者在表现与观赏的互动中融为一体，声浪与热情相互助长，日复一日，年复一年。[①] 其实，我们可以从游戏时间来理解现代广场艺术。伽达默尔在阐明艺术作品的存在方式，引进了游戏概念。游戏和艺术作品本身在“自我表现(Selbstdarstellung)”上有本质上的相同性。具体来说，游戏不是因为游戏者而存在，而是自在地存在。游戏者只有真正在游戏中才能有新的感受。游戏是一次次完成的，它作为意义整体才能反复地被表现，并在表现中被理解和感受。这种循环往复的时间感，创造新的“世界感受”。而且在游戏中，游戏者和看游戏的观众之间没有区别，观众不只是观察者，而且是游戏的“共同参与者”，是游戏的一个组成部分。观赏者和游戏者是“在那里的共在(Dabeisein)”[②]。因此，在这里可以说，汉语“节庆”、德语“共在”和巴赫金的“狂欢式世界感受”有同一的内涵。

3.在时空上展开的网络文化

网络文化的兴起以计算机和互联网作为技术基础。源于英国图灵(Turing)的“图灵机”想象——在计算机存储器中存储编码程序来控制机器操作[③]，现代计算机运用二进位制为基础的数字化编码技术达到人—机交流的目的。基于万维网超文本链接技术，计算机和与其他终端建立类神经触突的连接，建立互联网赛博(cyberspace)虚拟空间。

互联网终端和拟像等技术使互联网终端(电脑和手机等)可以形成个人的信息并整合为个体形象，互联网与实物组合，为终端使用者提供可以进一步生存的信息、资源和物质等来源，并直接参与日常生活，提供生活经验。互动使终端使用者可以“到达”世界上任何一个角落。这种身体不在场的体验依然使主体在虚拟空间沉浸，形成一种虚拟实在(virtual reality)。[④] 终端使用者开始在与日常时间平行的虚拟实在时间中生活。从麦克卢汉的媒介本体论意义上说，互联网与先前的媒介的区别是：主体际性(intersubjectivity)关系在信息科学基础上得到了技术的支持。借助手机短信、博客(微博)、微信等社交软件，网络社区等成为现代网络文化兴起的“策源地”。

---

① 参见贾延飞：《广场艺术的现代性生成机制——作为游戏的狂欢》，《天府新论》2016年第6期。

② [德]汉斯—格奥尔格·伽达默尔：《真理与方法》，洪汉鼎译，商务印书馆2007年版，第183页。

③ 参见[意]卢西亚诺·弗洛里迪：《计算与信息哲学导论》，刘钢译，商务印书馆2010年版，第49页。

④ 参见[美]翟振明：《有无之间：虚拟实在的哲学探险》，孔红艳译，北京大学出版社2007年版，第157页。

尤为重要的是，网络话语、叙事、群体自我体认和仪式等超出日常生活范畴，时时创造新颖的狂欢式世界感受。在话语方面，大众在虚拟实在中创制出独特的话语表达符号体系，用以迅速和愉快地交流。这些话语表达符号以外语、火星文、数字、字母、古字、俚语等为来源，或限于互联网管理规定而运用谐音或变体表情达意的符号，或以某网络语体为特征戏仿造句。在叙事方面，手机短信和网络文本用戏仿经典的手法完成创作，或以虚拟“身份”以怪诞形象模仿传统主流形象。在网络群体的自我体认方面，大众首先以虚拟实在的想象为前提，迅速以身体下部的部件代称自我而祛魅化，完成对主流化的现代性时间的无奈躲避和想象反抗。在仪式方面，网络群体以语言和表情符号为主要手段，夹杂其他符号、图片、视频、音频等多媒体形式，借助社区版面，架构戏仿传统节日庆典的形式。

需要指出的是，微软等现代网络技术商品的更新换代，迅速地处理信息，无疑加速了现代性的时间观念。

大众文化依随节日时间等本已属我的私人时间观念以其深层的循环往复的时间模式抗衡现代线性矢量时间模式。在节庆文化、广场文化和网络文化等大众文化中，现代群体释放积蓄的心理能量，以身体姿态、话语、形象和仪式为手段创造着新的“狂欢式世界感受”，体验着“死亡和再生、交替和更新”的精神，达到狂欢状态。因此，大众文化狂欢化具有重大的现代性意义，指向对现代性的深层的反思。然而，在信仰式微的当代，受现代性时间观念的支配，现代工商业掏空了现代性建立在未来的意义，因而引发人文危机。具有反思意义的大众文化同样缺少一个可以支撑未来的人文意义。大众文化的狂欢式世界感受，也只有依托未来的人文意义，才有支撑大众的信仰基础。也只有凭借支撑未来的人文意义，大众文化的狂欢化才能和邪教、明星偶像崇拜（包括网络明星）的狂欢化深刻区别开来，这在今天尤其具有重要意义。

五、狂欢大众的感觉结构分析

“感觉结构”是英国威廉斯的文化研究中的重要概念。首先，它是“关于冲动、抑制以及精神状态等个性气质因素，正是关于意识和关系的特定的有影响力的因素……这是一种现时在场的，处于活跃着的、正相互关联着的连续性之中的实践意识。于是我们把这些因素界定为……既相互关联又彼此紧张的关系的结构”[①]。其次，它也被看作是生活在同一种文化中的人们所共同拥有的经验，是“对特殊地点和特殊时代生活特质的感知”[②]。最后，它既具个性又有共性。“一代人训练自己的后继者，在社会特征或一般文化模式方面获取尚好的成功，但是，新的一代人将会以自身的方式对他们继承的独特世界做出反应，吸收许多可追溯的连续性，再生产可被单独描述的组织的许多内容，可是却以某些不同的方式感觉他们的全部生活，将他们的创造性反映塑造成一种新的感觉结构。”[③]因此，感觉结构中既有若干因素，同时这些因素又彼此关联，而且随着不同时代的人们的感知而形成，又相对保持着时代的新颖性。在前述异化理论与感性自由的关系的论述中，我们可梳理出作为感觉结构大众狂欢的因素及其动态的相互关系。

首先，现代诸多时间经验的区分和对立是其基础性前提。异化理论相关论述中，时间既是消除异化的一个可能性的途径，又处于可能被异化的逻辑中，因而需要进一步辨析。在现代社会中的诸多时间经验中，有处于主导地位的现代性时间，也有与它不同的其他节日时间、游戏时间、休闲时间等时间经验。在异化的形势下，它们处于尖锐的对立关系之中。

现代性时间观念本质上是一种朝向未来的线性的现代时间。在19世纪中期法国诗人波德莱尔(Baudelaire)最早提出艺术审美领域的“短暂的、易逝的、偶然的”[④]现代性。这里的“现代性”概念包含特有的时间观念新质:基于“现在”对于感觉的影响，否定凝固于艺术中永恒不变的“古代”。在此基础上，美国学者卡林内斯库指出现代性只有在“线性不可逆的、无法阻止地流逝的历史性时间意识的框架中”才能被构想出来。[⑤]

从社会存在论角度来说，现代性的时间以社会必要劳动时间为核心，从而普泛化为日常生活中的主导时间观念。在现代社会中，脱离了自然条件的资本工厂体制和世界市场交换体制使多种劳动时间统一为商品生产时间，从而实现

① [英]威廉斯:《马克思主义与文学》，王尔勃译，河南人民出版社2008年版，第141页。

② [英]威廉斯:《文化分析》，罗钢、刘象愚主编:《文化研究读本》，中国社会科学出版社2000年版，第131页。

③ [英]威廉斯:《文化分析》，罗钢、刘象愚主编:《文化研究读本》，中国社会科学出版社2000年版，第132页。

④ 《波德莱尔美学论文选》，郭宏安译，人民文学出版社2008年版，第439～441页。

⑤ 参见[美]卡林内斯库:《现代性的五副面孔:现代主义、先锋派、颓废、媚俗艺术、后现代主义》，顾爱彬、李瑞华译，译林出版社2015年版，第11页。

了劳动时间的可度量、可买卖化。商品的价值实体是劳动，计量价值的尺度是平均化的劳动时间，即社会必要劳动时间，它是“在现有的社会正常的生产条件下，在社会平均的劳动熟练程度和劳动强度下制造某种使用价值所需要的劳动时间”[①]。“在现代化的主流方向上，现代时间的核心是指社会必要劳动时间。”[②]现代时间依托社会必要劳动时间，体现为日常生活中的工作时间，重复和强化着朝向未来的“线性时间—历史观念”。

与现代性时间经验相区分的其他诸多时间经验有节日时间、游戏时间、休闲时间等。节日时间是列斐伏尔、伽达默尔和巴赫金等关注的对象。在法国社会学家列斐伏尔那里，节日时间是反对日常生活异化的方案中进行变革的路径之一。“正是节日重新发现和夸大并克服了日常生活和节庆之间的冲突，并且这一方案可以和都市社会相协调，这些方案是(对日常生活)革命计划的最终方式。这个方案把我们带回到我们‘过去’开始的地方，在可接纳的意义上说，它让我们回到比掌握(物质现实)和实践的观念更合理的适应的观念。”[③]也就是说，节日时间将现代人带回到现代性抛弃的“过去”，完全改变了人所处的时空，消除了日常生活中的等级关系和异化状态，因而使人与人之间、人与社会之间都有新型关系。

为强调这种节日的时间特征，伽达默尔有意将它和实用的工作时间进行对比。他提出两种时间经验：正常实用的时间经验(或填充的和空虚的时间)和属己的时间经验(或实现了的时间)。前者是“为了某物的时间”，即“人们支配的时间，人们自行分割的时间，人们认为自己得到了或没有得到的时间”，作为这些空无的时间经验的极端例子是无聊和繁忙。后者是“属己的时间”，其“基本形式是，童年时代、青年、成年、老年和死亡”。节日时间通过庆祝“使时间停住和延搁”，“人们惯常支配时间时的那种计算、安排的特性，在节庆中由于这种时间的静止状态而被消除了”。[④] 同时，他强调节日、游戏和艺术审美有同样的功能，即直到“重新建立所有的人相互交往的契机”[⑤]的作用。这种哲学阐释学视

---

① 《马克思恩格斯全集》第 23 卷，人民出版社 1972 年版，第 52 页。

② 尤西林：《心体与时间》，人民出版社 2009 年版，第 21 页。

③ Henri Lefebvre. *Everyday Life in the Modern World*. London: Penguin Press, 1971. p206.

④ 参见[德]汉斯—格奥尔格·伽达默尔：《美的现实性——作为游戏、象征、节日的艺术》，张志扬译，三联书店 1991 年版，第 69～70 页。

⑤ [德]汉斯—格奥尔格·伽达默尔：《美的现实性——作为游戏、象征、节日的艺术》，张志扬译，三联书店 1991 年版，第 16 页。

域下的游戏、节日在时间经验上具有本质上的同一性。它们作为属己的时间经验与实用的时间相区别和对立。从实用时间经验的本质特性来看，它仍属于现代性的社会必要劳动时间的范畴，因而可进一步认为它就是现代性的时间经验。

卡林内斯库也提出两种对立的时间经验，即对应于资产阶级文明的“资本主义文明客观化的、社会性可测量的时间（时间作为一种多少有些珍贵的商品，在市场上买卖）”，对应于审美（文化）的“个人的、主观的、想象性的绵延（durée），亦即‘自我’（self）的展开所创造的私人时间”。[①] 前者本质上是现代社会的现代性时间，后者是私人时间经验。这两种时间的对立，首先存在于社会结构和文化之间的对立之中，“社会结构（技术—经济体系）同文化之间有着明显的断裂。前者受制于一种由效益、功能理性和生产组织（它强调秩序，把人当作物件）之类术语表达的经济原则。后者则趋于靡费和混杂，深受反理性和反智情绪影响，这种主宰性情绪将自我视为文化评价的试金石，并把自我感受当作衡量经验的美学尺度”[②]。其次反映在日常生活中工作时间和休闲时间的对立：“一方面，商业公司希望人们努力工作，树立职业忠诚，接受延期报偿理论——说穿了就是让人成为‘组织人’（organization man）；另一方面，公司的产品和广告却助长快乐、狂喜、放松和纵欲的风气。人们白天‘正派规矩’，晚上却‘放浪形骸’。这就是自我完善和自我实现的本质。”[③]

国内学者尤西林又分析了生命时间，认为现代性时间观念即社会必要劳动时间和生命时间在一定形势下存在对立。“以现代劳动时间度量生命，是现代化历史对人类心性结构最深刻的塑造之一。……生命时间的差异多样性与独特个性便被单一的社会必要劳动时间效率尺度抹平。”[④]这一矛盾从根本上决定了现代劳动时间与私人闲暇时间的对立，它进一步体现为现代人“感性—理性、身体—心灵、公共生活—私人生活等一系列的分裂”[⑤]。

总的来说，在现代社会中，现代大众所经历的时间经验不仅杂多而且相互

---

① 参见[美]卡林内斯库：《现代性的五副面孔：现代主义、先锋派、颓废、媚俗艺术、后现代主义》，顾爱彬、李瑞华译，译林出版社 2015 年版，第 3 页。

② [美]丹尼尔·贝尔：《资本主义文化矛盾》，赵一凡等译，三联书店 1989 年版，第 83 页。

③ [美]丹尼尔·贝尔：《资本主义文化矛盾》，赵一凡等译，三联书店 1989 年版，第 119 页。

④ 尤西林：《心体与时间》，人民出版社 2009 年版，第 22～23 页。

⑤ 尤西林：《心体与时间》，人民出版社 2009 年版，第 7～23 页。

区别对立。现代性的时间观念以社会必要劳动时间为核心,其他时间如节日时间、游戏时间、艺术审美时间、私人时间、休闲时间、生命时间等均与其区别,而且在异化的形势严重对立。从感觉上来说,以现代性时间观念为主导的生活是理性的、加速的、客观的和可计算的,因而也是单调乏味的、紧张的;而其他诸时间经验中,则是感性的、速度多样的、私人的和属己的,因而是放松的、舒适的。在现代突出技术的异化环境中,这对立的时间经验呈现为恶性的分化对应:一方面,大众受现代性时间观念支配奔向"未来",以缩短效率为根本目标,特别在异化了的劳动时间里积蓄了强大的身心能量,亟须在其他时间释放;另一方面,大众充分利用私人闲暇时间,通过在现代广场上的艺术、网络中的竞技游戏,释放心理能量,从而达到身心平衡。

其次,快适是其基础性情感。在形式主义美学观念中,快适是"那在感觉中使感官感到喜欢的东西"①。感官享受是快适的目标。直接产生于感官的感觉是快感,它包括本能的性欲、食欲和猎奇欲等。爱欲作为生命本能,则蕴含性欲、食欲、休息、消遣等其他生物欲望。如前述马尔库塞的异化理论,爱欲具有巨大的解放作用。而压抑爱欲的力量主要来自异化劳动。联系现代性时间与其他时间的对立来看,快感等本能要素之所以有其解放功能,并非宏大的文明的压抑,而主要是现代性时间尤其是异化了的劳动时间的催迫与挤压。现代性时间以其加速奔向未来的激进观念,使现代主体在社会必要劳动时间中主动去除和工作无关的情感,甚至异化为劳动工具,因而主体需要在狂欢时间中释放其积蓄的心理能量,向区别于工作空间的"广场"呼喊,甚至畸变为本能的发泄。

再次,区别于本能的发泄,审美因其在现代性语境中的信仰维度而成为大众狂欢的高级情感。现代性的三大心灵能力或机能可归结为认识能力、愉快和不愉快的情感、欲求能力。② 认识能力和欲求能力均有其外界对象并在外界活动中才能实现或证明其自身,而审美相关的愉快和不愉快的情感不拥有"任何对象领域作为它的领地"而是主体自身的功能。席勒完全运用康德哲学建立起"审美冲动说",极力强调审美对于主体的解放作用,尤其是审美的运用领域即艺术的公共交往功能。席勒所说的审美即游戏冲动中心目标是"在时间中扬弃

---

① [德]康德:《判断力批判》,邓晓芒译,杨祖陶校,人民出版社 2002 年版,第 40 页。

② 参见[德]康德:《判断力批判》,邓晓芒译,杨祖陶校,人民出版社 2002 年版,第 11 页。

时间”[①]。审美的“未来”与“现在”因此具有相互关联的含义。“现在”作为变化的时间，使表象对象直观可感；而它作为业已抵达的“未来”并不在时间中，从而具有“无时间性”。“未来”从而保持着康德所强调的“物自体”超时空的本体存在“状态”。审美因此成为本体“呈现”可感的“境界”。

以爱欲为基础的快感除非升华为审美经验，否则仅停留于生物性阶段而并非现代性的。审美之无限境界却拥有光明的前景，其积极的追求和永远逐新的理想始终召唤着此岸世界向彼岸世界转化。审美这一本体因此具有信仰维度。在现代性语境中，审美是主体狂欢的本体，它的游戏状态使狂欢主体久久留恋，孜孜以求。

最后，上述主要因素共同融会为一种“共通感(common sense)”，构成了大众狂欢的感觉结构。在维柯那里，共通感即共同的感觉。它是指“那种存在于一切人之中的普遍能力，而且它同时是指那种导致共同性的感觉”[②]。在康德美学观念里，真正使审美判断产生的基础条件或前提是共通感。他认为，鉴赏判断必定具有一条主观原则，而且这条原则不是通过概念而是通过情感，却可能普遍有效。这一条主观原则只能被看作共通感。[③] 因此，大众狂欢的感觉结构体现出其现代性特征，其实质是一种共通感。

总之，以现代性时间和节日狂欢时间的区分与对立为基础，才能理解现代大众的狂欢行为。正是因为这种区分和对立，大众狂欢则表现出一种爆发性的能量释放甚至发泄状态。这种共通感在现代性的语境中直接体现为大众的“心性”。

本章小结

综上所述，现代性是现代化的条件及其结果中的现代人的心性结构或精神气质，因此，“现代性”是一个人文主体性的概念。它尤其注重对于人的心性结构的要素及其内在关系的探索。在现代性的研究中，其基础的一环应该是现代

---

① [德]弗里德里希·席勒：《审美教育书简》，冯至、范大灿译，北京大学出版社 1985 年版，第 73 页。

② [德]汉斯—格奥尔格·伽达默尔：《真理与方法》，洪汉鼎译，商务印书馆 2010 年版，第 34 页。

③ 参见[德]康德：《判断力批判》，邓晓芒译，杨祖陶校，人民出版社 2002 年版，第 74 页。

性的时间观念。现代性时间是一种直线矢量的时间，它是抛弃“过去”、拒绝“现在”、永远加速地奔向“未来”的时间。它重大地驱动着现代文明地区的人们，主导着他们的生活和作息方式。这一观念产生的重大后果是统一的、单调的现代性时间与多样的、丰富的生命时间的对立，在某些形势下还可能趋向冲突。因而，在批判现代性时间的意义上，我们有必要提出多样的、丰富的狂欢时间，特别是节日狂欢时间。它在一定程度上可平衡现代性时间，因而完善人的感性。节日狂欢的大众的感觉结构由此更为丰富多样。在其中，现代诸多时间观念的对立是其基础，而快适是其基本的情感，审美是其中的高级情感，这一切都作为一种共通感而被感染和传承。

第五章

现代性与节日叙事狂欢

在现代节日中，人们往往通过手机短信、网络信息等平台来交际交流从而生成叙事文本。这些叙事文本可以从叙事对象来分类或从其互文性文本中的“母题”来分类。区别于这两种分类方法，叙事学还可以从叙事文本中的角色及其功能来提炼分类。叙事学受结构主义语言学的影响，可以从诸多叙事中提炼出一般的叙事结构，即叙事功能。文本中的符码和运用的隐喻、转喻等“肌理”更能体现出叙事的目的和意蕴。因此，从叙事学理论入手，节日中的叙事显示出其区别一般叙事的特征。现代性是在现代人在现代条件（或结果）下生成的心性结构或气质精神。现代节日中的用来叙事的符码是表现现代人心性结构特征的重要表征。

第一节　叙事及其相关理论

叙事学将叙事作为重要研究对象，主要集中在其本质、形式、功能等层面进行探讨。这一研究过程主要受结构主义语言学的影响，从而可以从共时层面来分析一般结构类型。这对于节日狂欢叙事作品这些文化文本来说具有重要的范式作用。

一、叙事学与结构主义

叙事是叙事学的研究对象之一。“叙事学”(Narratology)这个术语在 1969

年由茨维坦·托多洛夫第一次提出。普林斯编撰的《叙事学辞典》中有两种对立的观点。一种是以托多洛夫为代表,他认为,叙事学研究的对象是叙事的本质、形式、功能,无论这种叙事采取何种媒介,无论它使用的是文字、图画还是声音。它着重研究的是叙事的普遍特征,尤其是故事的说法,即故事的普遍结构。另一种以法国叙事学家热奈特为代表,他认为,叙事学研究的范围只限于叙事文学,即以语言为媒介的叙事行为。叙事学对故事不感兴趣,也不试图去概括故事的语法。叙事学研究的主要对象是反映在故事与故事文本关系上的叙事话语,包括时序、语式、语态等等。[①] 国内学者罗钢给出的定义是:叙事学是研究叙事的本质、形式、功能的学科,它研究的对象包括故事、叙事话语、叙述行为等,它的基本范围是叙事文学作品。[②] 那么,叙事学是如何分析对象的呢?自这个学科产生以来,有诸多流派对其影响极大。从学术背景来看,其中语言学尤其是结构主义语言学的影响最为深远。

瑞士语言学家索绪尔认为,语言是表达观念的符号系统。语言学包括语言的语言学和言语的语言学。语言和言语不仅紧密联系而且互为前提。语言既是言语的工具,又是言语的产物。[③] 索绪尔在分析共时语言学时,开创了用结构主义思想去分析语言系统内部要素和关系的学说。这种从结构出发去寻求研究对象的内部要素及关系的做法极大地影响了其他领域的学术研究。那么在叙事学家分析对象时,也希望提出一个结构模式,看它能否说明研究对象。深受共时语言学研究方法的影响,叙事学家也很少对叙事作品进行历史的追溯。因此,叙事学侧重于对同一主题的系列作品进行共时性研究。

那么对于叙事文本如何分析呢?隐喻和转喻是深入其文本“肌理”的重要方式。隐喻是人们以主体和它的比喻式代用体之间的相似性为基础的。而转喻则是以接近或相继的联想为基础的。从语言学角度来说,隐喻本质上是联想式,它探讨语言的垂直关系。所谓垂直关系,是在句子中的每个成分的位置上可替代的一切成分之间的关系。而转喻本质上是横向组合的,它探讨句子中的各个因素在水平方向上的展开关系。隐喻和转喻的对立实质上代表语言的共时性模式和历时性模式的二元对立。[④]

---

① 参见罗钢:《引言》,《叙事学导论》,云南人民出版社 1994 年版,第 1～2 页。

② 参见罗钢:《引言》,《叙事学导论》,云南人民出版社 1994 年版,第 3 页。

③ 参见[瑞士]费尔迪南·德·索绪尔:《普通语言学教程》,高名凯译,商务印书馆 1980 年版,第 31～47 页。

④ 参见罗钢:《叙事学导论》,云南人民出版社 1994 年版,第 3 页。

从隐喻和转喻的类型本质出发，叙事文本因此也可分为这两种类型。隐喻型的叙事文本倾向于从垂直关系入手将其中的意象等向纵深挖掘；而转喻型的叙事文本则倾向于叙事时不同要素间的横向联系，以求取得与客观经验相适应的艺术客体。隐喻在本质上是诗性的，从语言角度来说，它选择的是垂直轴上的某个因素，完成跳跃式想象，从而激发读者的联想，寻觅隐藏在意象内外的种种言外之意、韵外之旨，从而丰富叙事作品的意蕴。这些都可以从叙事过程的言行服饰等细节、用来立旨的词段以及主题来完成。但这并不是说这两种类型是截然对立的，而实际上在一些文本中它们是浑然一体的。

在诸多故事中是否存在着一个可以超越时代、地域和叙事媒介的故事呢？叙事学家们认为这个问题和回答是肯定的。布雷蒙认为，各种各样的叙事的表现过程、技巧等虽然千差万别，但是其中对读者或观众来说都是一个“故事”，其中包括着故事的要素所表现出来的事件、情境和行动等。[①] 也就是形形色色、千变万化的故事中必定隐藏着一个普遍的叙事结构。叙事功能是区别于从叙事对象、事故母题提炼故事要素的方法，亦即在叙事中角色及其功能才是故事中不变的要素，而故事的功能是由角色及行为构成的。[②]

进一步来说，就像语言系统中有其词、词组和句子以及语法一样，在人类的各种文化现象也有其特定的结构。结构主义在研究一种文化现象时，探索的是它内在的语法和深层结构。表面的文化现象虽然各有差别或杂乱无章，但其中必然存在着有关规律的内在结构。那么如何深入到这些文化现象中的内在结构呢？需要去分析其中的文化符码(Code)。所谓符码，就是符号系统中控制能指与所指关系的规则。信息的发送者按照一定的规则把要传达的意义转换成某种特定的信息，而信息接受者根据同一套符码把这一信息转换成他能接受和理解的意义。前者称为编码，后者称为解码。这种观念套用于叙事学研究中，叙事结构中则包括种种抽象的和概念化的符码。因此，这种结构实则是某些符码的纵横交织，因而可能产生出新的结构含义。如巴尔特所指出的，在分析文本的结构时，更让人关心的是从中生产出来的新的结构，这种文本的形式并非是统一的、自成一体的，面是断裂的、碎片化的，因而可能带来信息的重合和消解。[③]

总的来说，叙事学理论对于我们解读不同媒介上的叙事“文本”有重要的参

---

① 参见罗钢：《叙事学导论》，云南人民出版社 1994 年版，第 23 页。

② 参见罗钢：《叙事学导论》，云南人民出版社 1994 年版，第 26 页。

③ 参见罗钢：《叙事学导论》，云南人民出版社 1994 年版，第 237 页。

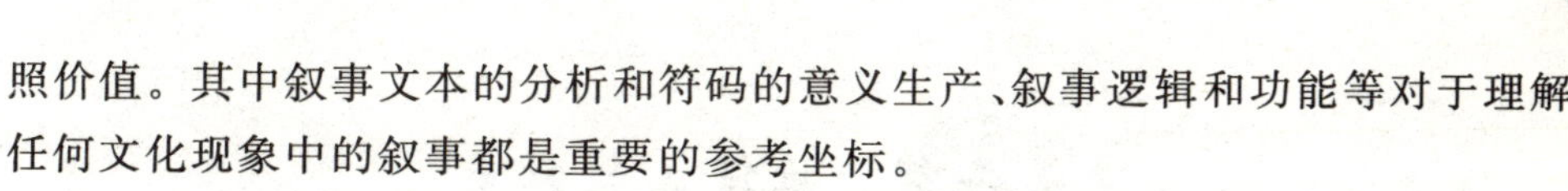

照价值。其中叙事文本的分析和符码的意义生产、叙事逻辑和功能等对于理解任何文化现象中的叙事都是重要的参考坐标。

二、叙事学在分析节日狂欢叙事“文本”的意义

在现代性时间主导大众生活的背景中，在手机短信和网络这些媒介中，出现了以短信叙事和网络叙事为主要方式的叙事狂欢。尤其是在节日狂欢中，叙事更具有一种释放心理能量的作用，其过程和结果都带来的极端的愉悦。因此，扩展上述叙事的定义非常有必要。也就是说，叙事学是研究叙事的本质、形式、功能的学科，它研究的对象包括故事、叙事话语、叙述行为等。而针对节日狂欢叙事来说，它的基本范围不再局限于叙事文学作品，而是节日中的诸多故事、话语和行为等“文本”。我们要深入到节日中的短信文本、网络话语文本中，去分析其叙事模式及话语和行为的意义产生的方式等等。

从叙事文本角度来说，节日中的狂欢叙事文本首先更注重其隐喻类型，即从垂直关系中提炼出其意象，并向纵深挖掘，激发读者的联想和想象。其次，文本的构建更注重利用现代技术手段，或分行排列，或跳跃空行，从而构成相像的空间，完成狂欢化叙事。

从叙事功能角度来说，节日中的狂欢叙事同样存在着角色及其功能，因而可能被提炼出来，形成一般的叙事模式。在这种叙事模式中，往往以边缘人物或底层人物的视角为叙事视角，将事业、爱情等成功过程作为叙事重点，并将自我的身份的成功转换作为叙事高潮，进而把向对立面的人物阶层转化视为“逆袭”以吸引读者眼球。

从叙事的符码来说，节日中的狂欢叙事文本中的符码多样且富含深意。文本中不仅有表达意象的词语，而且还有各种字母符号。这些符码对于理解者来说，除完成叙事任务之外，还附带着表现形象化的神情及动作等任务。另外，其中常用的固定符码在叙事之时，更从隐喻层面起到双关修辞作用，因而具备了深层的劝谕讽刺效果。

总之，从叙事学理论来理解节日狂欢叙事，更可从共时层面来提炼其中的关键叙事因素，从而生成其一般叙事模式。这对于我们理解节日叙事、使读者达到愉悦状态是非常重要的。

第二节 短信文学叙事

一、短信文学定义

(一)手机短信

短信文学是伴随着手机短信而出现的新的文学样式。手机短信是一种基于移动网络的短信息传送服务方式。手机短信分为普通短信息服务(SMS)、增强型短信息服(EMS)和第三代多媒体短信息服务(MMS)三种。其中,MMS不但可以传递文字信息、彩色照片图片,而且还可以传播音效、活动视频等内容。借助MMS,手机报纸、手机杂志、手机电视、手机网络等都能以短信的形式进行传播。

手机短信融合了纸质媒体的书写、无线传播的移动、即时的独特优势和互联网的交互优点。短信的文本格式,使其区别于电视、广播,同时可以储存,而且它的快捷又使纸质媒体望尘莫及;它通过网络进行了延伸,既发挥了网络的快捷、互动功能,又克服了网络的使用限制。和以往各历史时期的主流媒体相比,手机短信满足了人们对信息传播的全部需要,其优势非常明显,所以它继互联网成为第四媒体之后开始作为一种新兴的媒体介入社会生活。

手机媒体就是以手机为视听终端、手机上网为平台的个性化信息传播载体,它是以大众为传播目标、以定向为传播效果、以互动为传播应用的大众传播媒介。这种新的技术载体的出现大大地丰富了人们的写作生活方式,促进了新的文学变革。手机短信这种新载体带来了短信文学的传播方式和阅读习惯的改变,也改变了文学的文体形式,比如篇幅精短、句式急促、排列形态特别,还有节奏快、符号化、日常化和生活经验的细致模拟体验,等等,当然还有以娱乐为主的欣赏趣味。它让文学在手机时代或信息时代,走进了千百万受众(即参与者)甚至写作者的心里。

(二)短信文学的发展历程

伴随着手机短信惊人的发展态势,短信文学也蓬勃地成长并逐渐发展成熟。

1. 短信文学的萌芽期(1999～2000 年)

因为在 2000 年前中国很多手机还不完全具备中文短信的收发功能,所以短信的数量很少,内容简短,功能实用。在 2000 年底,搜狐等网站只是把短信作为一项业务发展,在网络上推出一些生活用语,供手机一族走向日常使用。这个时期的短信不能称之为真正的文学,但是这些简短的短信却培养了手机用户的短信意识,为短信文学的肇兴打下了基础。

2. 短信文学的成型期(2001～2002 年)

从 2001 年初开始,短信月租取消,手机中文输入法也变得更加方便,短信的创作和使用越来越受到人们的欢迎。2002 年,网络上出现了短信征集、发行的专门机构,出现了短信文学大赛,搜狐、新浪等知名网站开始聘请专业的写手从事短信创作。同年 10 月,天涯社区的"拇指一族"版开通,为短信文学爱好者提供更广阔的平台。短信文学质量有了很大的提高,内容也不断地扩充和丰富,并且出现了许多新的类型,如问候祝福类、诙谐搞笑类、抒情类等。此外,一些短信作品也结集出版,如上海远东出版社的《手机短信息——网上妙语》、上海文化出版社的《经典短信酷语全记录》、经济日报出版社的《开心短信息》等。

3. 短信文学的发展繁荣期(2003 年至今)

从 2003 年开始,短信以几何级数量递增,喜闻乐见的短信在人们指间迅速递传，短信大赛已成规模[①]，短信书籍大量涌现[②]，短信文学迅速传播[③]，手机文联随之成立等。2005年8月，中国第一家民间虚拟手机文联——“e拇指短信文学”艺术虚拟联合会在海南成立，会员是全国各地短信文学创作的发烧友。手机用户可通过短信、WAP及“e拇指文学”网站[④]注册成为手机文联会员，发表作品，在线阅读。12月，何立伟、刘齐、周晓枫等6位作家和写手与相关公司签约，成

---

① 短信文学大赛已成规模。2003年3月，老牌文学刊物《诗刊》杂志在全国30多个城市发起“春天送你一首诗”活动，发出了“反对短信息污染，提倡e时代文明”的宣言，号召群众用诗一样语言为传统节假日和目前流行的节日撰写文明、高尚和具有优秀文学修养的短信息。同时，江苏电视台也在全国发起“中国原创短信文学大赛第一季短信诗歌征集”活动。5月，江苏大学人文学院面向全校同学开展了短信文学大赛，倡导“健康时尚”的校园短信生活。9月，广州的《南方都市报》主办了“HE信杯民间短信大赛”，收到了过万条短信。11月，南通师范学院“羚网杯”校园短信文学大赛也拉开帷幕。2004年，海南移动为庆祝公司成立5周年，与国内著名人文刊物《天涯》杂志、国内著名的人文网站海南在线“天涯社区”联合举办了全国性的首届短信文学大赛，并邀请了国内铁凝、韩少功、苏童、格非、蒋子丹等文学权威担当评委，期望发掘具有广泛流传价值的短信文学经典作品。赛事分诗歌、散文、小说三个门类进行，每件作品字数不超过210字（诗歌在16行以内，字数不超过70字）。参赛作品已经超过1万多条，其中比较优秀的作品层出不穷，编辑出版了获奖作品集《扛梯子的人》。而且涌现了一批写手，如朱千华、无眉、匪君子、彭希曦、左民山人、去年尘冷、龙川一木、庄晓明、子非鱼兮等。他们在方寸的汉字之间写出了文学的厚重感与人性的关怀，博得了读者的好评。第三届大赛已于2006年10月结束。

② 短信文学作品(集)迅速涌现。2003年，中国第一部短信小说《短信情缘》出版，该书以短信作为线索，描绘了现代年轻人的生活状态，编造出具有时代气息与趣味的爱情故事。6月，北京出版社将非典期间的幽默短信汇集成册，推出《弹指非典——四月里的幽默派》一书，把非典那段惊心动魄日子里的调侃和祝福真实再现。10月，被称为“中国短信第一写手”的戴鹏飞出版了全国第一本个人原创短信集《你还不信》。2004年6月，千夫长创作完成了手机短信连载小说《城外》，这个被称为“中国第一部情感手机短信连载小说”的文本专为手机短信定制而成，总共60多篇，每一篇只有70个字(包括标点符号)，但内容却是按照长篇小说的情节不断发展。此后，该小说的书稿由百花文艺出版社在2005年1月出版。2004年，戴鹏飞的短信作品集《谁让你爱上洋葱的》又以“中国第一部短信体小说”的名义由中国电影出版社出版。8月12日，新华社播发了我国首部短信新闻故事《赵家富》。11月15日，号称“中国第一部真正意义上的手机小说”《距离》在上海和北京同时首发，本书作者台湾作家黄玄再一次把“手机小说”推进了人们的视野。同年第一部对话体小说《大宝小贝》出版。这一年的年底，《城外》的姊妹篇《城内》面世。2006年，中国第一部短信童话《丢失了白天的别特小镇》出版，中国第一部BT短信《BT游记》又引起一轮短信小说热潮。

③ 短信文学在网络上迅速发展。2003年3月，新浪推出全国第一个短信写手专栏“戴鹏飞原创短信”，专栏公布了戴鹏飞创作的8个“幽默短信”系列：“时代童话”“哈哈节目”“动物凶猛”“实话实说”“爱是永恒”“成人承认”“直接开涮”“大话西游”，共126条原创短信。首日发送人气即超过2万次，次日发送量竟超过10万次。同时，搜狐、263、网易、联众、21CN、TOM等网站的短信版块也拥有几十到上百人的特约短信撰稿者和广大的读者。著名文学网站“黄金书屋”开始提供专供下载和在线阅读的部分短信文学作品，且分作“行走都市”“没完没了”“读图时代”等几个栏目。8月，天涯社区的“拇指一族”主版成功开放。2005年1月20日，国内首家短信文学专业网站——“e拇指文学”网站成立。该网站所有栏目都是为短信文学爱好者量身定制，有“资讯速递”“短信大赛”“短信仓库”“经典钩沉”“名家专栏”“手机玩家”等。在名家专栏中，还特邀了迟子建、周国平、韩少功、舒婷、张炜等作家参与短信文学创作。

④ 该网站网址为 www. emz. com. cn.

为国内首批短信文学签约作家。先锋派女作家棉棉和春树也在年末与摩登天空签下合约，投身短信文学大潮。12月21日上午，由中国移动通信主办、天涯杂志社和天涯社区协办的首届e拇指文学研讨会暨首届手机文联会员代表大会在海口市举行。来自全国各地的作家学者、网络写手齐聚琼州，共同探讨"e拇指文学"现状及出路。手机文联的成立，在短信文学发展史有着里程碑的意义，它表明短信文学已成为当代文学园林中的一支新的奇葩。

(三)短信文学的定义

有关短信文学的定义，可以归为以下几种：

第一种观点认为短信文学仅仅是作为一种娱乐活动的方式。容量狭小和篇幅所限使其无法担当更多的文学功能、承载更深的文学之道，因此不能与传统文学和网络文学相提并论。在哲学家周国平眼里，短信文学"是短信传播的文学小品，它的原生态是通过手机传播的段子，它是自发生成的，而且很受欢迎，算是'都市民间文学'吧"[①]。海南省文联主席韩少功说："短信是文学的零食。"[②]这些观点其实把短信文学作为一种当代在新的媒介基础上出现的文学边缘样式来看待的。事实上，短信文学在逐渐发展的过程中，已显示出其文学的特征和独特的新质。文章理论家刘勰曾说："文变染乎世情，废兴系乎时序。"[③]随着现代化的媒介的出现，引发新的文学样式的革新，短信文学以其独特优势成为新的时代的宠儿。狭小的手机屏幕并未削弱文学本身的含量，而是以另外一种形式给予再现。从当前出现的文学作品来看，所涉及的题材多样，不光指涉古今，而且触及到大千世界的各个方面。因此，在主流文学式微的当代，短信文学承载一定的文学功能，成为人们喜闻乐见的文学样式，本身就体现出其不菲的价值。

第二种观点认为"短信文学"就是"在手机上传输的文学和进行的业务"。舒晋瑜说："短信文学准确地说应该是手机文学，在手机上表现的文学形式包括SMS(短信)、WAP(手机上网)和IVR(语音业务)等版本。也就是说，除了短信，还有视听、手机上网阅读等多种形式。"[④]这些观点有些偏颇。因为它首先否

---

① 朴素：《文学名家与网友纵论短信文学》，《海南日报》2005年10月30日。

② 刘芳：《短信选粹——都市闲人的"红宝书"》，《中国青年报》，http://zqb.cyol.com/content/2005-11/14/content_1202786.htm。

③ 周振甫：《文心雕龙今译》，中华书局1992年版，第394页。

④ 舒晋瑜：《网络文学之后短信文学时代来临》，《江南时报》2004年11月28日。

定了“短信文学”是新的文学样式，且把它和“手机文学”（在手机上传输的文学和进行的业务）混同起来，扩大了内涵。在笔者看来，“手机文学”的内涵较丰富，几乎涵盖了所有的在手机上出现的文学作品，既包括现在网上可以随便下载的诸多传统文学作品，也包括现代原创的短信作品等。而属于短信文学的作品则较少，它包括人们在日常生活中为满足交流和沟通需要而创作的各类文学色彩很浓的短信和一些专门为适应手机的发送而创作的短信文学作品。从当今出现的作品数量和特点来看，人们在生活中创作的文学色彩很浓的短信是短信文学的主体部分。与网络上传播的文学相比较而言，短信文学的特点是：体积较小，随时递传，短小精悍，幽默风趣，内涵丰富。而且这种随时随地的递传性是先前的文学所不具有的。

第三种观点认为短信文学是一种新的文学样式，它区别于以往所有的传统文学和网络文学，有其独有的特质，如短小、幽默、即兴等。如陈红莲认为：“短信文学指的是继网络文学之后，以手机短信为平台的又一种新的文学样式。”[①]韩少功认为：“短信文学不会取代传统文学，它是传统文学的延伸，是文学新品种。”它“在短短数百字内营造意境，展开情节”[②]。《天涯》杂志主编李少君说：“在有限的字数中容纳尽可能多的内涵，正是使短信文学区别于其他文学形式的特点，它也是信息时代的特殊产物，就像古代的五言七律一样。”[③]尚婷和白杰认为短信文学是文学的一种新的样式，引发了微型文体的勃兴，具有互动性和时效性等特质。[④] 被称为“中国短信写手第一人”的戴鹏飞的看法是：“运用多种文体，多种文学形式，具有短（70 字以内）、‘不信’（区别于传统服务类信息）、幽默或言情三个特点，揭示社会现象或内心活动的一种新文学形式。”[⑤]而且他在《谁让你爱上洋葱的·后记》中特别谈到，短信文学是“每自然段基本 70 个字；段落结尾或幽默、或哲理、或双关、或言情；隔行；简化故事情节，淡化矛盾冲突，强化语言精彩，深化标点意义；对白生动、夸张；采用蒙太奇手法；用环境隐喻内心的一种新文体”[⑥]。这些观点颇有道理。特别是专业写手戴鹏飞从自身的实

---

① 陈红莲：《浅谈短信文学》，《太原师范学学报》2005 年第 4 卷第 3 期。

② 罗四鸰：《“大拇指”牵动名作家》，《文学报》，http://www.thinkwan.net/list.asp?id=581。

③ 舒晋瑜：《网络文学之后短信文学时代来临》，《江南时报》2004 年 11 月 28 日.

④ 参见尚婷、白杰：《文学正餐亦或文学零食》，《齐齐哈尔学报》2006 年第 1 期。

⑤ 《短信写手从幕后走向前台》，《北京日报》2003 年 8 月 24 日。

⑥ 戴鹏飞：《谁让你爱上洋葱的》，中国电影出版社 2004 年版，第 137 页。

践来谈短信文学的特征，并以此为短信文学定义，颇有说服力。并且，目前出现的主要的短信文学也正是如此。也正是这种短小精悍、幽默风趣、内秉讽刺的或祝福或开涮的文体形式成为了短信文学主要的创作模式。但是这些特征没能全部涵盖当前的短信文学的状况。事实上，短信文学发展到现在，其文本的多样性和多阐释性已为多位学者注意并研究。正如北京大学教授张颐武所说："目前短信基本有两个类型：一个与性有关，另一个与政治有关。短信将这两大主题变成精巧的、片断的、后现代式的叙事方式，其运用的文学手段则属'寸铁杀人'。""他们只能被称为'短信作家'。他们创造了一个新的文学类型，这个类型依附于网络，靠手机下载进行传播，并构成一个庞大系统。人们会发现文学的形态完全改变了——变成网络和手机互动的文学。""这种形式完全是后现代式的。它追求的是点击率，这使得文学的整个形态发生了根本改变。"[①]从当下流传的短信作品来看，不管是短章还是长篇，其中运用拼贴、隐喻、双关语、藏头诗、回形诗等写作的方式和繁复多样的修辞手法，随心地将各种语体和文体杂糅，表现出现代反讽的精神、狂欢的气质、幽默感等。

第四种观点从技术和品质两个方面对短信文学定义，既从技术层面框定该文学文本传播的独有特点，又从品质方面来给短信文学进行定性。如上海大学教授葛红兵说，短信文学就是"以手机发送为传播形式，以格言体为基础的短小精悍、时效性、文学性并具的文学样式"[②]。李存撰文认为："它是借助手机为传播媒介，以表达情感、交流思想为目的，以短小精悍为文本样式，以情意绵绵、幽默诙谐和哲理意蕴为文本风格，体裁多样，具有真正文学品质和文学欣赏性的一种新型文学。"[③]吴红光认为："短信文学，就是主要在手机上传播（包括网络和手机互传）的篇幅短小、言简意深、高度注重语言技巧、形式活泼多样、富有智慧性、趣味性、娱乐性的文学作品。"[④]上述观点也并未涵盖当前的短信文学的状况。不可否认，短信文学正是以手机发送为传播方式，但非主要的方式。当前，短信文学不止利用手机这个媒体进行传播。比如短信写手戴鹏飞的原创短信能够广泛流传与网络的参与是分不开的。许多手机短信、下载铃声、彩信、网络笑话等在网络上十分流行，很多"民间文学"、泛文学故事都经由网上传递到读者的手机上。所以说，作为作者和读者间的交流中介，网络无疑加速了短信文

---

① 徐虹：《网络颠覆了传统的文学生产规则》，《中国青年报》2003 年 8 月 23 日。

② 葛红兵：《拇指文化·短信文学》，《文学报》2003 年 7 月 10 日。

③ 李存：《试论"短信文学"》，《文艺评论》2005 年第 1 期。

④ 吴红光：《短信文学综述》，《襄樊学院学报》2006 年第 4 期。

学传播的速度。可以说是短信写手利用了互联网，互联网也造就了这些短信写手。

笔者认为：短信文学是适合手机发送并通过手机或网络平台来传播和交流的一种新型的文学样式；该类文学作品形式短小精悍，运用多种手法，具有现代反讽的精神、幽默感、民间狂欢的气质等特征。其内涵有三：

第一，在现代消费文化氛围中成长并发展起来的短信文学的写作主体往往为交际而创作，并通过手机平台来传播。这是短信文学的主要形式。然而，在短信文学的发展过程中，其创作主体不仅仅限于手机用户，而且还包括手机用户、网民和一些用纸笔写出来放在网上或通过手机来传送的所有作者。他们的写作工具也不只是手机，当然也包括网络和纸笔在内。

第二，运用纸笔、手机或在网络上进行创作的短信文学，以现代的物质载体——手机——作为主要的传播媒介。那么，如果创作主体想要把自己的作品通过该媒介进行传播，就必然要符合手机本身的特点。目前，手机的中文短信息仅限于70字左右，彩信等可达300字。那么，作品或其章节的字数也就有了外在的限制。此外，手机作为新的媒体，本身融合了纸质媒体的书写、无线传播的移动、即时的独特优势和互联网的交互优点。在此，网络成了手机这种新型媒介的辅助者，更多的短信文学在网络上得到进一步的传播和交流。

第三，短信文学之所以与传统文学和网络文学有了本质区别，不仅仅在于载体的变化，而且还在于其具有现代的气质和精神。从具体的短信来看，短信包括了所有的实用短信和文学短信。实用短信是把沟通和交流信息作为目的的口语化的毫无文学色彩的短信，它仅仅以实用为目的，这类短信是日常生活中亲戚朋友间进行沟通和合作的一种重要的中介。文学短信之所以加上“文学”二字，是因为它在达到一般实用目的的同时，还具有相当丰富的文学色彩。

传统文学理论从功能的角度上把文章分为两大部分：实用文章和文学作品。实用文章的功能仅仅在于实用，如表、序、跋、书信等。而文学作品的功能在于审美。就上面的文学短信来看，从功能上来说，这些短信目的很明显，即达到最直接、最实用的目的：它们往往在平常或节日时候为朋友送去温暖和乐趣，从而达到最佳的沟通和交流。然而，这类短信虽为实用而作，文学色彩却非常浓厚，如李密的《陈情表》和王勃的《滕王阁序》等作品一样，样式虽然是应用文章，但实为文学作品，所以它们应该归属于短信文学。这些作品虽然比较短小，以纷繁变幻的现代生活为写作对象，题材闲杂微细，富有民间文学的独有风韵或个人的情思感悟，而且表现手法多样，口头语和书面语杂糅，文体互相交叉，具有现代反讽的精神、幽默感、民间狂欢的气质等特征。正可谓“一花一世界，一沙一天堂”，让读者品味不尽。

二、节日短信叙事作品及其特征

（一）短信文学的特征

短信文学的文本总体上呈现出与传统文学和网络文学不同的特征，这些特征不仅体现在文本的建构形式上，而且还在其内容和传播形式上体现出来。

1.传统书信模板化的文本建构形式

短信是为交际而创作的。在交际的过程中，短信呈现出了其文学的独有特征。从深层的文体的形式角度来看短信文学的文本形式，其实质是传统的书信模板。按照一般的写作规范，书信可包括称呼、问候语、正文、祝愿语、署名及日期等几个主要部分。语言运用上，要求简洁朴实、通顺明白，不用或少用积极的修辞手法。短信文学的话语文本也是以准确传递语意信息为基本的语用目的的，其行文由于受手机这种物质载体的制约，形式上并不能像一般书信那样讲究程式化和完整性，但语言运用上依然传承了传统书信的核心特征。从文本的外在形式上来看，短信文学呈现出传统的书信模板化特征。

2.跳跃式的短信文学文本建构模式

利用手机的屏幕显示和通过按键进行线型阅读的特点，对词语进行艺术加工，创造出独特的文本形式，以获取与众不同的语言效果，从而传递个人的某些意愿或特定的情感。这种独特的文本建构模式可称为“跳跃式”。所谓“跳跃式”，是指短信文本在编写时，不再是传统（如纸质媒介）的线型的书写方式，而是越过应该经过的一处跳到另一处，成为如断点般的书写形式。这种言语编排形式的基本原则是将第二句以下的话语越过本应该经过的位置而跳到第二屏或第N（N大于2）屏的某一行，以造成一屏一行或N屏一行的立体效果。

3.短信文学的狂欢化气质

“狂欢化”是20世纪最有影响力的思想家之一巴赫金提出的一个文学理论。“狂欢化”理论来源于欧洲中世纪和文艺复兴时期的狂欢节文化。在《陀思妥耶夫斯基诗学问题》中，巴赫金认为：

> 中世纪的人们似乎过着两种生活：一种是刻板的，严格遵守等级制度、宗教清规的生活，充满禁欲、严肃、崇高；另一种是狂欢节式的自由自在的疯狂的恣情的生活。狂欢节源于中世纪欧洲民间的节日宴会和游行表演

等，在狂欢节的广场上，进行各种可笑的仪式和祭祀活动，小丑和傻瓜、巨人和侏儒、国王和乞丐都登台演出，充满了戏谑和发泄。狂欢节是全民的，无论平民还是统治者都可以参加。狂欢节使人摆脱一切等级、约束、禁令，采取的是非官方的、非教会的角度与立场。这样就形成了一个与现实制度相隔离的第二世界。在这里，节庆性成为民众暂时进入全民共享、自由、平等和富足的乌托邦王国的第二种生活形式。

支配一切的是人们之间不拘行迹地自由接触的特殊形式，而在日常的、即非狂欢节的生活中，人们被不可逾越的等级、财产、职位、家庭和年龄差异的屏障所分割开来……人们之间的等级关系的这种理想上和现实上的暂时取消，在狂欢节广场上形成一种在日常生活中不可能有的特殊类型的交往。①

巴赫金对这一术语的解释是：

狂欢节上形成了整整一套表示象征意义酌具体感性形式的语言，从大型复杂的群众化戏剧到个别的狂欢节庆演。……这个语言无法充分地准确地译成文字的语言，更不用说译成抽象的概念语言。不过它可以在一定程度上转化为同它相近的(也具有具体感性的性质)艺术形象的语言，也就是转化为文学的语言；狂欢式转化为文学的语言，这就是我们所谓的狂欢化。”

如果文学直接地或通过一些中介环节间接地受到这种或那种狂欢节民间文学(古希腊罗马时期或中世纪的民间文学)的影响，那么这种文学我们拟称为“狂欢化文学”。②

手机短信的出现为人们提供虚拟的心灵空间的展示平台，使语言的狂欢得以实现。短信文学文本虽只有短短70字，但非常重视作品的品质，极力寻求各种纷繁复杂的文学因素的融合，把词汇、声音、符号、空白等因素充分糅合在一起，呈现一种不受任何语言规范、文体规则等限制的自由自在的特性，而这种自由自在是民间自由精神狂欢化的体现。短信文学的狂欢色彩所体现的颠覆性、无等级性、游戏性和宣泄性等特征上。

首先，颠覆性意味着打破逻各斯中心主义，否定权威和绝对真理，对意识形

---

① [俄]巴赫金：《陀思妥耶夫斯基诗学问题》，《巴赫金全集》第5卷，河北教育出版社1998年版，第161页。

② [俄]巴赫金：《陀思妥耶夫斯基诗学问题》，《巴赫金全集》第5卷，河北教育出版社1998年版，第141页。

态与各种等级制度以及生活常规加以瓦解。短信文学的颠覆性表现为对现实生活中的各种常规、价值观等进行嘲弄与歪解，以个人的狂欢化思维方式来颠覆理性化的真理世界，从而否定一切真理、一切权威和世俗承认的价值与意义。这种意识往往表现为对传统以及权威话语的歪解，对各种传统意象的扭曲，以及对爱情、亲情、友情的嘲弄，等等。

其次，短信文学的文本所表现的虚拟世界呈现无等级性。承载短信文学的手机网络就是一个虚拟的狂欢的广场，等级、约束、各种禁令等可暂时取消，人们在这个自由的空间里互相传送各种供人发笑的信息，互相取笑和嘲弄，充满戏谑与狂欢。短信叙事将各种不同社会阶层、不同社会文化背景中的人物排列在一起，就是为了烘托发送信息者本人的高高在上，从而获得一种自我满足感。当然，我们也注意到，短信文学来自民间性，它的语言有时显得粗俗不堪。

再次，短信文学文本的文字游戏化。一些短信文学的文本避免对人生价值等重大问题的思考以及对沉重的现实生活的体察，以一种游戏的态度来面对生活，往往以一种轻松诙谐的语言来表现一些毫无意义的东西，这使得文本成为一种纯粹的文字游戏作品。如："你是漂亮的农妇吗？你家山上有泉水吗？有田吗？如果都有，我就娶你。因为我一生奋斗的目标是：农妇！山泉！有点田！"这个短信内容里，"农妇""山泉""有点田"与"农夫山泉有点甜"的广告词在意义上已无关系。剩下的只是零碎意象的堆积，甚至只是无意识、偶然的大杂烩式的复制和拼贴。诸如此类的短信，从中很难发现任何对人生或现实生活的思考，可以说是完全为了娱乐而生的纯粹文字游戏作品。因此，短信文学的流行不仅是一场充满游戏性的话语狂欢，而且还体现出短信文学作为民间文化形态的自由自在的特性。

最后，狂欢的目的就是宣泄，人类需要狂欢，对于生活过于单调或情绪过于紧张压抑的人来说尤其如此，而短信文学的某些文本恰好满足了现代人随时随地释放压力的需求，具有强烈的宣泄性。短信充分表现出现代人的困惑和悲观抑郁情绪以及现代都市人群的生存压力和对现实的不满情绪。面对现实，对不太如意的生活进行自我调侃、自我解嘲，这种调侃和取乐不是无病呻吟、哗众取宠，而是来源于人们对现实生活的真实体验和由衷感悟，是人们对内心积郁情感的一种宣泄与释放，而这种不受约束的宣泄性也是民间性的体现。

总之，"狂欢化"的文学特质使得短信文学成为新的时代流行的文学样式。猥亵、俏皮话、笑话、幽默等，成为短信文学表现的常见的表达手段。然而它的目的却是在笑中让人体会更多的东西。正如学者王建刚在阐述"狂欢化"的理论时指出的那样："它是全民的大众的笑；是包罗万象的笑，它可针对一切人、一切事；它是双重的笑，既充满欢乐与兴奋，又充满讥讽与嘲弄，它既肯定又否定，既埋葬又催生。它与自由有不可分离的联系，它对复杂多变的世界保持着强大的感受力。在更替变化的过程中捕捉和认识对象，在现象中不断调和除旧布新的两极。"[①]巴赫金更把这种诙谐文化的深层本身同人的本性的回归以及人的自由和解放联系在一起：正是在诙谐和笑声中，"人回归到自己，并且在人们之中感觉到自己是人"[②]。

4.凝练表达

由于手机屏幕和短信字数的限制，也由于短信发送的轻便，短信文学几乎没有重大题材，而是以现代都市生活的时尚琐事为表现对象，擅长在细小杂碎中巧妙自如地折射出人生社会的意义，因此灵动的情思和幽默的睿智是短信文学在内容上的主要审美特点。

短信文学以短信息为基本结构单位，70字每条的局限逼迫人们用尽可能少的笔墨把尽可能多的情景充分地展现出来，段子化的凝练表达就成了短信文学和基本创作原则。这种段子化格式追求精练含蓄。它们尽量压缩文字和省去标点符号，略过大段的人物和情景描写，同时大量运用富有冲击力的短句，语言不仅更具有节奏感和凝练性，而且修辞也更为巧妙，整个文本往往于浓缩中透射出内在的弹性和张力。段子化的精致内敛是短信文学基本的文本规定，它是一种高超的整体浓缩技巧，这种"寸铁杀人"的审美范式显然迥异于以"长"为能的网络文学，也与传统文学中短小精辟的作品有着实质性差别，它是突破手机屏幕的新发明和新创造。

5.互动性

凭借先进技术尤其是彩信技术的发明和推广，手机以小小躯体覆盖了整个互联网同时又保持了自身的优势，它轻巧多姿而又无所不能，因此短信文学的生产和传播具有最大的可能性。短信发送的方式除了让人能随时随地地即兴创作，还能让人随时随地地接收，它讲究通过快速瞄上一眼而博得会心一笑或有所领悟。而且，作者的短信一旦发出，就会引发多人互动创作，读者会立刻反馈，或褒或贬。

---

① 王建刚：《狂欢诗学：巴赫金文学思想研究》，学林出版社2001年版，第119页。

② [俄]巴赫金：《拉伯雷的创作与中世纪和文艺复兴时期的民间文化》，《巴赫金全集》第6卷，河北教育出版社1998年版，第12页。

四、节日中短信文学叙事狂欢的生成逻辑

(一)即兴创作方式

首先,它的输入方式继承了电脑键盘输入的特点,体现了“以机换笔”的优势。手机作为一种新的写作技术手段,在某种程度上继承了传统的纸质书写的线性特点,又将网络的拼音输入、笔画输入、语音输入等先进的手段吸纳进来,同时又具有无线传播的优势。创作者往往凭借手机的近20个键位,在方寸之间,用大拇指进行随时随地、颇具激情的写作。因此,短信的创作者也被形象地称作是“大拇指一族”。

其次,即兴创作成为完成短信文学,短章是最常见方式。传统的写作往往讲求立意和构思的精妙。文章理论家刘勰说:“积学以储宝,酌理以富才,研阅以穷照,驯致以怿辞,然后使元解之宰,寻声律而定墨……此盖驭文之首术,谋篇之大端。”[①]唐代诗人贾岛的名句“吟安一个字,捻断数根须”,充分表明传统文学写作的艰难性和重复性。相对于传统创作而言,短章的短信文学的创作往往只是瞬间完成。作者往往在闲暇之余,如公车上、等待朋友的瞬间等短暂的时间里,将个人的灵感和感悟形成富有戏剧因素的文字发送给周围的人们,从而将他们的思想和感情与大家一起分享。

最后,短信文学中蕴含着某种民间智慧,所表现的不是官方的真理,而是非官方的民间真理,体现了大众文化和民间文化的一些共性,因而它可以最大限度地消解高雅与低俗之分,具有了更大的语言狂欢的文化空间以及迅速流传的价值,从而成为众人都乐于参与的语言狂欢活动。这就为短信文学的民间集体创造提供了有利的条件。正如民间文学广泛流传但有不同的版本一样,短信文学的文本在传送的过程中,往往出现了各种被改写的情况。在传播的过程中,发送者往往会根据接收对象,把某一生成的文本进行改写,使它适合自己的传达需求,然后再转发出去,这就使短信文本具有民间改编的集体创造性。因此,短信文学的文本常处于不定型的状态之中,每个人都可以根据自己的创作理念重新改编,而在最后出现的文本实际上是集体创作的结果。

(二)互文性写作手法

“互文性”(Intertexuality)是由法国符号学家、女权主义批评家朱丽娅·克

---

① 周振甫:《文心雕龙今译》,中华书局1992年版,第249页。

里斯蒂娃提出的。"一篇文本中交叉出现的其他文本的表述","已有和现有表述的易位……""横向轴(作者—读者)和纵向轴(文本—背景)重合后揭示这样一个事实:一个词(或一篇文本)是另一些词(或文本)的再现,我们从中至少可以读到另一个词(或一篇文本)。以巴赫金看来,这两支轴代表对话(dialogue)和语义双关(ambivalence),它们之间并无明显分别。是巴赫金发现了两者间的区分并不严格,他第一个在文学理论中提到:任何一篇文本的写成都如同一幅语录彩图的拼成,任何一篇文本都吸收和转换了别的文本。"①

概而言之,"互文性"概念主要有两个方面的基本含义:一是"一个确定的文本与它所引用、改写、吸收、扩展或在总体上加以改造的其他文本之间的关系";二是"任何文本都是一种互文,在一个文本之中,不同程度地以各种多少能辨认的形式存在着其他的文本;譬如,先时文化的文本和周围文化的文本,任何文本都是对过去的引文的重新组织"。

"互文性"概念强调的是把文本置于一个坐标体系中予以关照:从横向上看,将一个文本与其他文本进行对比研究,让文本在一个文本的系统中确定其特性;从纵向上看,它注重前文本的影响研究,从而获得对文学和文化传统的系统认识。

在短信文学文本的写作过程中,创作者大都喜欢用通过引用、戏拟、仿作、拼贴、合并、改写、化用等一系列的写作手法来实现互文性关系,而在文本的阅读过程中,读者则通过主观联想和品评来实现互文性的阅读。

1. 戏仿

戏仿作为一种表现手法,有时译为"滑稽""模仿""戏拟"。巴赫金对此的看法是:戏仿是种双声(double-voiced)形式。亦即"它们中的话语具有两重指向(double-directed discourse)——既如普通话语一样指向话语的指涉对象,又指向另一种话语、另一个的语言"。它与风格化有区别,戏仿"给这个话语带入一种语义意图,它与原作者截然相反"。②

报刊语言中的仿拟通常是仿词、仿句,而短信语言中的仿拟却经常是仿篇。仿篇,在古代诗歌中也有。如崔颢《黄鹤楼》"昔人已乘黄鹤去,此地空余黄鹤楼",被称之为唐代七律诗的"压卷"之作;李白《登金陵凤凰台》"凤凰台上凤凰游,凤去台空江自流"就是仿拟崔颢之作。古人的仿拟是"正仿",形神兼备或者

① 转引自[法]萨莫瓦约:《互文性研究》,邵炜译,天津人民出版社 2002 年版,第 4 页。

② 参见[英]罗斯:《戏仿:古代,现代与后现代》,王海萌译,南京大学出版社 2013 年版,第 126 页。

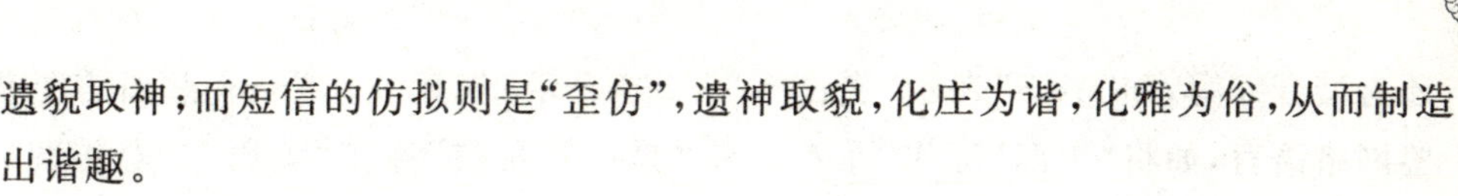

遗貌取神；而短信的仿拟则是“歪仿”，遗神取貌，化庄为谐，化雅为俗，从而制造出谐趣。

2. 改写

这种体式是借用古典诗词的格律及音韵，改写其中的部分词句，表达节日祝福或进行批评讽刺。例如，有一则改写了苏轼《念奴娇·水调歌头》的短信：“明月几时有，把饼问青天，不知饼中何馅，今日是莲蓉，我欲乘舟观月，又恐飞船太慢，远处不胜寒。起身发短信，祝福在人间。中秋快乐！”在此，“作为个体的人的主体人格的非完整性导致深度情感的消逝，代之而起的是一种本能的欣快感，这种无情的泛情，不仅使现代主义的崇高主题消失殆尽，而且还使得个人的独特风格归于结束，而其与众不同的表现手法也随之终结”①。

3. 符号化

短信文学多数以短章的姿态出现，即使是长篇，它的每一个章节也被限定在70字左右；而一个好的文学作品，它会被立即转发并流传开来，成为尽人皆知的精品。对于创作者来说，必须在这70字内构筑精品，吸引读者的眼球。因此，短信文学的创作文本就有了它特殊的表述策略。

首先，因为手机短信的功能限制，短章的短信文学已有意地回避对重大主题的表现，创作者的意图不是表现世界，也不是抒发内心情感、揭示内心世界的隐秘，而是热衷于开发语言的符号和代码功能，醉心于探索新的语言艺术，并试图通过语言自治的方式使作品成为一个独立的自身指涉和完全自足的语言体系，从而极大地淡化、甚至消除文学作品反映生活、描绘现实的基本功能。作品产生的意义并不重要，因为意义本身已经被“解构”。在这样的心理背景下，他们用碎片化的语言随意组合而成的一段话会产生意想不到的效果。

其次，短信文学在形式上大胆打破传统的语言规范，颠覆传统话语形态。引入大量的网络语言、简化语言以及属于民间文化的笑话、歌谣、打油诗、顺口溜、歇后语、行话、俚语、方言等，还有属于精英文化的古典诗词歌赋以及大众文化形态的流行歌曲。网络用语甚至各种符号、数字、图形、空格等都信手拈来，杂糅使用，形成文符交叉、交相辉映、相映成趣的独特文本形式。

文符并用写短信，表意更丰富、简洁，更显谐趣。为交流方便，短信常使用缩写，汉语缩写把短信中常用的词语的每个字的汉语拼音字母组合，如“PFPF（佩服佩服）”；也有英文缩写，如“WRY”（Where are you）、“FM”（follow me）。

---

① 王岳川：《后殖民主义与新历史主义文论》，山东教育出版社2002年版，第101页。

还有谐音缩写，如“3KS”表示“谢谢”，“7456”表示“气死我了”。有些语言是借鉴网络语言，如将“东西”称作“东东”，将“漂亮的女孩”称作“美眉”。对传统词汇和表达方式进行改造和变换，有些语言看起来更像一盘土洋结合、中西合璧的大杂烩，虽然不合规范，但也的确契合了当代人休闲娱乐、游戏放松的心理状态。

在表意符号上，新兴的多媒体短信完全突破文本的限制，整合了视频、图片、声音和文字等多种信息形式，不仅有丰富的内容，而且还有直观逼真的视觉效果。随着手机媒体的发展，未来的短信语言符号势必更加多元化、多媒体化。

最后，在艺术手法上往往将拟人、比喻、排比、对偶、谐音、讽刺、夸张、反讽等各种修辞手法杂糅在一起，并采用拼贴、复制及戏仿、祛魅、模糊或不确定等后现代艺术手法，使短短的70字的短信文本构成一个个使人开怀大笑的小喜剧，将汉语的修辞艺术在这里得到淋漓尽致的发挥。运用比喻、排比、对偶、夸张、反讽等各种修辞手法，并将各种风马牛不相及的意象拼贴在一起，形成一种既抒情又诙谐的艺术效果，彰显了汉语言的精髓与魅力。它们以扭曲的、变形的夸张手法来表述，甚至不惜以歪曲现象来达到对现实的嘲讽，在语言上寻求“震惊”效果，用近乎不可能来揭示可能以极度荒诞揭示荒诞，从而反向表现现代社会人的精神世界的荒漠化。

总之，手机短信秉承了传统媒介和网络媒介的优势，同时又具有随时随地进行传播的特点，所以短信文学表现出与传统文学和网络文学迥异的创作特色：创作主体往往站在民间的立场上，运用互文等创作方法，随机地汲取各类词汇和语言表达形式，即兴地表现他们身边的微情琐事，营造出虚拟的狂欢化氛围，表达出他们的草根情感和对社会人生独有的看法。

五、短信文学叙事的价值

短信文学的价值通过其具体的文章来承载和体现。文体文化是从文化学角度给文章下的定义。“从文化学的角度看，包括文学在内的各种文章，都是语体化的文化形式。不同的文章样式是文化价值分衍的结果。”“文体是一种记载方式，具有记录性功能；也是一种传播渠道，具有社会性功能；又是一种智力产品，具有能动性功能。”[①]而具体到对某一文体的价值的判断，则要看属于这类文体的文章被解读后，对社会人生有正面的影响或可用功能的程度。凡是对社会

① 任遂虎：《文章价值论》，青海人民出版社1996年版，第15、21页。

人生有正面的影响或可用功能的文章，就有价值，并且价值的程度与正面的影响程度或可用功能的程度成正比。

(一)精英文化与大众文化的界限不复存在

西方世界20世纪60年代以来流行的后现代主义对现实文化世界产生了巨大的影响。后现代主义坚定不移地反逻格斯中心主义，执着地摧毁和标新立异，彻底地反传统、反权威精神，高扬大众文化旗帜，主张反严肃、反高雅、反偶像崇拜、反主流文化。在文学创作上，大众文化主张创作的游戏性、反深度模式，倡导无深度性、扁平化、平面化的创作，努力摆脱各种约束和规范，在自由、怪诞、戏谑、轻松中放纵地享受狂欢节文化。短信文学具有大众文化的主要特点。短信文学的热潮可以说是后现代因子进入中国社会文化生活后的又一次成功亮相。短信文学打通了俗和雅的两个世界，使它从一开始就自觉远离错综复杂的社会政治内容，尽量贴近老百姓的日常生活，大量地借鉴吸收流行文化元素。这种下里巴人与阳春白雪的糅合，正是它能同时赢得不同社会阶层人们喜爱的原因之一。因此，短信文学对中国当代文学、社会文化的影响和渗透是持久的。大众文化对僵化的、一统的思想文化体系的冲击是在高雅文化范围内进行多年努力都无法完成的。人们制造的精英文化与大众文化的界限也将越来越快地消失。

(二)短信文学对现存整个文学谱系再次进行了重建和解构

文学发展的历程中，任何一种新文学的出现都会使原有的文学形态和表现手段面临剧烈的冲击并发生根本性的变革。类似地，短信文学在消解传统文学惯例的同时，也在建构新的文学体制。借助新的网络信息技术，短信文学使既定的文学形态发生了裂变，仿佛一夜之间文学就从传统的纸质文学和时新的网络文学变换成了更神奇的掌上“移动”文学，现存所有文学形态又一次被颠覆。由于这种新的创作模式和阅读模式有极大的社会需求，在将文学从纸质传媒及有线网络置换成无线网络时，其“拇指飞扬”和“短信发送”的格式化表述就不仅限于产生了独具一格的短信文学新品种，而且还对“文学是什么”“文学写什么”“文学怎么写”“文学干什么”等一系列文学元命题提出了新一轮挑战。

首先，文学价值理念的迁移。传统文学以“载道”为己任，实现其功利的目的。《毛诗序》中这样总结“诗”的作用：“经夫妇，成孝敬，厚人伦，美教化，移风俗。”实际上，这也可以看作是整个传统文学的作用。因此，文章也被看作是“经国之大业，不朽之盛事”。文章理论家刘勰《文心雕龙·原道》则说：“道沿圣以垂文，圣因文而明道。”更加明确了文章的作用与意义。对作者来讲，也期望读者在阅读的过程中能够心有所得，这样文章本身就承载着沉重的教化意义。而短信文学则剔除传统文学的“载道”的功利目的，真正实现文学的无功利化。它将民间的笑谑文学引入大众的视野，用无限制的网络传播和无拘无束的表达共同构成了一个虚拟的狂欢文化广场。每个作者都可以参与到这个广场中来。在这里，他们摆脱了现实中的各种关系的限制和文化的隔阂，彼此平等，乌托邦的理想同现实通过绝无仅有的虚拟狂欢感受暂时融为一体。他们用只言片语，将现实生活的形形色色现象或感受重新调整、转换、演绎和解构，每个人都可以拿别人娱乐或被别人拿来娱乐，以达到自娱或娱人的目的。从功能上来讲，文学的价值理念已从以“载道”为主要的功利目的转移到仅仅以娱乐作为其目的。

其次，文学观念的变化。传统的文学文本以纸质作为载体，以文字作为主要的表达工具。线型的写作和阅读方式使文本本身呈现出极大的包容性和解读性。随着网络载体的出现，文本的表达工具突破了单一的文字限制，音效、图像都可以成为文学生存的空间。毋庸置疑，在突破纸质文学的同时，短信文学也突破了原先的网络文学，其存在依旧是数字化的，也依旧是平民化、大众化的，但却更加休闲化和生命化，某种意义上它使文学的自由本性和人的本真获得了更深层的解放。随着“移动梦网”“互动视界”和手机 3G 门户网站等技术硬件的改善，人类的文学空间还将得到更大的延伸和拓展。可见短信文学不仅以手机按键和短信发送的方式在“知识谱系和机制构建”两个层面上构筑了自己的本体世界，而且还使二者“一道指向文学‘原点’的重建”，从而更好地满足了后工业文明时期人们的精神渴求，它当之无愧地成为当代文学一个新的坐标点。如果还以传统文学观念来衡量它，势必会抹杀这种新的文学现象和成就。所以有必要重新来审视作为文学的本体问题，如“文学究竟是什么”“怎样的文本形式才能算文学”等一系列问题。短信文学的出现，从事实上证明了文学也可以与新的媒介联姻，从而产生属于我们这个时代的文学样式。

最后，作者与读者关系重新调整。传统文学的作者是身份及角色十分明确的作家，而读者是通过作者的文字来领略和理解现实生活并利用纸质媒介和作者进行沟通和交流的人。他们的界限十分明确。由于载体的客观限制，作者和读者的交流也很有限。网络的互动性迅速改变了传统的作者和读者的关系。作者和读者交流的时间大大缩短，他们还可以共同参与创作活动，角色的界限变得不再分明。短信文学保留了这种很强的互动性，更把这种互动的时间和空间扩展到无限，作者和读者只要拥有手机，都可以随时随地地进行互动。但作者和读者的关系又一次呈现出新的特点。短信文学的传播是一对一或一对多的形式。当作者的作品发送出去之后，就会有读者反馈回来，或是简短的评论，或是一则新的作为“酬答”的短信作品。而且，对于读者来说，如果想要实现一些短信文学作品的阅读，需要通过网络付费的。因此，大众传媒时代正修正着我们的文化精神和艺术气质，并在改变着我们的艺术生产和消费方式，从纸质文学到网络文学再到短信文学，文学的样式不断更新，作者和读者的交流与沟通方式也随之改变。

总之，短信文学秉承了以往传统媒介和网络媒介的优势，同时又具有随时随地进行传播的功能，所以短信文学独有的创作特色尤为明显：创作主体往往站在民间的立场上，运用互文等创作方法，随机地汲取各类词汇和语言表达形式，即兴地表现他们身边的微情琐事，营造出虚拟的狂欢化氛围，表达出他们的草根情感和对社会人生独有的看法。在与人沟通的过程中，以交际为本质目的的短信充分地彰显出其或消遣愉悦或美刺讽喻的价值，它的流行和繁荣表明当代文学更需要表达精神自由，它的游戏性、反深度模式和雅俗共赏的风格也表明所谓传统的精英文化和大众文化的界限正逐渐消失。

第二节　节日中的网络叙事狂欢

一、节日中的网络叙事及其特征

话语始终是网众创建文化的载体。网众以原创性的语词实指网络事件的内涵，并在虚拟世界以反抗想象的集权权威和追求自由为目标，形成独特的话语体系，达到对对象的解构和祛魅。此种话语本身的解构能力被不断移植、戏仿，从而形成了狂欢化叙事。

（一）互联网的话语体系构建

网众在互联网的虚拟生活中创制出独特的话语表达符号体系，用以迅速和愉快地交流。这些话语表达符号可分为三类：一是一般表达的交流语言和符号。以中文外语、火星文、数字、字母、古字、俚语等为来源。如：ORZ（形似跪姿，表明拜倒之意）、88（再见）、囧、有木有等。二是表明身份的语言符号。这些符号本身就夹杂多种意符。如：天涯 er(天涯会员)、毅丝(李毅贴吧即 D 吧的会员)、屌丝(网众的身体与虚拟语言的结合)等。三是限于互联网管理规定而运用谐音或变体表情达意的符号体系。如我去年买了块表、河蟹(和谐)等。此外，还有将身份与表意结合的编码符号，如图森破。

(二)狂欢化叙事的戏仿和移植

在网络社会形成的后现代，各种异域(异质)文化通过大众媒体以及互联网迅速传播，并被不断地模仿。这些民间的异域(异质)文化中话语、形象、叙事手段及形式等因素都成为狂欢文化形成的涓涓细流。

在网络化的过程中被解读的价值和意符主要有：

第一，以诙谐(笑)的视角看待世界时的个体现实价值定位。《大话西游》被解读为戏仿传统小说《西游记》的狂欢文本，神圣的"西天取经"以及成佛为圣被降格成为每一个现代青年人无法摆脱、必须重复的无聊的"事业"，代表正义、充当英雄的具有典型化、脸谱化的形象唐僧师徒四人也被贬低为阿三、猴子(至尊宝)、懒猪和三当家。"历史"只不过是刚刚"过去"的"现在"罢了，巨大的宿命论叩问个体的现代价值定位与现代心性。

第二，核心话语及体系的形成和"XX 体"的流行。影片中每一个符号都被看作是带着戏谑的新的含义的所指，构成以"西天取经"为核心的话语体系。以"曾经有一份真正的爱情摆在我的面前"开头的爱情表白成为当时流行民间的话语，这段话语以文字、视频、音频(各种方言的演绎)等形式在各个社区、博客、手机短信、留言板、个人签名等处被无限复制粘贴。而以此为模式的是，各类话语体的出现和传播。知音体(由杂志《知音》中的文章话语风格仿拟)、天涯体(由社区《天涯》中的文章话语风格仿拟)、梨花体(仿拟河北作家诗人赵丽华的诗作)、淘宝体(由淘宝店主的口气仿拟)都先后在互联网上流行。

第三，戏仿文本的出现和戏仿手法在网络上的风靡。由《大话西游》的叙事为蓝本、大话为表达手法的仿似文本在网络上疯狂的流行。其中以此为母本的文本有《悟空传》[①]《沙僧日记》《唐僧日记》《八戒手记》同类型文本等十几种。以此为模式的各种戏仿文本大量涌现。以《红楼梦》为母本的《黛玉日记》《宝玉的一天》等。而以网络小说《第一次亲密接触》为母本的戏仿文本多达几十种。

---

① 今何在著，2009 年，在由中国作家出版集团和中文在线主办、长篇小说选刊杂志社等承办的"网络文学十年盘点"活动中入选十佳人气作品。

（三）戏仿的手法

互联网话语体系的构建和戏仿的结合成为身体不在场的网众思想狂欢的重要方式。其主要的仪式有：一以符号作为统一的表意手段而形成的严肃形式。如微博的“神最右”主题对话回复后的，以转发为主要手段而配以“→_→”表情符号的排列。二以语句的整齐为形貌的集体对话回复。三以语言为主要手段的庆典在线报道或戏拟传统节日、庆典的形式。这类形式夹杂各种符号、图片、视频、音频，甚至以刷屏的方式堆垒起数以千计的回复。如天涯社区“金乌鸦”评奖仪式。①

戏仿（parody）手法成为狂欢化文化形成机制的重要手段，然而狂欢的戏仿有其独特的“笑”的特征，即全民性、包罗万象性和诙谐性等特征。它以全民性（同时也针对取笑者本身）区别于纯讽刺性的诙谐幽默叙事，又以包罗万象性区别于以祭祀、纪念或启蒙的官方仪式——演出形式，同时又以双重性区别于纯否定性的形式上的模仿。而在话语、叙事及仪式的构建中，这种狂欢的戏仿有其统一的世界观，即以笑的视角来看待世界，从加冕和脱冕等仪式中完成对权威、统一的嘲笑、解构，从而生成朝向未来的乌托邦。

二、虚拟狂欢叙事的生成逻辑

狂欢化文化在空间上，以作为主体的网众的管理和文化的移植构建了普遍化存在根基，而它作为一种共同文化在时间上的生产和延续则显示出这种文化的生命力，而这种文化的生命力则以戏仿为基本叙事手段，以对个体自我降格的身份命名作为基本定位，形成多种独特的文化形态。

（一）作为重要表征的虚拟狂欢叙事

以“愉悦”为主要目的的虚拟狂欢叙事区别于“载道”为主要目的的传统叙事，以“笑”的视角戏仿权威、传统、官方和主流等一切固定化、程式化的体系，通过不断地加冕与脱冕的仪式或象征方式达到对主流官方的严肃权威的消解，从而完成与主流文化的对话和对抗。戏仿的文本将创作建基于母本的神圣严肃权威之上，母本和子本在此形成了互文关系，被称作互文性文本（intertextivity）。戏仿在此形成了文本的主体间的对话关系。母本作为独立文本所形成的

---

① 网众模仿美国专门评比好莱坞烂片之“金酸莓奖”，评选最烂艺人和影片等。

辐射型传播被改变，无限的戏仿以去中心化的传播成就狂欢化的“自娱和娱人”的叙事。

首先，电脑文本以戏仿的叙事完成狂欢化。香港电影《大话西游》以戏谑的“物质—肉体下部”化的方式完成对“西天取经”的神圣之名的完全消解，从而完成了“加冕”（使神圣权威化）和“脱冕”（祛魅平庸化）的过程。而后的网络仿拟文本则多以此为基本叙事框架。网络叙事文本《悟空传》（今何在著）直接将唐僧师徒四人还原为秃子和三个恶棍，而将未来的取经看作是混饭吃的工作；《沙僧日记》等文本则记叙取经路上无聊乏味的日常生活。而今这种戏仿仍然不断。同此模式的《第一次亲密接触》（蔡智恒著）以虚拟世界的轻舞飞扬和痞子蔡的爱情为主线创作出来以后，就有了《第二次亲密接触》《第三次亲密接触》和《第N次亲密接触》对这种神圣爱情的化解。而《武林外传》（宁财神著）将金庸和古龙等武侠小说建立起来的武侠世界还原到七侠镇的一个落魄寡妇开设的客栈里，将所谓的武林高手还原至跑堂、伙计的面目而出现在日常生活中，叙述他们的喜怒哀乐，杂以多种语言的戏谑和现实的影射，以“笑”的方式完成了对神圣的“侠义世界”的祛魅。

其次，虚拟“身份”以怪诞形象模仿传统主流形象，以音视频的形式在网众间传播，达到对原形象的解构。如互联网上对歌手组合“凤凰传奇”的演唱进行模仿的在民间不可计数，这些模仿者以日常用具为道具装扮怪诞的形象，以真唱或对口形的假唱为方式，完成了新的民间创作。

（二）独特的屌丝文化的生成和流行

核心语词“屌丝”由李毅贴吧即D吧（帝吧）的会员——D丝演变而来。如同“朦胧诗”是由批评家给予定位的一样，屌丝是从李毅贴吧中脱离出来的“三吧主”在与原贴吧会员的争吵对骂中给予原贴吧会员的蔑视性称谓。而这一称谓被李毅贴吧的会员以似非而是的态度承接下来，并以此为自我的身份定位，并且以“图森破”“图痒”等形容词作为自己在贴吧中的会员等级。屌丝为中心的话语体系因此被建构，形成了“矮挫丑”/“肥黑圆”的相貌特征形容词，“高富帅”（男神）/“白富美”（女神）的个体定位以及以屌丝的成功为基本含义的“逆袭”。

互联网的生活经验迅速与现实合并，网众的现实存在与虚拟“身份”开始结合，屌丝从而生成了丰富的现实指涉。屌丝以现实的农民工、产业工人和下层无业人员为基本的模拟对象，以经济学参数为根本的衡量标准，以“矮挫丑”/

"肥黑圆"为相貌的特征,建构自我形象。并且以"高富帅"(男神)/"白富美"(女神)为对立面,以"逆袭"为思想驱动力,完成了在虚拟世界的想象和现实的叙事。在大众媒介和主流媒介的共同推动下,屌丝作为一种民间文化被想象的个体确认,从而成功进入主流话语的称谓中。

屌丝,作为网众中个体对自身(此在)的身份定位和认同,首先是虚拟世界中的想象的话语指涉,这种指涉暗含由话语表达生成的形象的自我降格的、自我贬低的定位。其次,这种降格至身体下部的做法,在作为个体自我意识觉醒和思考以神圣化的同时,迅速以身体下部的部件代称而祛魅化,在同一个词语的构造中戏剧地完成了"加冕"和"脱冕"的过程。最后,身体的现实经验在与他者的对话中,迅速构建出以屌丝为核心的话语符号体系,为叙事提供了准备。这一行为本身是对主流文化的无奈躲避和想象反抗。

总的来说,对话关系成为狂欢的基础,狂欢本身的"笑"(自娱和娱人)的功能聚拢狂欢群体的核心。在身体的不在场和思想的在线无限存在的悖论中,与社会现实生存的真实叙事成为二者最直接的关联。"屌丝"作为这样的现实叙事成为集狂欢、身体的不在场和思想的在线存在的合理叙事个体,是狂欢文化的再生产的有力见证,同时叩问着主流文化在内的文化共同体的责任。

本章小结

综上所述,节日狂欢叙事作品是表现节日中大众狂欢情绪的重要文化文本。从叙事学的角度来分析其叙事本质、叙事功能和叙事符码,可以从中概括出一般的类型或模式,从而深层地理解节日狂欢这一文化文本。依托现代手机和互联网技术,短信叙事和网络叙事都表现出狂欢化的内涵。在短信叙事中,作者往往借助于手机屏幕、互文性文本和多种符号来完成叙事文本,采用戏仿和拼贴等手段来完成"微文本",而作者与读者的即时互动更为叙事增添了现代革新的意义。在网络叙事中,狂欢化的叙事往往采用其成体系的叙事符码,创设出"吊丝"逆袭的故事结构,完成对作为其对立面的以"白富美"为代表特征的对象的相像性的降格。总的来说,这些叙事在本质上多数以其符码的隐喻意义取胜。从写作功能角度来说,它不同于传统的"以文载道"的写作方法,而主要是以取悦读者为目的的现代狂欢叙事。

第六章

现代性与节日网络狂欢

现代性时间是一种遗忘“过去”、否弃“现在”、永远加速奔向“未来”的线性矢量时间，它深度地驱动着现代文明地区人们的生活，成为一种主导性时间观念。这种驱动的结果是现代主体在现代社会中急剧地奔向“未来”，而且将价值建基于“未来”。这是一种没有当下的时间观念。然而，这种依托于社会必要劳动时间的客观的无人称的现代性时间，必将与现代主体多样的有规律的生命时间产生严重对立。这一对立的严重后果是现代主体受现代性时间驱使而积蓄的强大心理能量亟须释放。这是现代节日必然要狂欢的重要原因之一。节日之中，网络上的各类狂欢活动层出不穷。所谓节日网络狂欢是指现代节日中在网络上产生的各种狂欢活动，如节日晚会、节日购物狂欢、人肉搜索等。本章尝试在现代性时间的背景中，揭示节日网络狂欢中的时间和空间的本质特征、节日网络狂欢主体的感觉结构等。

第一节　虚拟时间和虚拟空间

虚拟时空是理解虚拟实在的必要形式，正如时空是理解实在的必要形式。在与原始狂欢、民俗狂欢和大众狂欢对比中，还原作为虚拟实在的互联网的时间和空间，寻绎其本质，在此显得很有必要。在图灵计算机这一计算模型中，时间即计算的步骤数，空间即计算机的存储容量。也就是说，用于计算的时间是使得机器停机前的运行步骤数；用于计算的空间是计算期间“读写头”访问过的磁带的单元数。[①] 从生成的角度来说，它不同于神话、历史角度的时(空)间，是没有中心的；从模式上来说，它是分叉的、多元的；从计算的角度来说，这种时间和空间是可计算的，因此是可控制的。与人类的神经脉冲的时间相比，虚拟时间的实质是计算的时间；与人类的记忆功能相比，虚拟空间其实是计算机的存储空间。

一、虚拟时间：共时与多元

相比混沌的尊古的古代时间和可计量的崇尚未来的现代时间，计算机的时间在本质上是可计量的，而由它所"生成"的虚拟时间是没有方向的多元时间。

在现代科学的研究中已经认识到，心灵是一个计算系统，大脑事实上是在执行计算的职能(计算对智能来说是充分的)，它与可能出现在计算机中的计算是完全等同的。由此展开的心灵哲学和工人智能哲学两大论域。人工智能的基本立场是，认为智能是由大脑实现的。一定类型的(可严格定义的)神经网络，原则上能够计算一定类型的逻辑函数，因而可程序化为具有数学逻辑的各种定理。每个可计算函数可以通过图灵机计算。如果把"网络"看作是真实的神经联结的近似形式，那么神经活动高度抽象的理想形式是二值逻辑，而不是真正的细胞联结性和阈值，所以典型的传统 AI 以数字式信息加工方式出现。由于计算机具备了正确的因果能力，它们也可以成为智能的。人类神经元从刺激后的疲乏状态恢复到在刺激前的正常状态有时间阈值，大体上在 10^{-4} 到 10^{-2} 秒之间。模拟神经脉冲的人工智能计算也需要时间。一台现代数字计算

① 参见[意]卢西亚诺·弗洛里迪：《计算与信息哲学导论》(上)，刘钢译，商务印书馆2010年版，第83页。

机由五个部分组成。[①] 其中，计算的时间主要是指运算器中的程序按指令要求所运行的时间；空间主要是指存储器的存储空间。这种时间的空间本质是一种信息转换、电子运行和机械运动等等在内所要求的时间。而空间则是一种信息容量，也就是输入和输出设备本身的比特信息所占有的容量。

虚拟时间是和虚拟空间联系在一起的。计算机的输入/输出设备借用信息的二进制的解码—译码过程来直接传导人的精神世界的具体内容，这种行为通过软件平台形成"时空体"，虚拟时间是指其中行为时间。网络主体行为通过网络的联结，就变成了由无数结点组成的网状时间序列。因而，虚拟时间本质上仍然是感性直观的纯形式，体现出网状的无方向的特性，或者说，它既可表现为游戏一般的循环往复特征，又可表现为直线矢量特征等等。

二、虚拟空间：技术广场

源于英国的"图灵机"，想象在计算机存储器中通过存储编码程序来控制机器操作。[②] 大多数实际的数字计算机，存储都是有限的。但是可以设想根据需要增加越来越多的内容，这样的计算机具有无限容量。计算机的计算技术和万维网(world wide web)超文本链接技术共同生成了虚拟网络赛博(cyberspace)空间。在此基础上，web2.0 的技术增加网页的编码输入和输出功能，简化编码

---

① 英国图灵认为一台数字计算机是由三部分组成的：(1)存储器；(2)执行单元；(3)控制器。存储器是存储信息的，相当于人类计算机使用的纸张。执行单元的作用是完成演算中所包含的各种具体的运算。控制器的职责就是监督这些指令按正常顺序正确执行。而现代数字计算机的组成部分分别是：(1)运算器；(2)存储器；(3)控制器；(4)输入设备；(5)输出设备。运算器完成算术运算和逻辑运算，并将运算的中间结果暂存在运算器内；存储器用来存放数据和程序。控制器用来控制、指挥程序和数据的输入、运行以及处理运算结果。输入设备用来将人们熟悉的信息形式转换为机器能识别的信息形式，常见的有键盘、鼠标等。输出设备可将机器运算结果转换为人们熟悉的信息形式，如打印机输出、显示器输出等。计算机的五大件(又称"五大子系统")在控制器的统一指挥下，有条不紊地自动工作。由于运算器和控制器在逻辑关系和电路结构上联系十分紧密，尤其在大模集成电路制作工艺出现后，这两大部件往往架成在同一芯片上，所以通常将它们合起来统称为"中央处理器"(Central Processing Unit，CPU)。把输入设备与输出设备简称为"I/O 设备"(Input/ Output Equipment)。这样，现代计算机可认为由三大部分组成：CPU、I/O 设备及主存储器(Main Memory、M)。CPU 与主存储器合起来又可称为"主机"，I/O 设备又可称为"外部设备"。(参见唐朔飞：《计算机组成原理》，高等教育出版社 2008 年版，第 9 页)

② 参见[意]卢西亚诺·弗洛里迪：《计算与信息哲学导论》(上)，刘钢译，商务印书馆 2010 年版，第 49 页。

输入技术。互联网终端在万维网超文本链接技术的支持下，与其他终端建立类神经触突的连接，成为一个庞大的共同体的"肢体"。各"肢体"的互动使得每一个终端都可以"到达"世界上任何一个角落。这种人际"遥距临境"[①]的体验使得终端使用者的感觉得到了无限的"延伸"。

web2.0 和拟像等技术使互联网终端(电脑和手机等)可以形成个人的信息并整合为个体形象，互联网与物联网组合，为终端使用者提供可以进一步生存的信息、资源和物质等来源，并直接参与日常生活，提供生活经验。这种身体不在场的体验依然使主体在虚拟空间(cyberspace)沉浸，形成一种虚拟实在(virtual reality)。[②]

在麦克卢汉的媒介本体论的意义上，互联网与以前的媒介的区别是：间性关系在信息科学基础上得到了技术的支持。虚拟实在与梦不同。梦只能由单个人所经历，不可传达；而虚拟实在却是任何人都可经历，并满足主体间可传达的要求。麦克卢汉"地球村"的预言在此有了技术的支持和实际的践履。短信、博客、微博、微信、贴吧、社区、BBS 等是在此构架下建立的终端联系平台。

三、对于虚拟时(空)间的哲学解释

康德的关于时间、空间的探讨成果为我们对虚拟实在本体论问题的思考奠

---

① 这里的"遥距临境"指的是自然物理空间里的"遥距"和人造赛博空间里的"临境"。在技术实用的层面上，这样的遥距临境就能使我们在进入虚拟世界后克服人际交往及与自然界打交道时的距离障碍。浸蕴者在外面的观察者看来似乎哪儿都没去过，但他自己的体验却是每一刻都可以如愿置身他方。理论上，遥距临境也可以是相反的情形，即在人造赛博空间里的"遥距"、在自然物理空间里的"临境"。也就是说，在自然物理空间中伸手可触的东西，在人造赛博空间里却处在遥远的他方。(参见[美]翟振明：《有无之间：虚拟实在的哲学探险》，孔红艳译，北京大学出版社 2007 年版，第 157 页)

② 参见[美]翟振明：《有无之间：虚拟实在的哲学探险》，孔红艳译，北京大学出版社 2007 年版，第 157 页。

定了基础。[1]

首先，康德究竟要在怎样的哲学背景中探讨形而上学、确定先天知识的原则。在他之前，一直存在着这一未被解决的问题，即“认识与认识对象的关系以什么为内容以什么作基础”[2]。唯理主义认为，形而上学体系是以对存在者的研究为结果的，是通过逻辑概念活动的，与现实没有任何关系。而经验主义认为，认识和认识对象之间仅仅是经验上的时间先后联结的结果，并不存在着必然的因果关系。康德则严格区分了现象和物自体，以划开认识特别是经验和形而上学所分属的领地。也就是说，人们能够认识的只是现象，知识仅仅是现象作为感官对象的结果；而物自体本身则永远不为人所认识。超出人类感官的领域，才是形而上学的对象，即上帝、自由和不朽。自认识之始，也就是知识产生于认识者和认识对象之间开始的“手段”是直观，认识者这种能力称为感性。而后（逻辑之后），直观通过知性被思维，而从知性产生出概念。在理论认识领域，这样的一种对象，即经过感觉与对象相关就是直观的对象，是经验性的对象（即现象）。那种附带着感觉的相应的东西称为“现象的质料”，而将杂多的感觉在某种关系中被整理的东西称为“现象的形式”。一切现象的质料是后天给予的，但形式必须都在内心中先天地为这些现象准备好的。那种其中没有任何属于感觉的东西的表象称为“纯粹的”（在先验的理解中），因而感性的纯形式本身叫

---

① 在这方面探讨的还有翟振明、D. 斯坦诺夫斯基。翟振明依据康德的时空观念，通过“交叉通灵境况”思想实验，试图搞清心灵自我认证与身体的空间定位之间的关系，亦即心灵本身就不在空间中，而只有心灵之外的对象才被心灵赋予空间的存在形式（空间对感官运作的依赖性）。也就是说，心灵的自我认同如何不依赖于外在观察者对这个认同者的空间定位。从而，虚拟实在和自然实在具有本体论的对等性，即两种互逆的“遥距临境”是在本体论上对称的。D. 斯坦诺夫斯基认为，依康德的时空观念，不仅人类知识的每一个对象，不管是现实的还是虚拟的，都不过是知觉表象的有机集合（这意味着虚拟实在有多少能被看作是与更寻常的体验形式相似的经验上的人类体验世界），而且人与计算机的交互已经魔法般地召唤出奇特的虚拟时空新天地。这样，虚拟实在就可以是这些计算机生成的经验之心灵有序化的可预言人工物。虚拟实在的经验指向一条更具现象学指向的途径，说明了心灵与躯体不可分离，说明了体化（embodiment）对于所有形式的人类经验和知识都是重要的。（参见D. 斯坦诺夫斯基：《虚拟实在》，[意]卢西亚诺・弗洛里迪：《计算与信息哲学导论》，刘钢译，商务印书馆 2010 年版，第 375～376 页）此外，郭斌从康德的理性观来分析计算机时空的构建。（参见郭斌：《从康德的理性观看计算机时空的构建——从计算机的角度来看时间与空间》，《自然辩证法研究》2004 年第 8 期）

② [德]文德尔班（Windelband，W.）：《哲学史教程》，罗达仁译，商务印书馆 1987 年版，第 279～280 页。

"纯直观"。有关感性的一切先天原则叫先验感性，和包含纯粹思维的诸原则亦即知性的规则的先验逻辑相对应。

而在康德看来，形而上学一直未能确定所属领域的关键原因是没有找到可作为原则的先天综合判断这个东西。先天综合判断是其中谓词和主词的联结不借助同一性而被思考的那些判断，区别于谓词和主词的联结是通过同一性来思考的分析判断。谓词作为表象不仅是以更大的普遍性、而且也以表达出来的必然性，因而完全是先天地并从单纯的概念（不是从经验）出发，加在作为表象的主词之上。经由先天综合判断，可以发现一切理论科学中都包含有那种普遍性和必然性的有效判断。因此，理性的综合从三个阶段中完成："感觉组合成为知觉，发生于时空形式中；知觉组合成为自然现实世界的经验，凭借知性概念而发生；经验判断组合成为形而上学知识，凭借于康德称之为理念的一般原则而发生。"[①]因此，理性批判必须研究在每一阶段中此种综合的特殊形式（即理论科学中的综合判断是什么），还要研究这些特殊形式基于普遍性和必然性的先天综合判断。

其次，时间、空间在其中的本质是什么。在理性批判的方向上，"数学的判断全部都是综合的"[②]。也就是说，归根结底，数学中的判断依赖于纯直观结构，而不依赖于概念的发展，它们的普遍性和必然性不是由任何经验建立的。因此，与所有几何和算术知识有关的时空的一般观念是"直观的纯形式"或"先天的直观"。

时间作为感性直观的纯形式的基本内涵有：(1)它不是经验性概念。只有在时间表象先天地作为基础，同一个时间中（同时）或处于不同时间内（相继）才是可能的。(2)它是一个作为一切直观之基础的必然的先天表象，因而时间作为现象的可能性的普遍条件。(3)在时间这一先天必然性的基础上，才建立起关于时间关系的一些原理或公理的可能性。(4)它是感性直观的纯形式。(5)它被表象为一个无限的量，它的各个部分本身以及一个对象的每个大小，都只有通过限制才能被确定地加以表象。[③]

---

① [德]文德尔班(Windelband,W.)：《哲学史教程》，罗达仁译，商务印书馆 1987 年版，第 281 页。

② [德]康德：《纯粹理性批判》，邓晓芒译，杨祖陶校，人民出版社 2004 年版，"导言"第 11 页。

③ 参见[德]康德：《纯粹理性批判》，邓晓芒译，杨祖陶校，人民出版社 2004 年版，第 33～35 页。

空间作为感性直观的纯形式的基本内涵有:(1)它不是经验性概念,因而空间表象不能从外部现象的关系中由经验借来,相反,这种外部经验本身只有通过上述表象才是可能的。(2)它是一个作为一切外部直观之基础的必然的先天表象,因而是现象的可能性条件。(3)它是纯直观,不是经验性直观。(4)它被表象为一个无限的量,并不依在于无数的有限空间的经验知觉的组合。[①] 整体空间蕴含于特殊的空间量的知觉中,这些特殊的空间量呈现于意识的只是一般空间的局部。

因此,时间、空间作为感性直观的纯形式,对一切现象的显现方式来说具有必然性和普遍有效性。知觉对象的时空关系是一种不与事物本身吻合的形象显现方式,我们的感官只提供个别的、偶然的形象显现方式,而时空作为感性直观纯形式却提供事物显现的、普遍的和必然的模式。正如康德所说,时间的先验的观念性,如果我们抽掉感性直观的主观条件,时间就什么也不是,时间(去掉它与我们直观的关系)不能自存性(subsistierend)、也不能依存性地(inharierend)算到自在对象的账上。但这种观念性,正如空间的观念性一样。[②]

因此,所有一般现象(亦即一切感官对象)都在时间中,并必然地处于时间的关系之中。心灵不能体验时空以外的事物。虽然心灵并不拥有先天的观念或任何其他特殊的内容,但它提供了使任何经验世界成为可能的形式结构。假定这对由计算机生成的世界而言也是真的,那么,一旦以计算机为媒介的经验在技术上是可能的,心灵也就在必要的框架内构造、组织和解释这些经验。

最后,这种性质的时间、空间对于计算机中的时空构造有何意义?其一,康德认为"数学的判断全部都是综合的"。也就是说,数学中的判断依赖于纯直观,它们的普遍性和必然性不是由任何经验建立的。数学因此独立运用于人工智能之中,也就是在计算机编写程序,使其能做心灵所能做的那些事情。典型的传统 AI 是以二进制数字式信息加工方式出现,而这种信息方式的基础仍然是数学,因为"信息一意义=数据",所以数学的数据通信理论是一种比信息论更加合适的描述。

其二,康德认为时空是感性直观的纯形式,它们的普遍性和必然性也不是由任何经验建立的。从计算机的运行来看,时间就存在于各个部件中不断地进

---

① 参见[德]康德:《纯粹理性批判》,邓晓芒译,杨祖陶校,人民出版社 2004 年版,第 28～30 页。

② 参见[德]康德:《纯粹理性批判》,邓晓芒译,杨祖陶校,人民出版社 2004 年版,第 38 页。

行着输入、输出等活动的先后顺序中,空间就在于电子流在进行这一系列活动中所涉及的各个部件的存储空间。一系列活动的进行主要是由数学模型构造的软件程序控制的。即使虚拟实在也是由计算机自动操作字符、由程序构造所形成的。一般来说,计算机中的 CPU 一般是用来进行数据处理和运算的,正是它的机械运行速度产生了整个计算机的运行的机械时间。一台计算机通过 CPU 运算所产生的机械时间呈单向的线性特征。网络空间是由操作字符形成的。计算机作为信息的通信传导工具,通过二进制的解码—译码过程来直接传导人的精神世界的具体内容。人们操作字符的行为通过软件平台、文件传送等网络技术的整理和组合,由此便产生了由互联网不同功能所演化的人们不同的网络行为。这些不同的网络行为形成了“同一个时间中(同时)或处于不同时间内(相继)”的时间关系。通过网络的联结,就变成了由无数结点组成的网状时间序列,从而使网上的时间的瞬间效应。从空间的物理意义来说,网络空间就是个人进行字符操作行为所输入的以比特为单位来度量的信息容量。①

其三,网络时间、空间的文化意义。网络时间、空间的理性特质使得其内容总是处于流动状态之中,而网络上的无数时间序列又使其信息内容瞬息万变。这使得它不以任何个人或团体的意志而改变,“中心”被去除,这是一方面;另一方面,网络主体可以选择网络上的时空,更改个人时空。就这个意义上说,网络文化中的主体是真正被“建构”的。

其四,网络时间、空间与现代性时间。如前述,现代性是现代化条件下的文化心理结构,反映的是个体主体性的特征。它注重人的心理结构中的要素(如理性、自由、平等等)的决定性功能。从时间角度来说,现代化条件的现代时间的核心(即社会必要劳动时间)对现代人的心理形成的巨大塑造是:现代人必须被卷入追新逐异的快速的时间激流中。这种时间观念本质上是奔向未来的矢量的线性模式,它区别于“尊古”的古代时间模式。以现代性时间作为参照,虚拟时间显示出与其既有相同又有区别的特征。一方面,虚拟时间的基础是计算时间。现代计算机的发展本身以硬件软件为基础,日新月异不断更替。这种现代化的条件给现代人带来的心性上的塑造的结果是:现代心性愈发求新求快,更加紧张;另一方面,虚拟时间的多样性、无方向特性,呈现为多个网络平台的空间中所具有的游戏时间、节日时间、休闲时间等特征,因而现代人可以在这多样性的时间中沉浸入迷。

---

① 参见郭斌:《从康德的理性观看计算机时空的构建——从计算机的角度来看时间与空间》,《自然辩证法研究》2004 年第 8 期。

四、虚拟时(空)间的特征

(一)虚拟时间的特征

首先,具有多样性。相对于现实生活里中的钟表时间具有的一维的线性特征,通信和交互等网络空间中的行为既可以同步(如在视频会议和聊天室中)并与真实时间几乎一致,也可以不同步(如在电子邮件的交换中)并与其他虚拟空间交互或模拟,出现各种不可预期的时间分叉。

其次,具有停顿、倒流或循环的特征。就网络空间的游戏时间来说,呈现为模拟性的、无限期的暂停、倒回,或回复到某些以前的状态。

最后,具有加速或减慢的特征。技术的使用引起一种奇特的时间分离感,正如在同一模拟中对象能够以不同的时间速率进行移动。时间中的这些变异和复杂性随着虚拟实在而出现,多种要素都会出现在每一种虚拟实在的形式中,它们合在一起就提供了虚拟实在的再创造的背景。

(二)虚拟空间的特征

和民俗狂欢广场相比较,虚拟空间作为一种公共空间,具有共享、遥在等特征。

首先,共享经验是虚拟实在的主要特征之一。虚拟实在的公共可达性使其与其他非真实的梦幻区别开来。共享虚拟实在的能力为把各种人与人之间的交互作用移植进虚拟实在提供了舞台。

其次,"遥在"是虚拟实在的另一个特征。这种技术允许用户与身处远方的人进行交流,仿佛他们彼此处于身体在场的情形之中。如今,这样的交往在世界上大多数地方已经习以为常,远隔千里的人彼此之间进行即时交流不再神秘。

总的来说,虚拟实在构成了区别于现实实在的"时空体"。从人类的感知角度来说,它重新配置整个经验世界的框架,因而区别于以往的媒介工具。麦克卢汉"媒介即信息"的思想正体现为虚拟实在对现代人的文化心理结构的深层塑造。工具本体论角度的视角将互联网作为人工智能,使计算机编程做心灵所能做的那些事情。现代计算机从图灵机到冯·诺依曼的计算机模型,都以数学的通信理论为基础,信托二进制的数字传达人类的精神世界的信息。虚拟时间和空间因此呈现出其多样的、共享的、可传达等特性。身处现代性时间激流中的现代人的心性因此不仅更加紧张且不断加速,而且从另一方面进入新的游戏时间、节日时间等时间经验中。在虚拟时空中,网络主体作为信息化的符号,成为建构的对象。这一建构过程同现实的异化困境相关联，因而使网络主体呈现为多样化的、联络网络与现实的能指。

第二节　网络狂欢文化形态

作为感觉结构的网络狂欢必然对象化为相应的网络狂欢文化形态。因而，上述从感觉结构的分析结果表明，其中求新、求快等现代性心性体现在诸如人肉搜索、网络流行语及叙事、网络红人审美和网络庆典等网络狂欢当中。因此，我们可以从现代性心性对诸多网络狂欢文化形态进行“解码”。

一、人肉搜索中的围观与参与狂欢

现代性以社会必要劳动时间为社会存在论基础，主导了现代人的日常生活节奏。现代性时间是弃绝“过去”奔向未来的一种线性矢量时间——“过去”意味着陈旧和过时，而新颖的事物才可能朝向“未来”。现代性因现代时间的急速向前而追新逐异。这种变动不居的现代性直接体现为以新奇为探寻目标的现代心性。如同波德莱尔指出的 19 世纪的巴黎“闲逛者”的目标是“新事物”。[①]而本雅明则概括性地指出：“到了 19 世纪新颖便成了辩证意象的准则。”[②]新颖不仅是独立于商品使用价值的一种品质，而且还是文化艺术领域的最高价值。

在对新颖的追逐中，逐渐畸变为猎奇心理。在西美尔的考察中，人们在现代生活中会遇到坚持个性的困难。在现代生活中，差异成为吸引社会的注意的基本原则，因而人们被引诱去采用最具有特定倾向的“怪异”，也就是都市中夸张的癖性、反复无常和矫揉造作。[③] 这些怪异的行为的意义并不在于它们这种行为的内容，而在于它要“与别人不一样”(being different)的形式，在于它以惊人方式吸引注意力的那种醒目之中。

虚拟空间中的人肉搜索，典型地体现了这种现代性的混杂着求新和猎奇的

---

① 参见[德]本雅明：《波德莱尔：发达资本主义时代的抒情诗人》，王涌译，译林出版社 2014 年版，第 180 页。

② [德]本雅明：《波德莱尔：发达资本主义时代的抒情诗人》，王涌译，译林出版社 2014 年版，第 180 页。

③ 参见[德]格奥尔格·西美尔：《大都会与精神生活》，汪民安、陈永国、张云鹏主编：《现代性基本读本》，河南大学出版社 2005 年版，第 646 页。

心理。人肉搜索是一种以互联网为媒介，部分基于用人工方式对搜索引擎所提供的信息逐个辨别真伪，部分又基于通过匿名知情人提供数据的方式去搜集有关特定的人或事的信息，以查找人物或事件真相的运动。[①] 显然，人肉搜索主要具有以下特征：其一，基于互联网的线上与线下相结合的综合方式。它区别于单纯的以搜索引擎进行搜集信息的方式。其二，全民性。在虚拟空间中，施以人肉搜索的主要群体是全体网众，其中亦有依靠人际关系得到信息的网众。其三，求新与猎奇相混合的动力机制。人肉搜索的对象往往以其“怪异”的方式吸引网众注意，因而作为对某一种新奇现象，网众在围观的同时又在质询其中的新质。

自人肉搜索出现以来，各种新奇的网络事件[②]都可能引发全民性的网络搜索，与其说这是一种有目的网众运动，毋宁说是一场夹杂猎奇与求新、喜悦与震惊等复杂心理的网络狂欢。

我们可从“霸座男”事件中理解这种追求新奇的现代性心理。有网络媒体记录下“座霸男”被人肉搜索的整个过程：8 月 21 日上午，济南开往北京的高铁上，一名男性乘客霸占了另一名女乘客的靠窗座位，列车员与乘警劝说后，他依然不愿意让出座位。有网友将这一幕拍下，上传至网络。视频中，男乘客声称自己“站不起来”“没喝酒”“需要轮椅”，执意半躺在座位上，脸上带着笑容。列车员与乘警只好放弃劝说，为女乘客安排了商务座。该视频在网络上疯传，引起众多网友的不满，斥责该男乘客为“座霸”“人渣”。当日下午，部分网友在微博、微信等指出，除了“座霸”行为外，该名乘客还曾欺瞒租客、派发流氓传单，还有论文造假、考试作弊等嫌疑。视频发出后，有人曝光与该乘客的聊天记录。网上对其讨伐愈演愈烈，微博、贴吧等平台不断曝光出该名乘客的个人信息，包

---

① “人肉搜索”一词，早在 2007 年 6 月出现于流氓兔（网络）集团公司旗下网趣，后来盛行于猫扑论坛。2007 年 6 月，张庚玄是第一位成为网趣网友搜索的热门人物，后来在猫扑人肉搜索概念中“张如”“苹果妹”“cosplay”“猥顶男”等没有真实身份的网络名人成为网络首批人肉搜索热门人物。（参见顾宁：《虚拟世界里的群氓时代——论人肉搜索的传播学解读》，《沈阳师范大学学报》2015 年第 4 期；龙其林：《大众狂欢：新媒体时代网络文化透析》，浙江古籍出版社 2014 年版，第 95 页）

② 自 2007 年至今，主要有虐猫事件、铜须门事件、史上最毒后妈事件、钱军打人事件、流氓外教事件、谭静事件、华南虎事件、死亡博客事件、史上最牛房产局长、3377 事件、天价理发等一系列网络群体事件。［参见顾宁：《虚拟世界里的群氓时代——论人肉搜索的传播学解读》，《沈阳师范大学学报》（社科版）2015 年第 4 期；龙其林：《大众狂欢：新媒体时代网络文化透析》，浙江古籍出版社 2014 年版，第 94 页］

括真实姓名(即孙某)、电话、工作单位等。当日,有网友在朋友圈中展示孙某在微信里向朋友描述当天的经历:"今天上午我又把一车厢的人耍得团团转,包括列车长、警察、一车厢的乘客、不知天高地厚的小姑娘。"该聊天记录引起了网友的怒火。他的手机一直处在占线的状态中。此外,网友不断登陆他的支付宝账号,致使其账号被冻结,无法转账。次日,孙某委托朋友在微博上发出道歉信,表示自己"深表悔恨和自责","保证在今后不再犯此类错误,一定加强个人修养,提高个人素质,也恳求全国人民给一次改过自新的机会"。他还为道歉录制了视频,陈述内容与道歉信几乎无异。对于孙某的道歉,大部分网友并不接受,对其个人信息的曝光依然在进行。有网友指称,孙某现攻读韩国圆光大学博士。有私人媒体经圆光大学国际交流处的老师确认,孙某确实在该学校就读,但具体是脱产博士还是在职博士,不方便透露。在这场"人肉搜索"中,中科院、社科院、奥的斯公司纷纷发微博表示"躺枪"。"孙某在社科院就职""孙某是奥的斯公司的员工"等说法均被各方否认,中科院的微博也遭到"误伤"。[①]

在这次人肉搜索"座霸男"的事件中,网众在搜集其相关信息的同时,又为其行为表现的道德缺陷的严重程度所震惊。在 48 小时的时间内,有关"座霸男"的个人信息全被摆放在网络平台上且被各类网络媒介转载。线上与线下结合的全民性的人肉搜索活动在 48 小时内成为网络上最为大家关注的事件。在此,我们需要看到:第一,以算法规则为基础的互联网媒介及其信息更新速度,共同塑造了网众夜以继日翻看手机的求快求新的现代性心性。第二,这种求新心性夹杂道德怨恨作为动力机制促成了对人肉对象的工作、生活等方面的全部信息的搜索,而每一次信息的更新都深度地契合了网众猎奇的欲望。第三,对人肉对象的道德的谴责已经轻易地越过行为分析而延及其个人法权,在狂欢的状态中这种人肉行为被默认有效,而未顾忌其"违法"性质。[②] 第四,在网众的狂欢中,作为主体的群体言行所表现出来的道德性质却未作深究。康德区分伦理学中的经验成分和纯粹部分,经验部分称为实践人学,理性部分本身称为道德

---

① 参见《从博士到"人渣":山东"霸座男"被深扒黑历史的 48 小时》,http://k.sina.com.cn/article_6140715470_16e03e1ce00100ax3q.html. 2018-08-24.

② 《最高人民法院关于审理利用信息网络侵害人身权益民事纠纷案件适用法律若干问题的规定》第十二条规定:网络用户或者网络服务提供者利用网络公开自然人基因信息、病历资料、健康检查资料、犯罪记录、家庭住址、私人活动等个人隐私和其他个人信息,造成他人损害,被侵权人请求其承担侵权责任的,人民法院应予支持。(参见《最高人民法院关于审理利用信息网络侵害人身权益民事纠纷案件适用法律若干问题的规定》,http://www.hncourt.gov.cn/public/detail.php? id=150533. 2014-10-21)

学。而真正的道德哲学是"完全要先天地在纯粹理性的概念中去寻找"[①]。因而,每个有理性的东西都必须服从这样的规律:"不论是谁在任何时候都不应把自己和他人仅仅当作工具,而应该永远看作自身就是目的。"[②]从网络狂欢行为作为一种文化实践来看,这种道德行为为深层的愉悦自我的目的所驱动,人肉对象不过是消遣甚至是消费的工具。

二、网络叙事中作者与读者的狂欢

和网众的匆忙与耽溺的现代性阅读感觉相关联,网络叙事在故事结构和叙述话语方面都显示出区别于传统叙事的特征。一般认为叙事是对一件或一件以上真实或虚构的事件的叙述。叙事学以结构主义理论为依托,将"叙"和"事"作为其研究重点,分别有侧重于故事的研究和侧重于叙事话语(方法论)的研究。[③] 法国巴尔特将叙事话语扩展到其他任何媒介和文体。[④] 从叙事话语方面来说,网络叙事依托互联网技术,运用比特数码语言和超文本实现多重编码的效果,使符号学意义上的能指成为"漂浮的能指"或"滑动的能指"。戏仿等手法的运用使故事成为巨大的"互文性"(intertextuality)[⑤]文本。

---

① [德]康德:《道德形而上学原理》,苗力田译,上海人民出版社 2012 年版,第 2 页。

② [德]康德:《道德形而上学原理》,苗力田译,上海人民出版社 2012 年版,第 40 页。

③ 参见罗钢:《叙事学导论》,云南人民出版社 1994 年版,第 3 页。

④ 罗兰·巴特认为,叙事可以用口头或书面的有声语言、固定或活动的图像、手势以及所有这一切井然有序的混合体来表现;它存在于神话、传说、寓言、故事、小说、史诗、历史、悲剧、正剧、喜剧、哑剧、图画、玻璃窗彩绘、电影、连环漫画、社会新闻、交谈之中。(参见[法]热拉尔·热奈特:《叙事话语新叙事话语》,王文融译,中国社会科学出版社 1990 年版,第 2 页)

⑤ 罗兰·巴特 1973 年为《大百科全书》撰写的"文本论"的词条中有清楚的体现。他重提了克里斯特娃对文本的定义:"我们将文本定义为一种语言跨越的手段,它重新分配了语言次序,从而把直接交流信息的言语和其他已有或现有的表述联系起来。"克里斯特娃在她 1969 年的著作《符号学:语意分析研究》中又重新提到。第一篇发表于 1966 年,名为《词、对话、小说》,其中第一次出现"文本"这个术语;第二次在《封闭的文本》(1967 年)中,她又进一步明确了"文本"的定义:"一篇文本中交叉出现的其他文本的表述","已有和现有表述的易位……"。克里斯特娃在《符号学:语意分析研究》推出了"互文性"的概念和定义:"横向轴(作者—读者)和纵向轴(文本—背景)重合后揭示这样一个事实:一个词(或一篇文本)是另一些词(或文本)的再现,我们从中至少可以读到另一个词(或篇文本)。在巴赫金看来,这两支轴代表对话(dialogue)和语义双关(ambivalence),它们之间并无明显分别。是巴赫金发现了两者间的区分并不严格,他第一个在文学理论中提到:任何一篇文本的写成都如同一幅语录彩图的拼成,任何一篇文本都吸收和转换了别的文本。"(参见[法]蒂费纳·萨莫瓦约:《互文性研究》,邵炜译,天津人民出版社 2003 年版,第 2～5 页)

和传统写作“文房四宝”的线性书写不同，网络叙事方式的特征主要表现在：首先，它是一种“比特”①数码语言的机械书写与自动转换；其次，网络文本是超文本结构。② “超文本”则使“漂浮的能指”通过多种阅读的可能性途径在文本接受的过程中走向“滑动的所指”。③ 再次，在互文性的文本结构中，原有的文本中心主义的阅读观念被打破，文本无中心化。而且，戏仿、拼贴等手段被广泛运用，文本结构呈现相似性。在巴赫金的研究中，他着重将戏仿与狂欢节联系起来。他在拉伯雷的创作中，进一步提出“狂欢化戏仿”的概念，认为拉伯雷的创作和其他“狂欢化”作品是“怪诞戏仿”(grotesque parody)。④

国内学者陶东风认为，在“后革命时代”即从20世纪70年代末、80年代初期开始的社会转型期，文化上的重要特点之一就是革命文化被“大话化”，亦即革命

---

① 比特是英文“bit”一词的音译，指计算机二进制数的位，由一连串的“0”和“1”组成。比特被称作计算机网络所使用的数码语言。

② “超文本”(hypertext)这一概念是美国学者尼尔森(1937～)于1965年首先提出的。他在《文学机器》中对“超文本”的解释是：“非相续著述”(non- sequential writing)，即分叉的、允许读者作出选择、最好在交互屏幕上阅读的文本。《牛津英语词典》对超文本的解释是：“一种不是以单线排列、而是可以按不同顺序来阅读的文本，尤其是那些让这些材料(显示在计算机终端等)的读者可以在某一特定点予以中断，以便使一个文件的阅读可以用参考其他相关内容的方式相互连接的文本或图像。”黄鸣奋先生对超文本的解释是：“超文本是一种以非线性为特征的数据系统”，而“非线性”指的是“非顺序地访问信息的方法”。他将超文本分为八类：作为历史的超文本、作为理念的超文本、作为平台的超本、作为范畴的超文本、作为课件的超文本、作为美学的超文本、作为网络的超文本和作为未来的超文本等。欧阳友权以为，超文本是一个文本从单一文本走向复杂文本、从静态文本走向动态文本的新态。网络文学的超文本是基于超文本标识语(Hypertext Markup)、超文本传输协议(Hypertext Transfer Protocol)和万维网技术，对一个文学作品进行超链接设计(Hyperlink)和非线性(Nonlinear)阅读的多向选择性复义文本。超文本的突出特点有三：一是非线性或多线性；二是能动选择性；三是文本不确定性。(参见欧阳友权：《网络叙事的指涉方式》，《文艺理论研究》2004年第3期)

③ 瑞士语言学家索绪尔(1857～1913)在其《普通语言学教程》中提出，语言是个自足的系统，词作为符号，其功能不在于它指称外在的客观事物，而在于它处在语言符号系统中的差异性。每个语词符号都由两部分组成，一部分是音响形象，一部分是概念。前者是能指(signifiant)，后者即所指(signifie)。能指与所指的结合是任意的、约定俗成的，一旦二者的结合得到社会公认，任何个人都不得随意更改。(参见[瑞士]索绪尔：《普通语言学教程》，高名凯译，商务印书馆1980年版，第102页)这一理论后经俄国形式主义、布拉格学派、法国结构主义的沿用和演变，称文学作品的形式为“能指”，内容为“所指”。

④ 参见[英]玛格丽特·A.罗斯：《戏仿：古代、现代与后现代》，王海萌译，南京大学出版社2013年版，第132页。

时期的文化符号被带有中国式后现代色彩的艺术家进行调侃、拼贴、戏说、滑稽模仿，并借此颠覆了它原来的意义。① 这种戏仿手段广泛地运用于网络写作中，其中典型的代表作如《大话西游》。这个电影的审美价值的再次解读、历史文化价值的重新定位与疯狂的戏仿成为互联网狂欢文化的形成的一个重要来源。

三、"网络走红"现象中的审美狂欢

因为当代新技术的出现，明星迷狂文化显示出新的特征。在网络普及的当代社会，网络狂欢不仅审视优美等艺术形态，而且审丑也成为极具爆炸性的狂欢。网络作为技术支撑的背景文化中，芙蓉姐姐、凤姐、小月月等网络红人都以其迥异于传统的审美标准引起全国网民的狂欢。本质上，这种形象属于巴赫金所论述的民俗狂欢中的怪诞形象。但网络上也有民间艺人显示出来的现实审美的动人力量。

"旭日阳刚出租屋演唱"则显示出网络狂欢的主动和迷狂。2010 年 8 月，网络拍客将旭日阳刚唱歌的视频"农民工"版《春天里》上传到网上。王旭依稀记得，视频拍摄是在 8 月底，他、刘刚还有其他朋友喝酒聊天，天气很热，每人三四瓶啤酒下肚，便甩了上衣，光着膀子，起哄唱歌。一个朋友即兴自拍。过了两天，朋友电话说，录像传到网上了。"两个大老爷们，光着膀子，一点形象都没有，感觉特丢人，让朋友删。他太忙，没搭理我。""《春天里》是他最喜欢、唱得最多的一首歌。""我和刘刚唱《春天里》，觉得是把自己的真实想法唱出来。我们在社会底层，很少有人关心我们，关注我们。""这首歌他们唱了近一年了，特别喜欢，只要出去，天天唱。他和朋友说，如果以后他死了，不要在他的坟头放哀乐，就放《春天里》。……有时候心情不好了，我能延续吼上一两个小时，就只唱这一首，把嗓子唱哑了，才停下。"说到这里，王旭眼圈有些发红。

这一演唱者的自白表明，这里的歌唱已不是单纯的艺术表演，而是结合着自我的真实生存感受。《春天里》歌词所描写的意境与演唱者的生活切实地贴合在一起，而正是演唱者并非艺术专业的翻唱把歌词的意义最大程度地表现出来。但是，我们更应该注意视频中的这个出租屋的整个空间和歌者的姿态：在北京市丰台区一个七弯八拐的小巷子里，一间不到 10 平方米的简陋的出租房内，一个架子床背后露出带防盗网的临街窗户。窗外的马路上时不时还有车辆飞驰而过。在屋内的一张小桌子上，放着几个空的啤酒瓶。狭窄拥挤使盛夏的

① 参见陶东风：《后革命时代的革命文化》，《当代文坛》2006 年第 3 期。

8月更加闷热。两个中年男子，赤裸着上身，一人拨弹吉他，一人一手握话筒一手夹着半截点燃的香烟。或许是因为刚喝完酒的原因，主唱的脖子还有点微红。歌者眉宇神情略显沉重，从容自在地弹唱着，歌声苍凉嘶哑。

这里的现实生存场景激活了歌者的演唱。嘶哑的歌声与打工者及其生存场景的整体氛围构成了一件生活化的艺术品。这样一种由打工者的生存场景与演唱构成的“时空体”，远远超过歌曲《春天里》本身，成为感动广大网友的艺术本源。

关于这段视频的以下评论被很多网友点赞。“他们代表了全国的农民工，他们撕心裂肺的呐喊，让人震撼；因为在春晚也将会是最受欢迎的节目，他们不是在表演，而是最原始的宣泄。”“忘记了时间，忘记了空间，我感觉我看得很迷茫，很孤独！！当达到这种境界，你就已经站在人类的巅峰了！”“真的生活，真的人生，真的表达，真的感动，真的流泪……”观看者对这一生活化的艺术品的评论“不是在表演”，而是“最原始的宣泄”，是“真的生活”“真的人生”，表明感动他们的并不单纯是歌曲本身，而是包括打工者、打工者的现实生存场景、歌唱声音等等在内的现代“时空体”。而且，“忘记了时间，忘记了空间”的迷茫并非是不知方向，而是陷入了这一艺术本体所激发的迷狂。

如果严格区分“交响乐快闪”和“旭日阳刚出租屋演唱”的艺术形态，它们都是一种(准)行为艺术。所谓行为艺术是艺术家把现实本身作为艺术创造的媒介，并以一定的时间延续，展现自身生存生活状态的行为活动，是在特定时间和地点，由个人或群体行为构成的一门艺术。它具有生活真实性与事件的一次性等特征。从美学和艺术学的角度来说，这一准“行为艺术”是动态的现实审美和静态的艺术审美结合。这两个个案中，既包括了舞者，也包括了观舞者。舞者是旭日阳刚这一舞台主角们，而观舞者则是网络之上的大众。二者相互鼓动，共同升华，直接激化为群情激奋的迷狂状态。

这个个案出现之后，有无数的模仿者生产出同样类型的艺术品，但这一演绎的无穷序列远不是感动千万人的第一次“时空体”。即使重复同样的场景，或演绎同样的歌曲，或模仿同样的姿态，都远不能再现感动千万人的生动景象。旭日阳刚后来在同一出租屋内翻唱《彼岸》，或者登上春晚舞台同样演唱《春天里》，或者这一组合的成员之一王旭在“抖音”平台演唱，即使其中的人物、空间依旧，拍摄方式也力求重现歌者的姿态，也较少引起关注。尽管在这些不多的关注中，仍有评论者发出感动的声音，但都不同程度地附带了第一次“时空体”出现时的氛围的记忆。

第三节 节日网络狂欢的核心观念

网络狂欢中的虚拟实在的诸多主体的实质是共同使用的内涵虚空的能指。这对于我们解析其感觉结构意义重大。在互联网构筑的碎微化的时代，文化也显示出“碎微”的症候。[①] 在对这些文化形态进行解读的过程中发现，网络狂欢所具有的感觉结构中不仅包含大众狂欢所具有的快适、审美、消费意识等因素，而且还在程度上表现得更为激烈和复杂。这些感觉因素在虚拟空间中更表现出奇特的悖论关联，凸显求新与怀旧、求快与拖延、匆忙与耽溺、冷漠与怨恨等情感状态。在各种情绪对立较量中，群体的感性被迅速扩展。在表达符号中，迥异于现实日常生活中的表达形式不再服从固定的语意逻辑，界限分明的“要么/要么”的逻辑让位给了“既/也”的逻辑，单一编码的表达让位给了双重编码甚至多重编码。[②]

一、求新与怀旧相混杂的感性

在网络狂欢中，群体性的审美并非趋向一致，而毋宁是求新与怀旧的错综关联。所谓求新，是指对新奇的急切追逐，体现为肯定的现代性审美；所谓怀旧，是指对过往的追忆，体现为否定的现代性审美。现代性的新奇情景，在网络的虚拟空间中更为突出和使人震惊了。这不仅是指网络中新兴的言语体系，而且是指包括虚拟广场所形成的新的视觉文化景观。而具有辩证意味的是，新奇的另一面即速朽，凡成型的言语方式和叙事风格在被模仿的同时业已陈旧了。因而，怀旧成为求新的另一面。

由网络技术带来的言语方式和手段的变革，体现为显示器上的符号与新的“象形”造型排列。在多媒体环境中，不仅语言本身是可交流的工具，而且各种符号，如数字、英文、图片、表情符号、短视频等也是交流的必备要素。除作为策略应对互联网管理审查之外，充当交流工具的符号本身更突出其新的意识：一方面，解构了仅仅由官方控制的语言组合方式和语言风格形态；另一方面，形式不断变换的民间化的言语方式共同形成广场语言风格及其叙事方式，制造出网

---

① 参见周宪：《时代的碎微化及其反思》，《学术月刊》2014 年第 12 期。

② 参见[美]卡林内斯库：《现代性的五副面孔：现代主义、先锋派、颓废、媚俗艺术、后现代主义》，顾爱彬、李瑞华译，译林出版社 2015 年版，第 315 页。

络广场的狂欢景观。从汉语词汇的音形变异到火星文[①]，从网络流行语到各种叙事所形成的“某某体”(即语体)[②]，从网络空间的怪异的粉丝流派到日韩的亚文化，无不显示出网络空间的文化景观的新奇特征。这种追新逐异的现代性心理带来的是对语言符号的所指的无限扩展。以“最”(及多个感觉号)为修饰语的言语成为空间中吸引眼球的手段之一，“标题党”[③]是其中最典型的代表形式。在狂欢的群体情绪中，求新的主体心性不仅极度肯定所感受的对象的新奇特征，而且有将其替代所有“过去”的形态以走向“未来”的终极限定。新奇与陈旧原来只是辩证的一体两面。在以点击量为指标的阅读提示中，陈旧仅仅决定于被点击的次数的减少，是被固化的言语方式和叙事。任何还未更新的言语和叙事都会被视为陈旧的。而其中的怀旧恰恰是被批评者指认的没有来得及更新的心态。这种心态导致了现代网络空间的对任何新奇的对象的“崇拜”情结的出现。

另一方面，凡成型的言语方式和叙事风格都会在网络空间中被模仿和改写而迅速折旧，更加新奇的言语和叙事将不时出现。而怀旧的主体心性则是对新奇的拒绝。传统的言语表达和前工业时代的审美景观都标识出怀旧的情绪。这种语言和审美在急速求新的网络言语激流中被视为“奇葩”。

然而，在对新奇与陈旧的网络言语表达中，典故、引证(包括杜撰的引文)、暗示符号、歪曲或改写、故意的错误、拼贴等手段都如游戏一般呈现出来，这种编码引发多重解码结果。

二、求快与拖延共存的悖论心理

与计算机的计算时间、空间相联系，网络狂欢主体心性愈发追求操作程序的飞快速度，任何网页打开过程和游戏进程、行文的更新等都被急切地加速；另一方面，网络主体陷入游戏一般的重复“时间”之中。

计算时间的快慢与计算机的硬件、软件关联。硬件的科技进步和软件程序的更新，都可能使计算时间缩短，因而使机器运行速度加快，程序打开及阅读时

---

① 火星文由符号、繁体字、日文、韩文、冷僻字或汉字拆分后的部分等非正规化文字符号组合而成。火星文这种称法最早出现于台湾，后来成为中文互联网上流行一时的用法。

② “XX 体”是指互联网中出现的以众所周知的某杂志或个人文章写作风格为模板的写作风格。

③ “标题党”是指互联网中出现的以超长的怪异的或另类的文章标题吸引人而内容却空洞无物的文章作者。

间变短。这种时间的缩短过程给使用者带来直接的以"秒"为计时单位的加速体验。主体的心性因此被形塑为无穷尽地弃绝"过时"的版本，以求最新、最快地运行版本的加速心态。尤其是移动互联网客户端的无限升级，手机使用者始终保持着更新手机型号和软件版本紧张心理。当然，在消费具有夸饰的功能的当代，持有最新功能的手机意味着进入新的团体结构和口味层次当中。只有在此"审美"的意义上，电子产品的过时与最新之间才有区别的意义。

另一方面，网络主体又在可停止甚至倒转的虚拟时间中流连忘返，以致忘记了时间的实用安排功能，这即拖延。拖延与专注不同。前者是对时间的无用的安排和计算，而后者则是主体将注意力贯注于客体而忘却了时间的存在；前者是浪费时间，后者是节省时间；前者接近于现代性虚无主义的精神病症，后者是持续的重复性的历久弥新的优秀品质。在虚拟时间中，主体获得不同于现代性的奔向未来的快速感的可循环的时间感。时间在虚拟空间可以被停止、倒流和循环。这是新的互联网时间经验。在此时间中，主体沉浸于其中的游戏感觉，也就是说，虚拟时间如游戏时间一样。

如前所述，游戏时间是一种重要的区别现代性时间观念的时间经验。它和节日时间一样，宣告了现代性日常时间的停止。进入游戏时间，也即进入了游戏的规则。因而，主体沉浸于虚拟时间，其体验如游戏一般。

尤其重要的是，在虚拟空间中的主体身份是一个能指，它在特定的虚拟的社区或群体中塑造出新的所指，即新的身份。如同拉康的"镜子阶段"理论所指出的，儿童的主体自我的形成如同凝视镜子一般包含着误认的想象，在虚拟空间中的主体身份也如同现实中的主体的镜子中的意象一样，是一种"分裂"的结果，而且如果将其作为完整统一的主体本身则显然包含着误认。尤其是虚拟实在游戏中的玩家与虚拟化身的关系，更能彰显拉康所指出的作为观察者的主体自我与被观察者的主体自我的关系。

区别于观看游戏的虚拟现实中的游戏，其本质在于将"观众"变成了"玩家"。前者是一种代偿式的心理，关心"到底发生了什么"和"事情将如何发展"，后者则沉迷于沉浸式互动体验。学者沃尔夫和佩纶概括了以玩家体验为中心的虚拟实在游戏的"游戏性"，其中具身体验是游戏的重点，而这种体验背后并非观看的视觉体验，而是“算法规则逻辑”。[①] 从信息哲学的角度来看，这种依靠数学的通信论算法的计算机游戏程序，在一定程度上可以模拟人在游戏中的具身体验，甚至做到算法上的极致细微，但“哥德尔第一不完备性定理”仍然支持我们对这种算法规则的判定，也就是说，以算法规则逻辑为基础的程序代码所生成的具身体验永远不能替代真实的全部感性。因而，信息哲学仍从数学计算角度证实了拉康的“镜子阶段”理论，即虚拟实在主体仍然是数字主体，而非现实的主体。然而，包含悖论的一种现象是，处于虚拟实在中的主体总以其无穷的时间和精力使这种主体的力量最大化，并企图代替现实主体。

因此，对于网络狂欢中的主体来说，求快与拖延共存的悖论式的心理，使其在不断追求最新、最快的结果的同时，又沉浸于这种追求的心态。相对于现实社会中的调查式搜索，网络空间中的“人肉搜索”显示出狂欢中的主体急切地追求最新真相的心态，同时又不断重复这种搜索的尝试。而游戏者在尝试更新、更快的玩法的同时，又沉浸于对更快速度的无限尝试之中。尤其对于广大网络阅读者来说，快速浏览是其常见的心态，同时又耽溺于这种浏览的体验。

三、匆忙与耽溺混杂的阅读状态

相对于传统的凝视和沉思来说，互联网上的阅读体现出快速浏览的特征。从信息熵的角度来说，读者面对的是网络空间中巨量的文字和相关的海量信息（宽泛地说，这种信息是无序的）。因而，通过关键词搜索、快餐式概论、微评论、提纲阅读甚至是单位时间内的阅读（X 时间内带你看电影、读名著等），成为网络阅读最常见的方式。这种阅读往往以订阅的方式，普泛化为粉丝追星一般的狂欢景观。而另一方面，读者又以巨量时间沉浸于这种快速浏览。

狂欢化的快速浏览的特征是：一方面，戏仿式的思维因而进入娱乐化的理解。任何一种内容都可能被带入民间话语方式的戏仿式思维，因而被娱乐化。这种思维区别于深度的立体多角度思维，因而是一种平面化的理解。另一方

① 这里所说的“游戏性”，包含四个方面：一是游戏服从于肉眼所见不着的算法规则逻辑，隶属于算法媒介。二是玩家生猛鲜活的具身体验。具身体验与游戏的“仿拟性”相关，这就涉及对玩家全感觉器官及其肉身的调动和操纵，由此构成了其他媒介所缺乏的具身体验。三是玩家与游戏之间发生关系的接触层，亦即界面布局和设计。四是与其紧密相关的视觉图像，亦即银幕或屏幕上的视觉元素。因此，以玩家为核心建立的游戏研究，强调的是“玩”而非“看”。（参见孙绍谊：《被“看”的影像与被“玩”的影像：走向成熟的游戏研究》，《文艺研究》2016 年第 12 期）

面，约简化。典型的做法是将任何新的感知内容习惯性地纳入旧有熟悉的旧平面思维框架，以“只不过如此”来理解。[①] 这种快速浏览的深层动力机制是现代性阅读时间的要求，直观的、熟悉的框架在感知时间上快于深层的理解，且趋向愉悦的目的。阅读的耽溺特性是快速浏览的另一面。读者被急切地掠过文本的急进速度擒获，以巨量时间沉迷其中，而忘记了时间的流逝。而这种悖论的深层原因是现代性的社会必要劳动时间所驱动的工作时间与其他休息时间（非工作时间）的根本对立。

如前所述，现代性时间观念以马克思的“社会必要劳动时间”作为社会存在基础，因而普泛化为日常生活中的主导时间观念。一般来说，现代性时间观念所驱动的工作时间是理性的、单调的因而也是乏味的，长时间的工作时间给多样化的主体生命时间带来的是统一的快速向前的挤压，因而积蓄了大量的身心能量。这种能量必然向其他休息时间（非工作时间）释放。因而在其他时间中主体的感性得以最大程度的完善。这种截然不同的时间经验的对立，正是现代阅读经验的深层基础。快速浏览的目标因而是感性刺激的。

这种感性刺激的阅读体现在移动互联网客户端的短视频软件平台上的阅读行为上。诉诸视觉的短视频（图片）以其快适和新奇扩展读者的感知以吸引阅读。其内在的元素包括：奇特图片元素以刺激视觉感知，广场式的语言以愉悦身心，节奏明显的音乐刺激听觉感知。其中的典型如“X 分钟带你看电影”系列视频，其中的电影内容为介绍者的广场式语言及关联“下半身”的叙事模式所替代。以“谷阿莫”微博和微信公众号为代表的快餐短视频阅读为例来说，这类短视频在有限时间单位内带领观众阅读某部电影作品。这类作品解说以其个性化的讲解框架和趋向下半身的用语为特点，极具调侃的讲解消解了电影本身所有严肃性与严谨性，因而具有降格的意味。

四、冷漠与怨恨混合的围观心理

虚拟空间作为公共的“广场”出现的狂欢符号所显示出其主体特有的冷漠与怨恨的围观心理。所谓冷漠是指无意义符号显示出来的态度。在西美尔对现代社会生活中的考察中，冷漠是现代人的重要心理特征，是现代人在面对重复的事件时的“自我退隐”（reserve）。“这种外在的自我退隐的内在方面就不仅仅是冷漠，而且，它常常是比我们意识到的还要经常——轻微的憎恨、相互的陌

① 参见尤西林：《心体与时间》，人民出版社 2009 年版，第 93 页。

生和厌恶，这在无论由什么引起的紧密交往时刻会出现憎恨与斗争。这样一种联络广泛的生活的整个内在组织依赖于短暂而永久的同情、冷漠、憎恨的多种多样的等级序列。在这个等级序列中，冷漠的范围不像在表面那样大，我们的心理活动仍然会对带点清晰感觉的其他人的几乎每种印象做出回应。这种印象无意识的、流动的、变化着的特点似乎终归于一种冷漠的状态。"[①]在网络狂欢广场上，这种不能被解读为明确意义的符号并非无关紧要，而毋宁是对主导文化所包含的意义的绝望的冷漠。所谓怨恨，是现代性特有的一种情绪。在舍勒现象学的考察中，怨恨(resentment)是"一种有明确的前因后果的心灵自我毒害。这种自我毒害有一种持久的心态，它是因强抑某种情感波动和情绪激动，使其不得发泄而产生的情态。……形成确定样式的价值错觉和与此错觉相应的价值判断。"而且怨恨产生的主要出发点有：报复感和报复冲动、仇恨、恶意、羡慕、忌妒、阴恶。[②]

在虚拟空间中，这些情绪都以其独特的符号体系呈现出来。这种符号体系主要有：一是以中文外语、火星文、数字、字母、古字、俚语等为来源的交流语言和符号。二是表明身份的语言符号。这些符号本身以民间狂欢广场上的人物角色命名。三是逃避互联网监管而运用谐音或变体表情达意的符号体系。四是为适应敏感词过滤而故意写错的字符或夹杂乱码的短语。这些符号以人体"下半身"作为叙事手段，将主导文化所标榜的冠冕脱下或"降格"，以标识其复杂的冷漠与怨恨心理。

需要指出的是，网络狂欢的感觉结构并非如上述分析的那样容易被辨识。为表述需要，将其分解为悖论式的对立关联情感。这种网络狂欢的群体情绪，在一定程度上延续了民俗狂欢的狂放特征，因而呈现出一种极度压抑之后的发泄状态。这种能量以点击和符码填充为手段。狂欢之时的字节流量因过量而填满计算机的储存空间以至于网络中断。从信息熵的角度来说，这种过量的冗余信息包含着巨大的原始信息，即网络主体所积蓄的身心能量，其中包含着丰富的悖论式的情感。

总的来说，网络狂欢中的群体的感觉结构是对这个时代特殊的感知而生成的要素及其关系，其中包含着悖论式的感性情感：求新而怀旧，求快而拖延，匆忙而耽溺，冷漠而又怨恨，等等。然而，这些情感无不被看作狂欢时的"笑"的对

---

① [德]格奥尔格·西美尔：《大都会与精神生活》，汪民安、陈永国、张云鹏主编：《现代性基本读本》，河南大学出版社 2005 年版，第 642 页。

② 参见[德]舍勒：《价值的颠覆》，罗悌伦等译，三联书店 1997 年版，第 7 页。

象而成为感性愉悦的刺激物。富含多种意义的多重编码、戏仿和拼贴等手段的运用，不同程度地对抗着权威、传统、官方和主流等一切固定化、程式化的体系，达到对主流官方的严肃权威的消解的目的。然而这种情感往往在与主流文化的对话或反抗中被收编，而成为主流文化的一部分。

第四节　网络狂欢的生成机制阐释

互联网的出现无疑是现代化过程中最重要的事件之一，麦克卢汉（1911～1980）的媒介技术哲学以“人的延伸”作为根本解释动力拥有深远的影响。在互联网及其产品介入日常生活的今天，它对现代人的心性的影响也日益加深。文化（culture）的原始意义由自然（nature）生成，意即对自然生长的管理。文化批评家赫尔德给予其现代的意义，指“各种不同国家、时期里的特殊与不同的文化，而且是一个国家内部，社会经济团体的特殊与不同的文化”①。伊格尔顿指出雷蒙·威廉斯所给出的文化的“对资本主义的批判”“一种生活方式”和“艺术”等意义之间的不可分割性。② 本文所提互联网狂欢化文化亦属此义。

苏联文论家巴赫金以欧洲中世纪和文艺复兴时期的民间的诙谐文化为研究对象，总结其有三种主要形式，即各种仪式—演出形式、各种诙谐的语言作品（包括戏仿体作品）和各种形式和体裁的不拘形迹的广场言语。③ 他从历史文化角度，联系背景深刻解读拉伯雷的小说的狂欢风格及形象，并在“对话”的基础上提出了狂欢化理论。此一理论的启示是：历史社会文化的还原仍然是解读作为文化的重要表征的基本方法。本文尝试将狂欢化文化置于现代化——现代性的框架中来阐释其生成的决定性要素和机制。

一、“虚拟实在”空间的构建

互联网基于计算和信息处理原理，运用数字编码达到人机交流的目的。它

---

① ［英］雷蒙·威廉斯：《关键词：文化与社会的词汇》，刘建基译，三联书店 2005 年版，第 105 页。

② 参见［英］伊格尔顿：《文化的观念》，方杰译，南京大学出版社 2003 年版，第 13、24 页。

③ 参见［俄］巴赫金：《巴赫金全集》第 6 卷，李兆林、夏忠宪译，河北教育出版社 1998 年版，第 5 页。

源于英国艾伦·麦席森·图灵(1912～1954)的"图灵机"想象——在计算机存储器中存储编码程序来控制机器操作[①]，而这一基本思想被不断地更新，将人类使用的文字、数字、声音、图像和画面等都转化编码并通过网页语言来排列，并通过电脑显示屏显示。在此基础上，web2.0的技术运用社会性媒体的理念，增加网页的编码输入和输出功能，简化编码输入技术，满足客户终端使用需要，建设了类似人类神经触突的网状立体结构。手机短信、博客(微博)、贴吧(屌丝文化的策源地)、社区、BBS等是在此构架下建立的终端联系平台。

web2.0和拟像等技术使互联网终端(电脑和手机等)可以形成个人的信息并整合为个体形象，互联网与物联网组合，为终端使用者提供可以进一步生存的信息、资源和物质等来源，直接参与日常生活并提供生活经验。互联网终端这类神经触突通过共用的平台互联网与其他类神经触突连接，成为一个庞大的共同体的"肢体"。各"肢体"的互动使得每一个终端都可以"到达"世界上任何一个角落。这种人际"遥距临境"[②]的体验使得终端使用者的感觉得到了无限的"延伸"。麦克卢汉"地球村"的预言在此有了技术的支持和实际的践履。这种身体不在场的体验依然使主体在虚拟空间(cyberspace)沉浸，形成另一种实在。

对实在的追问是哲学必备的问题。这种实在因技术的缺陷(触觉和嗅觉等感觉无法传达)使身体离场，使思想离开身体在另一个空间生存，因而成为一种虚拟实在(virtual reality)。[③] 它与日常的实在并行，并参与日常实在，成为靠编码(语言符号)表情达意的思想生存空间。

互联网作为第四媒介，其整合的优势全面地"延伸了人的感觉"，成为现代人接受和生产信息的第一工具，其内爆式的信息生产方式演变成当今最深刻的变革——信息工业。自20世纪70年代以来的信息技术革命带来的"信息资本主义"导致了对世界资本的重构，网络的整合加速了这种无形资本的流通和再生产。由此生成的"网络社会"或"信息社会"。卡斯特认为："作为一种历史趋势，信息时代的支配性功能与过程日益以网络组织起来。网络建构了我们社会的新形态，而网络化逻辑的扩散实质地改变了生产、经验、权力与文化过程中的

---

① 参见[意]卢西亚诺·弗洛里迪：《计算与信息哲学导论》(上)，刘钢译，商务印书馆2010年版，第49页。

② [美]翟振明：《有无之间：虚拟实在的哲学探险》，孔红艳译，北京大学出版社2007年版，第22页。

③ 参见[美]翟振明：《有无之间：虚拟实在的哲学探险》，孔红艳译，北京大学出版社2007年版，第157页。

操作和结果。虽然社会组织的网络形式已经存在于其他时空中，新信息技术范式却为其渗透扩张遍及整个社会结构提供了物质基础。”[①]此外，他还认为“网络化逻辑会导致较高层级的社会决定作用甚至经由网络表现出来的特殊社会利益：流动的权力先于权力的流动。在网络中现身或缺席以及每个网络相对于其他网络的动态关系，都是我们社会中支配与变迁的关键根源。”[②]因此，我们可以称这个社会为网络社会（the network society)，其特征在于社会形态胜于社会行动的优越性。对全球文化的传播产生重大影响，从根本上改变了传统依靠物质载体获取各种文化信息的方式，改由集中的互联网来接受和生产。

然而，富有意味的是，“在全球信息化的背景下，工业社会向信息社会转变过程中，由于不同主体（国家、地区、行业、企业、人群）之间在互联网等新兴信息技术接入和使用方面存在差距，从而引起的技术普及不平衡、经济发展不平等、知识配置不均匀以及社会分化等一系列现象。本质上，数字鸿沟（digital divide)是一个由技术、经济、知识和社会四个层面构成的综合性的差距”[③]。这个概念鲜明地指出囿于经济条件和互联网终端的使用技术等限制，社会上不同的群体使用互联网的方式存在很大差异，因而所谓互联网技术所兴起的大众传播成为一个理论构想。

二、网众的“虚拟身份”认同

网众因其在使用的态度和行动的参与度上区别于民众、大众和受众等群体，成为网络社会中最重要的活动群体。这个群体中的网络化用户“以跨越各种媒介形态的信息传播技术为中介，与其他媒介使用者相互联结”，“成为该网络的节点”。[④] 然而，他们在互联网上的生活是以用户的网络注册名称在虚拟空间（cyberspace)出现并交往的。这个网络注册名称成为网络用户活动的“身份证”。这里显示的悖论是，网络注册名称作为网络用户的身份，成为他们在互联网上能够辨认的唯一依据，因此增加了虚拟（虚假）的因素，但同时，这种身份因

---

① [美]曼纽尔·卡斯特：《网络社会的崛起》，夏铸九等译，社会科学文献出版社 2001 年版，第 569 页。

② [美]曼纽尔·卡斯特：《网络社会的崛起》，夏铸九等译，社会科学文献出版社 2001 年版，第 569 页。

③ 薛伟贤、刘骏：《数字鸿沟的本质解析》，《理论与探索》2010 年第 12 期。

④ 参见何威：《网众与网众传播——关于一种传播理论新视角的探讨》，《新闻与传播研究》2010 年第 5 期。

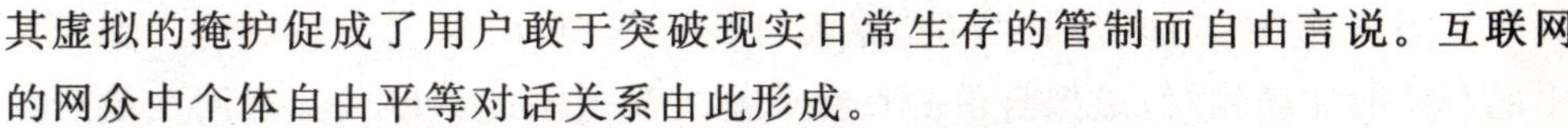

其虚拟的掩护促成了用户敢于突破现实日常生存的管制而自由言说。互联网的网众中个体自由平等对话关系由此形成。

需要进一步指出的是，互联网基于技术生成的虚拟空间为狂欢化文化的形成奠定了“广场”基础，而囿于虚拟实在和数字鸿沟，网众以其“虚拟身份”又为狂欢化文化的形成奠定了主体因素，同时互联网的开放性和网众主体的虚拟性又造成了狂欢化文化的来源的多向性和扩展的无际性。

正是基于虚拟身份，我们才可以分析网众与“网红”关系的独特性。这需要与传统的父子关系、明星与粉丝关系相对比。

在传统的父子关系中，作为追随对象的父亲与追随者儿子之间存在着固定的血缘或伦理关系。这种血缘或伦理是基础性、家族性的。父子的血缘关系是先天性的，后天无法改变。在此基础上，形成了传统的父子伦理关系。伦理以血缘为基础，又是对血缘的礼节性的规定。伦理重新规定了父子之间的日常交往、礼节制度、情感人文等内涵。这在任何技术环境中都不能改变。

在传统的明星与粉丝关系中，作为被追捧者的明星与追随者的粉丝存在着类似崇拜的关系。明星与粉丝基于共同的理想和爱好而构成一个“共同体”。在某些情境中，明星以自己的特有魅力呼唤、吸引着粉丝，而成千上万的粉丝用自己的崇拜情感“滋养”着明星，他们互动产生的情感在同一时间、同一空间中似乎形成了“同一个梦想”，因而生成巨大的心理“巨浪”，达到狂欢状态。

但是，在网众与“网红”关系中，作为被追随者的“网红”与网众并不存在固定或情感上的认同关系。与其说网众是追随者，不如说是被好奇心驱动的围观者。本雅明指出，19 世纪以来大众寻找观看对象的原则是“新奇”。[①] 任何超出想象的新奇对象都可能成为网众围观的对象。网众本身并不需要专业的辨识力或深厚的素养，只要有闲暇时间和猎奇的心理即可。网众与“网红”的关系因而并不能从任何情感或伦理角度来分析，而需要从数据（如点击量、点赞量等）分析其“粘性”。“粘性”主要是指在网络中话题与阅读者之间通过数据分析出来的动态关系。因此，“网红”必定需要及时更新其新奇的内容才可能吸引阅读者。

三、节日网络狂欢的生成

在互联网生成的虚拟空间中，“人际遥距临境”的体验使得互联网终端形成

---

① 参见［美］本雅明：《波德莱尔：发达资本主义时代的抒情诗人》，王涌译，译林出版社 2014 年版，第 180 页。

一个共同体，个体以虚拟的“身份”完成自我平等、自由的交换和对话。和现实中的身体的在场相对，虚拟身份的存在成为哲学追问的话题。互联网在此产生的悖论是：技术使原本表征现实社会文化的身体的身份成为虚拟空间的身体不在场的存在。

海德格尔认为在存在之前（逻辑之前）追问存在的意义，并认为只有将存在置于时间的广阔视野中才能显示出其意义，而意义的明确则可以使存在存在着。而发问的存在者，“就是我们自己向来所是的存在者”，都只能称为此在。[①]个体作为此在的重要提示是：需要把人放在历史社会的现实中来考察。如马克思《关于费尔巴哈的提纲》一文中提出的：“人的本质并不是单个人所固有的抽象物。在其现实性上，它是一切社会关系的总和。”[②]因此，对表征现实社会文化的身体的身份的考察成为虚拟“身份”在线存在的前提和基础。

从20世纪后期开始，世界资本主义的全球化以资本分配利益来重组社会和个人的日常生活。以实用主义为信仰的社会逐渐以资源的占有为标准开始出现等级分化。[③] 列斐伏尔更进一步认为，现代日常生活世界是被各种消费体制所操纵的“碎片化”状态与过程，“控制消费的官僚社会”的主要现象特征是：(1)日常生活的碎片化、神秘化；(2)这是一个欲望被制造、被引导的心理躁动世界；(3)符号—想象的“假装”成为“现实”；(4)形形色色的时尚或流行符号成为控制现代日常生活世界的最高物神。[④] 世界资本主义带给个体的重要冲击是消费主义的流行。如法国哲学家鲍德里亚所说，消费是一种积极的关系方式（不仅于物，而且于集体和世界），是一种系统的行为和总体反应的方式。[⑤] 我们的整个文化体系就是建立在这个基础上。处于社会生活、工作科层制度的个体，

---

① 参见[德]马丁·海德格尔：《存在与时间》，陈嘉映、王庆节合译，三联书店2014年版，第9页。

② 《马克思恩格斯选集》，人民出版社1995年版，第56页。

③ “当代中国社会结构变迁研究”课题组以职业分化和三种资源占有状况为划分标准，将中国现代社会分为五个等级、十大阶层。分别是：国家与社会管理者阶层、经理人员阶层、私营企业主阶层、专业技术人员阶层、办事人员阶层、个体工商户阶层、商业服务业员工阶层、产业工人阶层、农业劳动者阶层和城乡无业失业半失业者阶层。（参见陆学艺主编：《当代中国社会阶层研究报告》，社会科学文献出版社2002年版，第8～9页）

④ 转引自吴宁：《日常生活批判——列斐伏尔哲学思想研究》，人民出版社2007年版，第189页。

⑤ 参见[法]让·波德里亚：《消费社会》，刘成富、全志钢译，南京大学出版社2000年版，第1页。

以消费开始了无尽的日常生活旅行。消费网络信息成为最廉价也是最方便的生活方式。时间和寂寞成为最充裕的资源，兜售时间成为流行，贩卖寂寞成为时尚。以娱乐为跳出日常平庸生活的极端和常规方式又成为日常的平庸，但化解的是时间和寂寞。个体以一种“不为无益之事，何以度有涯之生”的生活经验观处世和生存。

网众的主要现实特征是：以经济学参数为衡量标准的社会底层，以学识为衡量标准的受过教育的学生或毕业学生，在科层制度下生存的小职员。他们是在全球化的经济浪潮中，在社会阶层的严禁管束中，在家庭地位的传统中，挣扎着生活却进入无门或上升无路。社会阶层的变化使得这类群体成为社会中的大多数。他们仰慕精英者的生活，却又奋斗无力；他们受过教育，却又生存无门；他们处于生活和工作的夹层，却跳脱无路；他们渴望跃出日常的平庸，却又没有相应的经济实力；他们有的是充裕的时间，却无心去穷究意义。

时间里的个体（此在），在封冻的生活中丧失心性更新的力量，不再以现代线性矢量时间观为生活基础，认为“未来”不过是“过去”的在“现在”的重现，“现在”是“未来”的折叠和“过去”的循环，所以把握现在的快乐最实在。狂欢化文化群体在此，以笑的态度取消所谓等级森严的专制的权威性，以一种“未来”的折叠和“过去”的循环姿态作为“现代”生活世界观。

本章小结

总之，节日到来之时，网络群体区别于日常生活中的存在状态，呈现出特异的狂欢情绪。这与网络特有的时间和空间有关。虚拟时间和虚拟空间在其本质上是一种由计算机及相关机制建造并决定的。它的哲学本质是康德提出纯粹的感性直观形式的时间和空间观念。它在一定程度上形成了吉登斯所说的“脱域”机制。在此时间和空间之中，网络群体显示出复杂的“感觉结构”特征，即在阅读、围观之时呈现出的矛盾心理。从本质上来说，这些都与网络技术生成的“遥距临境”和网络社会及当代社会出现的各种阶层有一定关系。在现实社会中生活的群体，可以在网络上以另一种身份及其主体感觉表达其在现实生活无法实现的境遇，并生成其极端的愉悦的情绪。这即网络狂欢的生成过程。联系现代性的时间观念来说，这种在节日期间的网络狂欢释放了在紧张的工作时间或社会境遇积蓄的心理能量，因而具有一定的积极作用即“减压阀”的功能。

第七章

文化记忆理论视域中的节日狂欢

缘于现代电子媒体技术的出现、旧记忆的保存和消化、承载记忆的生者不断消亡和现代性的遗忘与压抑等，回忆文化成为重要研究对象。回忆文化或文化记忆(das kulturellle Gedächtnis)是人类记忆的一个外在维度。它区别于作为能力的记忆，而集中研究“过去”如何成为人类集体的回忆文化。正是文化记忆理论对这一过程的研究，才使社会性的集体记忆(collective memory)区分为交往记忆和文化记忆。而文化记忆区别于交往记忆的重要形式在于其是被创建的、高度成型的，而庆典仪式和节日是其最重要的表现形式。因此，在文化记忆理论视域中，节日有了重大的价值，即它(尤其在无文字的社会中)保证了集体成员的共同参与。而作为文化记忆首要组织形式的仪式将无文字社会的时间形式分成了日常时间和节日时间。节日时间成为使集体或民族的文化延伸到了远古时代。节日时间成为区别于日常时间的另一种时间感。节日对日常生活起到了指导作用，并变成了可供特殊、另类的秩序、时间和回忆栖居的一种所在。

第一节　文化记忆理论视域

文化记忆研究援引古代社会的埃及文化和犹太制度化记忆为范式。古代文化对传统(过去)的记忆依靠古代崇尚传统(过去)的时间观念和基本制度而不需要专题化的记忆文化。现代记忆文化的兴起，除了客观的技术原因外，现

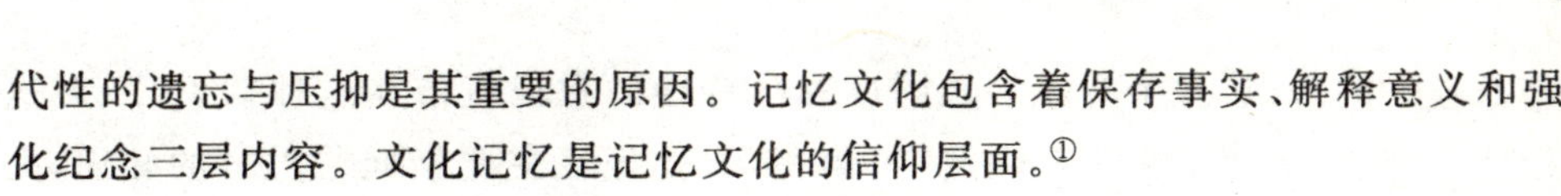

代性的遗忘与压抑是其重要的原因。记忆文化包含着保存事实、解释意义和强化纪念三层内容。文化记忆是记忆文化的信仰层面。[①]

一、文化记忆研究的缘起与研究内容

(一)文化记忆研究的缘起与研究核心内容

在扬·阿斯曼的研究中,围绕的核心问题是:“不同的社会是如何回忆的,在回忆的过程中,它们又是如何进行自我相像的。”他想要“重构文化层面上的各种元素的关联”,具体来说是“(集体)回忆、书写文化和民族起源之间的关联”。[②] 因而和阿莱达·阿斯曼共同提出和使用“文化记忆”(das kulturelle Gedächtnis)这一概念。这一概念并不属于脑生理学、神经学和心理学的范畴,与历史文化学研究毫不相干。但它是和社会、文化外部框架条件密切相关的问题。扬·阿斯曼在莫里斯·哈布瓦赫(Maurice Halbwachs)研究的基础上,提出记忆的外部维度的四个部分,而文化记忆只是其中之一。这四个维度分别是模仿式记忆、对物的记忆、交往记忆和文化记忆。[③]

文化记忆是“关于一个社会的全部知识的总概念,在特定的互动框架之内,这些知识驾驭着人们的行为和体验,并需要人们一代一代反复了解和熟悉掌握它们”。它由此与交际记忆(das kommunikative Gedächtnis)区别开来。文化记忆的特点有二:一是认同具体性(die Identitätskonkretheit);二是重构性(die Rekonstruktivität)。另外还有成型性(die Geformtheit)、组织性(die Organisiertheit)和约束性(die Verbindlichkeit)。而且,它以两种形式存在:一是潜在形式,即以档案资料、图片和行为模式中储存的知识的形式存在;另一种是现实形式,即这些浩繁知识中可用部分的形式存在。在此基础上,扬·阿斯曼提出了专业讨论使用的文化记忆的概念:“每个社会和每个时代所特有的重新使用的全部文字材料、图片和礼仪形式的总和。通过对它们的‘呵护’,每个社会和每个时代巩固和传达着自己的自我形象。它是一种集体使用的、主要(但不仅仅)

---

① 参见尤西林:《中国当代文化记忆与现代性》,《上海文化》2017 年第 4 期。

② 参见[德]扬·阿斯曼:《文化记忆:早期高级文化中的文字、回忆和政治身份》,金寿福、黄晓晨译,北京大学出版社 2015 年版,“导论”第 9 页。

③ 参见[德]扬·阿斯曼:《文化记忆:早期高级文化中的文字、回忆和政治身份》,金寿福、黄晓晨译,北京大学出版社 2015 年版,“导论”第 12～13 页。

涉及过去的知识，一个群体的认同性和独特性的意识就依靠这种知识。”[①]就这个定义来说，文化记忆主要内涵有：第一，文化记忆主要指向“过去”的知识，尤其是对“过去”的重构；第二，文化记忆主要研究在一个社会或一个时代所传承的历史性的过去的（尤其是神话传说）知识及其形成过程；第三，这种知识的传承对国家和民族的自我认同和相像具有重要的奠基作用；第四，这些知识是需要专门专职的人去理解、教授，才能得到学习和传承的，因而，它又对一个社会或民族来说具有规范和约束的作用。

（二）文化记忆研究的意义

文化记忆研究更关注一个社会的凝聚性结构所经历的关键性变迁，亦即文化过程中的动态机制以及凝聚性结构的升级、稳固、松动和解体。[②] 所谓凝聚性结构（Konnektive Struktur）是指文化中所形成的将集体中的个体生成归属感和身份认同的某种知识或认知。它的基本原则是重复（Wiederholung）及其现时化（vergegenwärtigen）。

在已有研究中，有两种研究方法值得关注并予以突破。第一种研究方法主要是将凝聚性结构发生变迁的原因归结于思想史领域的革新。如卡尔·雅斯贝尔斯（Karl Jaspers）提出的“轴心时代”所运用的思想方法。将一个社会发生巨大变化的原因归结为那些伟大人物的伟大思想的出现，如孔子、老子、释迦牟尼、苏格拉底等。第二种研究方法将凝聚性结构发生变迁的原因归结于文字的使用和印刷术的出现等媒介技术上的革新。如现代媒介决定论者加拿大学者马歇尔·麦克卢汉。这两种研究方法的不足之处在于，它们都没有将技术与思想结合起来。

而文化记忆的研究则希望突破上述困境。在对书写文化进行研究时，同时兼顾“文化意义上的时间建构”和集体认同的构建或政治相像等背景。[③]

（三）集体记忆的两种形式

扬·阿斯曼将集体记忆分为交际记忆（das kommunikative Gedächtnis）与

① [德]韦尔策：《社会记忆（代序）》，《社会记忆：历史、回忆、传承》，季斌等译，北京大学出版社 2007 年版，第 6～7 页。

② 参见[德]扬·阿斯曼：《文化记忆：早期高级文化中的文字、回忆和政治身份》，金寿福、黄晓晨译，北京大学出版社 2015 年版，“导论”第 9 页。

③ 参见[德]扬·阿斯曼：《文化记忆：早期高级文化中的文字、回忆和政治身份》，金寿福、黄晓晨译，北京大学出版社 2015 年版，“导论”第 12～13 页。

文化记忆(das kulturelle Gedächtnis)两种形式。[①] 文化记忆或回忆文化与交往记忆相联系又有区别。前者以神话传说和发生在绝对的过去的事件为内容;后者以个体生平为构架所经历的历史为内容。前者的形式是被创建的、高度成型的,而且庆典仪式和节日是其最重要的表现形式;后者的形式是非正式的、未成型的和自然发展的,通过与他人交往产生,存在于日常生活。前者的媒介是被固定下来的客观外化物,以文字、图像、舞蹈等进行编码和展演;后者存在于人脑记忆中的鲜活回忆,亲身经历或他人转述的内容。前者的时间可通向神话性史前时代的绝对的过去;后者的时间在 80～100 年,与不断向前的当下同时前进的时间视域中的三至四代人。因此,前者的承载者是专职的传统承载者,后者的承载者是非专职的,回忆共同体中某时代的亲历者。

二、现代记忆研究中的节日的功能

在文化记忆的组织形式中,节日是其最重要的形式之一。在无文字的社会中,如果巩固群体身份认同的知识不可能存储于文字,只能存储于记忆中。记忆的构建需要具备三个过程性的要素:"诗的形式(poetische)、仪式的展演(rituelle Inszenierung)和集体成员的共同参与(kollektive Partizipation)",或者是存储、调取和传达。在无文字的社会中,节日作为文化记忆的首要组织形式,其重要功能表现在以下方面:

首先,节日保障了"集体成员的集会和集体成员本人的在场"。在无文字的社会中,文化记忆的维系是靠某些专职人员来完成的,那么这些专职人员又如何把记忆内容进行传达呢?需要集体成员的全体在场。而集体成员的集会又需要理由,这个理由即节日。

其次,从时间角度来说,节日和庆典活动(仪式)定期重复,保证了巩固认同的知识的传达和传承,而且由此保证了文化意义上的认同的再生产。对于文化记忆来说,其凝聚性结构的基本原则就是重复。重复可以使认知避免走更多的弯路,可以使其中某些共同的元素凝固下来并得到认同。节日和庆典仪式必然需要按次序进行。一方面,每一次节日庆典的次序被确定下来;另一方面,每一次庆典都因此与之前的庆典联系到一起,从而将以前的记忆现时化。在无文字的社会中,这种重复和现时化极其重要。而伴随着文字的产生,这种节日的"仪式性的关联"便过渡到"文本性关联",文本经过阐释,从而将回忆现时化。

---

① 参见[德]扬·阿斯曼:《文化记忆:早期高级文化中的文字、回忆和政治身份》,金寿福、黄晓晨译,北京大学出版社 2015 年版,第 51 页。

最后，节日的庆典活动（仪式）将无文字社会的时间形式分成了“日常时间和节日时间”[①]。通过文化记忆，人类进而拥有了双重时间感。特别是在无文字的社会中，日常与节日的时间感的差异尤其明显。节日最源初的作用是将时间进行分段，而且对日常生活进行指导。节日因此区别于日常，成为一种特殊和另类的秩序，同时也是另一种回忆栖居之地。

总的来说，在文化记忆理论中，区别于交往记忆的文化记忆尤其需要节日这种组织形式。通过节日，集体才可能共同在场，人类的回忆才得以被传达。尤其是在无文字的社会中，节日及其庆典仪式区分开了节日时间和日常时间，为人类面临新的时间感提供了机会。在日常时间建立的秩序中，节日时间成为区分日常时间的另一种秩序和新的回忆的存储方式。在日常生活异化的现代社会中，节日时间因此具备了抗衡日常时间的可能性，因而节日时间也被作为反抗日常时间主导力量的重要理由。

第二节　节日与回忆

节日与记忆似乎存在着天然的相通性，因为二者都源初地面向过去。

一、节日与回忆的共同面向

古希腊哲学家亚里士多德批驳柏拉图的“灵魂回忆说”时，指出记忆与过去的联系，因为人不能记忆现在正在经历的事情，而“时间不成为过去，本质意义上的记忆就不可能发生”[②]。而记忆的对象只有“过去”，因为“将来是不可能记忆的”，它是“猜想和希冀的对象”；现在“也无可记忆，而只能感觉”。[③] 记忆不是回忆，而又与回忆内在相连。“回忆既不是记忆的恢复，也不是记忆的获得。”[④]“当一个人记起先前的某一知识或感觉或我们在前面作为记忆而描述过的持续性的状态，这时的这种过程就是对于上述某种对象的回忆。回忆的过程蕴含了

① ［德］扬·阿斯曼：《文化记忆：早期高级文化中的文字、回忆和政治身份》，金寿福、黄晓晨译，北京大学出版社 2015 年版，第 51～52 页。

② 苗力田主编：《亚里士多德全集》第 3 卷，中国人民大学出版社 1992 年版，第 138 页。

③ 参见苗力田主编：《亚里士多德全集》第 3 卷，中国人民大学出版社 1992 年版，第 133 页。

④ 苗力田主编：《亚里士多德全集》第 3 卷，中国人民大学出版社 1992 年版，第 137 页。

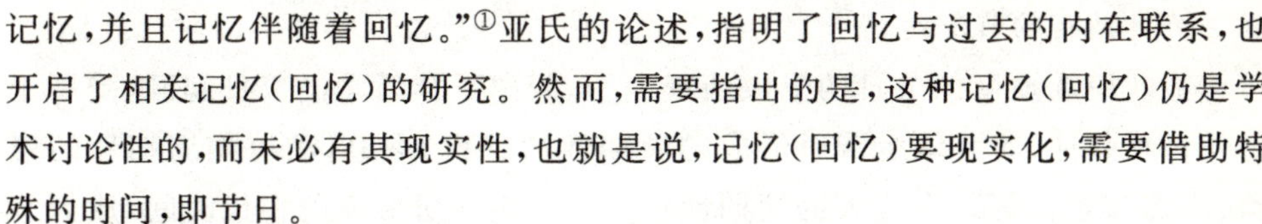

记忆，并且记忆伴随着回忆。”[①]亚氏的论述，指明了回忆与过去的内在联系，也开启了相关记忆(回忆)的研究。然而，需要指出的是，这种记忆(回忆)仍是学术讨论性的，而未必有其现实性，也就是说，记忆(回忆)要现实化，需要借助特殊的时间，即节日。

节日在柏拉图那里有神话学的起源。“当初神们哀怜人类生来就要忍受的辛苦劳作，曾定下节日欢庆的制度，使人可以时而劳动，时而休息，并且把诗神们和诗神领袖阿波罗以及酒神狄俄尼索斯分派到人间参加人类的欢庆，使人们在跟神们一起欢庆之中，借神的帮助，可以提高他们的教育。”[②]因此，原初的节日并非是从日常生活脱离的，它是神圣的，而且指导并安排日常生活的秩序。而日常生活分化出来并创立自己的独立的秩序，节日才显得无比珍贵，变成了“可供一种特殊的另类的秩序、时间和回忆栖居的所在”[③]。

追溯欧洲酒神节和中国春节的来源，可为柏拉图的节日起源做很好的注脚。在古代，希腊的酒神节恰恰与“一年中季节的更迭、特别是植物的生长与凋谢”相关。酒神通常被认为是葡萄树以及葡萄酒的人格化。在此节日上举行的纪念仪式实质上却是巫术性的，也就是说，根据巫术的交感原理，其意图是为了确保植物春天再生、动物繁殖，而这些都受到冬天损害的威胁。而延续至今的法国的普罗旺斯、地中海沿岸等地区狂欢节恰恰“一年结尾或两年交替之时”。人类学家归纳出这些节日的范型，大多处于一个时间周期的开始或终了之时。在古代中国，在立春那天，通常是 2 月 3 日或 4 日，也是中国历法新年的开始。各省份和地区立春前举行的仪式，向人身牛首的谷神祭祀。人们要将谷物填在肚内的牛肖像的碎片撒在地里，以使田地具有丰产力。即使在现代，农村的春节(在两年交替之时)、因二十四节气而形成的各类节日，都有其自然或神话传说基础。巴赫金指出：“一定的和具体的自然(宇宙)时间、生物时间和历史时间观念永远是它的基础。同时，节庆活动在其历史发展的所有阶段上，都是与自然、社会和人生的危机、转折关头相联系的。死亡和再生、交替和更新的因素永远是节庆世界感受的主导因素。正是这些因素通过一定的节日的具体形式，形

---

① 苗力田主编：《亚里士多德全集》第 3 卷，中国人民大学出版社 1992 年版，第 138 页。

② 《柏拉图文艺对话集》，朱光潜译，人民文学出版社 1963 年版，第 301 页。

③ [德]扬·阿斯曼(Assmann，J.)：《文化记忆：早期高级文化中的文字、回忆和政治身份》，金寿福、黄晓晨译，北京大学出版社 2015 年版，第 53 页。

成了节日特有的节庆性。”[①]

不同民族地区的节日的形成历程表明，脱离了神话学的节日起源，受制于古代自然条件（如天体运转而形成的周期性的昼夜、季节，动植物周期性的繁殖、成熟与衰亡等），古代人的周期性的生产—生活所形成的古代时间，成为节日的时间起源；即使脱离了古代自然条件制约的中世纪狂欢节，也是一年一度的“日历周期”。因此，节日正是以循环往复的时间模式重复出现。

二、节日将过去现时化

节日的重复出现，其实质是过去的重新表现。节日被人们重复庆祝，实际上是“过去”作为内容存在于其中。“过去”在节日中被呈现为庆典活动。伽达默尔把这种重复出现的节日庆典活动称之为“它的重返”（Weiderkehr）。然而，节日庆典活动是一次次地演变着的，因为与它同时共存的总是一些异样的东西。对于节日庆典活动的本质来说，“它的历史关联是次要的……它并不是以某一种历史事件的方式而成为某种同一的东西，但是它也并非由它的起源所规定，以致真正的节日庆典活动只是在从前存在……”。庆典活动的进行，只是“它应当定期地被庆祝”。节日庆典活动是在“自我表现”上“才比所有属于历史的东西更彻底的意义上是时间性的，只有在变迁和重返过程它才具有它的存在”[②]。因此，可以总结说，节日与过去的关联，其实是节日与庆典活动的关联。事实上，由过去呈现的庆典活动不是同一活动，它经常是另一种活动而存在。只是由于其经常是别的东西而存在的存在物才在某种彻底的意义上是时间性的，即它在变易中才有其存在。这里的庆典活动表现的通常是回忆的重要对象。上述分析中，节日重复出现，因为过去作为内容；过去在节日中，呈现为庆典活动；过去之所以呈现，正是因为它是回忆的对象。因此，节日、回忆、过去、庆典活动有着内在的关联性。这也是现代文化记忆理论探讨的重要问题，即文化过程的动态机制的基础性关联，“‘过去’（Vergangenheit）完全是在我们对它进行指涉时才得以产生的”[③]。

---

① ［苏］米哈伊尔·巴赫金：《拉伯雷的创作与中世纪和文艺复兴时期的民间文化》，《巴赫金全集》第6卷，李兆林、夏忠宪译，河北教育出版社2009年版，第10页。

② 参见［德］汉斯—格奥尔格·伽达默尔：《真理与方法》，洪汉鼎译，商务印书馆2010年版，第173～174页。

③ ［德］扬·阿斯曼：《文化记忆：早期高级文化中的文字、回忆和政治身份》，金寿福、黄晓晨译，北京大学出版社2015年版，第23页。

总的来说，在现代文化记忆理论中，“过去”并非作为历史概念的时段，而是现在的我们对它进行历时性阐释时的重塑结果。这个重塑过程需要节日这种特殊的时间来强化纪念。因此，节日和回忆具有共同的内在指向，即指向“过去”。

第三节 节日狂欢与遗忘

遗忘并非现代人特有的生理现象，但是现代人早已因为有外部的“记忆储存器”而对此现象司空见惯了。然而，在现代性时间驱动的心性观念中，遗忘毋宁是一种现代性的产物。换句话说，遗忘因现代性时间而加速了其过程。特别对于需要文化记忆的现代群体来说，现代性的理性、幸福观等诸多观念层出不穷、迭代替换，使遗忘显得更为普遍了。因此，节日狂欢的记忆功能凸显出来，即强化了对“过去”的文化记忆。

一、现代性遗忘及其危机

现代性(modernity)是指现代(含现代化的过程与结果)条件下人的精神心态与性格气质，或者说文化心理及其结构。① 它属于人文科学所指向的心灵领域，是现代人自身的属性，也是主体性的人成为现代人的重要衡量标准。

现代性与时间的内在关系是关于现代性研究经典文本的重要专题。卡林内斯库认为现代性只有在“线性不可逆、无法阻止地流逝的历史性时间意识的构架中”②才能被构想出来。在此基础上，尤西林教授进一步认为，现代时间观念构成现代性基础性的一环。与循环往复的古代时间相区别，现代时间观念具有“文化观念和生产方式双重根据”，即在文化观念方面受到直线矢量时间观的塑造，以马克思提出的“社会必要劳动时间”作为生存论基础；“在现代化主流方向上，现代时间的核心就是指社会必要劳动时间”。③ 而且，现代性时间呈现“永远加速奔向未来”的特征。

“时间实际上是人的积极存在，它不仅是人的生命的尺度，而且还是人的发

---

① 参见尤西林：《人文科学导论》，高等教育出版社 2002 年版，第 21 页。

② [美]卡林内斯库：《现代性的五副面孔：现代主义、先锋派、颓废、媚俗艺术、后现代主义》，顾爱彬、李瑞华译，译林出版社 2015 年版，第 12 页。

③ 参见尤西林：《心体与时间》，人民出版社 2009 年版，第 8～20 页。

展的空间。”[①]现代时间(包含现代社会必要劳动时间)因此是度量现代人的生命的尺度,完成对后者的心性结构的最深刻的塑造。现代时间与生命时间的对立统一,是现代性深层的矛盾之一。对应上述两种不同的时间,卡林内斯库主要从历史文化角度又进行了区分:“(1)资本主义文明客观化的、社会性可测量的时间(时间作为一种多少有些珍贵的商品,在市场上买卖);(2)个人的、主观的、想象性的绵延(durée),亦即‘自我’(self)的展开所创造的私人时间。”[②]这两种不同的时间观念的对立体现为现代人“感性—理性、身体—心灵、公共生活—私人生活”等一系列的分裂,以及后者对前者以不同的形式的“反动”;而它们的统一则表现为“永远加速奔向未来”的变动不居的现代性时间对生命时间的压迫和强制。

现代性的变动不居特性同样在一些经典文本中被指明:“现代性就是过渡、短暂、偶然……”[③]“一切固定的古老的关系以及与之相适应的、素被尊崇的观念和见解都被消除了,一切新形成的关系等不到固定下来就陈旧了。一切固定的东西都烟消云散了,一切神圣的东西都被亵渎了。”[④]从现代微软等技术手段的更新换代到时装和明星的层出不穷,都可见现代性的变动不居特性。从时间的三维角度来看,现代时间是无休止追求“未来”、否弃“现在”、遗忘“过去”的高速矢量直线时间。在现代时间—历史观念中,“过去”里意味着“过时和落后”,因之不再被记忆,而“未来”则充满意义。在艺术领域,“转瞬即逝、变化不止的”现代性促使艺术想象力开始以探索和测绘“未来”之域为时尚,传统遭到了日益粗暴的拒绝。在上述加速向前的现代时间模式中,不仅“过去”作为时间的一维的意义不再被提出,而且现代个体业已习惯于遗忘“过去”了。现代人已被拖入现代性的高速行进的时间中,如浮士德的留恋的“停一停”或朱光潜所劝“慢慢走”,已经表现出相当的艰难与绝望!

因此,“永远加速奔向未来”的变动不居的现代性是造成现代人快速遗忘的内在基础。遗忘,在此主要是指具有文化意义的遗忘,即现代人因现代时间—历史观念的“未来”的意义而对“过去”的意义的否弃,或者有意识地以新的记忆

---

① 《马克思恩格斯全集》第47卷,人民出版社2006年版,第532页。

② [美]卡林内斯库:《现代性的五副面孔:现代主义、先锋派、颓废、媚俗艺术、后现代主义》,顾爱彬、李瑞华译,译林出版社2015年版,第3页。

③ [法]波德莱尔:《波德莱尔美学论文选》,郭宏安译,人民文学出版社2008年版,第439~440页。

④ 《共产党宣言》,《马克思恩格斯文集》第2卷,人民出版社2009年版,第34~35页。

覆盖“过去”的记忆。尤其需要指出的是，遗忘不仅未因电脑软件的更新换代而放缓，反而呈现更彻底的加速的特征。区别于人类神经元连接模式而保持痕迹的机制，计算机与其他节点的互联则需要重新“计算”因而擦除并覆盖原有痕迹，“一种对持久写入的想象被不断复写的原则所取代”①。

由此现代性遗忘带来的是文化危机和人文危机。文化危机，主要指文化传统的断裂。现代人在集体记忆的层面上，出现了“失忆症”。② 比较典型的是，在20世纪60年代后期的德国的年轻叛逆者们“不仅把许多遗存、权威和禁忌”，而且还把很多的来龙去脉和回忆铲除了。③ 而在现代中国社会，不仅跨代际的祖传文化（如礼仪文化）被现代都市中新型的人际关系形态替代而逐渐消失，而且民俗节庆（如传统节日和“二十四”节气文化）也逐渐被日益加速的现代生活时间挤压而不再被庆贺；尤其是在互联网技术支配的日常生活中，跨时代的文化（如南京大屠杀等历史事件）也已被网络记忆取代而迅速遗忘了。

人文危机主要是指现代性时间特有的内在矛盾产生的焦虑感和虚无感。现代时间的决定性维度是未来。在信仰主义衰微的现代，遗忘过去、否弃现在的未来抽空了现代人的生存依托，未来被现代个体异化为对自我催迫“他者”。焦虑是进步主义期待产生的个体压迫感。现代个体受制于“朝九晚五”的现代社会必要劳动时间的催迫及“科层制”（马克斯·韦伯：bureaucracy）的制约，急需在未来追求生存意义，而将无意义的“过去”抛之脑后。这种情绪不仅表现为日常生活中的工作时间的紧迫感，而且还表现为从幼儿园的孩童到成人的步履匆匆，还表现在互联网空间的个体快速浏览提取信息的匆忙动作和紧张表情，“游戏者”夜以继日地重复“操纵”乃至猝死。虚无感，则源于未来意义的消失，而且附着的现在和过去均不再产生意义。它不仅体现为无聊的情感极端化和弥漫化，而且还表现为明星、艺术家等群体频繁地吸毒和自杀。马克斯·韦伯形容现代化秩序“决定着所有生于斯的个人的生活方式”，“铸造出一件钢铁般坚硬的外壳”，生活于其中的“狭隘的专家没有头脑，寻欢作乐者没有心肝”。④

---

① [德]阿莱达·阿斯曼：《回忆空间：文化记忆的形式和变迁》，潘璐译，北京大学出版社2016年版，第12页。

② 参见[德]扬·阿斯曼：《文化记忆：早期高级文化中的文字、回忆和政治身份》，金寿福、黄晓晨译，北京大学出版社2015年版，第4页。

③ 参见[德]阿莱达·阿斯曼：《回忆空间：文化记忆的形式和变迁》，潘璐译，北京大学出版社2016年版，第3页。

④ 参见[德]马克斯·韦伯：《新教伦理与资本主义精神》（罗克斯伯里第3版），[美]卡尔伯格英译，曹卫东译，社会科学文献出版社2010年版，第117～118页。

现代时间所激化的现代性遗忘危机，激发了扭转现代时间方向的回忆观念和文化记忆(或回忆文化)研究，以及以“过去”为内容的精神重建和相应的时间模式。缅怀过去的浪漫主义运动，从狄尔泰到马尔库塞的“回忆”观念[①]，引领了从“过去”寻找意义的方向；而巴赫金的传统的“节日时间”[②]、洛斯基的“神圣时间”[③]、赫伊津哈和伽达默尔的“游戏时间”[④]、尼采的“古代循环时间”[⑤]等无疑都指向了区别于现代时间的时间模式；19 世纪兴起的怀旧记忆(nostalgic memory)仍然需要动态的“现时化”的文化实践方式；区别于上述意向性的“回忆”观念，现代文化记忆理论援引犹太制度化记忆为范型，针对现代性遗忘(“失忆症”)，借助外部的存储媒介(如节日、仪式、文字等)和文化实践，唤起“回忆”观念，建立跨代际和跨时代的记忆。[⑥] 在将要进入节日成为文化记忆的必要功能环节的论述之前，需要先进入节日的时间性的分析，以期揭示其成为记忆的条件。

二、节日狂欢的记忆功能

过去是节日和记忆的共同对象，这一基础性关联仍然需要在现代性的遗忘的背景中阐释其现实性。

首先，“永远加速向前的”现代时间被循环往复的节日时间强力扭转，现代性时间强化的心体因节日时间的到来戛然而止。正如巴赫金指出的，节日生活是“第二个世界和第二种生活”，而且人们都是生活在其中，也就是说，所有的人只能按照它的规律，即按照狂欢节自由的规律生活，因此它是全民的。在这方

---

① 参见[美]H. 马尔库塞：《爱欲与文明》，黄勇、薛民译，上海译文出版社 1987 年版，第 83～84 页。

② 参见[苏]米哈伊尔·巴赫金：《拉伯雷的创作与中世纪和文艺复兴时期的民间文化》，《巴赫金全集》第 6 卷，李兆林、夏忠宪译，河北教育出版社 2009 年版，第 11 页。

③ 参见 H. 洛斯基：《意志自由》，董友译，三联书店出版社 1992 年版，第 91、134～135 页。

④ 参见[荷兰]约翰·赫伊津哈(Johan Huizinga，又译作胡伊青加)：《游戏的人——关于文化的游戏成分的研究》，多人译，中国美术学院出版社 1996 年版，第 12～14 页；[德]汉斯—格奥尔格·伽达默尔：《真理与方法》，洪汉鼎译，商务印书馆 2010 年版，第 172～173、183 页。

⑤ 参见[德]尼采：《苏鲁支语录》，徐梵澄译，商务印书馆 1992 年版，第 220、223～224 页。

⑥ 参见[德]扬·阿斯曼：《文化记忆：早期高级文化中的文字、回忆和政治身份》，金寿福、黄晓晨译，北京大学出版社 2015 年版，第 8、10、37、47 页。

面，中国春节时期的大迁徙提供一个很好的例证。春节是两年的交界点，在现代中国人看来，更是日常工作时间到头的临界点。节日成为回归的最根本的原因。而且，节日被看作是与日常生活不同的秩序。现代性时间与节日时间中的个体（群体）深刻区别开来：前者是步履匆忙的，后者是凝神驻足的；前者是焦虑无聊的，后者是自主自由的。

从而，人类有了双重时间感。现代性时间与节日时间相互区别：前者是主体被驱使的时间，后者是主体属己的时间。在现代性与进步结合的理论中，如在将理性原则作为现代社会的形式的马克斯·韦伯那里，回忆被当作非理性残余被进行了清除。在赫伯特·马尔库塞看来，这种清除造成了现代世界的“一元性”。

其次，与前述现代性时间的强制下的遗忘联系，节日作为记忆的形式要素的意义尤其重要。节日作为对过去的回忆重复出现，这在古代文化中具有普遍性，是由古代时间的循环模式的特性决定的。节日在现代社会中，作为重复出现的必然条件，却有着深层的现实基础。现代性时间的主体不仅会抑制、回避记忆，而且还会强迫遗忘，对“过去”进行持续的“覆盖”。强制性遗忘的后果只是压抑了记忆，从而产生了焦虑感和虚无感等情绪，甚至扭曲为程度不等的人格分裂等人文危机。现代记忆理论的兴起无疑是针对现代人的上述“症状”的特意弥补。

其实，我们需要进一步指出现实中的情况与上述论述的差异，而且节日中的参与者与仪式的举行者是一体的“同在”。

在现实社会中，交往记忆和文化记忆并非如此界限分明，前者不同程度地渗透在后者当中。在中国春节和清明等节日中，祭拜祖先是首要仪式。这一过程需要与“过去的人”进行对话，并分享三餐，全家族共同纪念。尤其体现在出门远行者身上，临别之时向祖先叩头对话以示作别，或生活在外的人在街头小巷中焚纸以示“交往”和关切。对死者的悼念并非单纯的仪式，而是因为情感的联系、文化的塑造以及有意识的、克服断裂的对过去的指涉。这些因素使得生者和死者在同一时间和空间相连，成为“在那里的同在”（Dabeisein）。[①]“每逢佳节倍思亲”，上述“同在”其实与节日时间内在相关。

因而，依托节日的组织形式，作为记忆共同体的集体成员的集会才能按时出现，集体成员本人才能在场。遗忘的跨代际的文化被重新回忆，在现实中延

---

① 参见[德]汉斯—格奥尔格·伽达默尔：《真理与方法》，洪汉鼎译，商务印书馆 2010 年版，第 175 页。

续交往，构建想象，塑造自我的形象，缓解甚至祛除虚无感和焦虑感等情绪，延续人文意义的精神。

而且，在节日期间，仪式的定期重复，延续了家庭和民族的自我认同的知识，保障了文化意义上的再生产，共同的文化精神才能被现时化(vergegenwärtigen)到现实生活中来。节日的仪式必须严格遵循规定的次序进行，也就是说，一方面每次节日庆典内部的"仪式"的次序像固定的游戏那样得到了确定，另一方面每次庆典都被与之前的那些庆典依照着同样的"次序"来不断地重复自己。而固定次序的仪式将其中的文化记忆在时间上亘古不变和在性质上保持恒定稳固。

节日的文化记忆首先主要是通过仪式(节日庆典活动)这个媒介来完成的。在19世纪和20世纪的欧洲狂欢节通常被分作三时段结构。其中"国王"和"王后"(或类似的王)加冕和脱冕仪式在每一次节日中都被重新演绎，同时伴随着假面舞会、广场节庆活动和祭祀活动。

对仪式的理解，则深层地表明节日文化记忆的重要性。赫伊津哈认为只是在本质上，节日庆典活动和游戏的关系十分紧密。"两者都宣告平常生活的停止；两者都由欢乐愉悦支配，尽管这并不一定——因为节日也可能是严肃的；两者都受时空限制；两者都具有自发的随意和严格的规矩"①。伽达默尔在赫伊津哈研究的基础上，认为节日庆典活动和戏剧观赏游戏具有同一性。即使观赏者的存在也是"由他在那里的同在(Dabeisein)所规定的"，而"同在就是参与(Teilhabe)"。② 所以说，观赏是一种真正的参与方式。观赏者也与仅仅由于好奇心而观看某物的人之间存在某种本质的区别。在好奇心的对象里"正是新奇的形式上的性质，即抽象的异样性的形式性质，才形成所注视东西的魅力"，其神情是"无聊和冷漠"的；而观赏者"实际想返回和集中注意"某些东西，含有"对持久的欲求以及这一欲求的持久存在"。③ 因此，在节日期间，集会成员全部到场，对奠基式的过去进行回忆，通过仪式将记忆"现时化"到社会交往及文化层面。这对于参与节日仪式其中的群体(如家族或民族)来说，具有保证文化认同和延续

---

① [荷兰]约翰·赫伊津哈(Johan Huizinga，又译作胡伊青加)：《游戏的人——关于文化的游戏成分的研究》，多人译，中国美术学院出版社1996年版，第24页。

② 参见[德]汉斯—格奥尔格·伽达默尔：《真理与方法》，洪汉鼎译，商务印书馆2010年版，第175页。

③ 参见[德]汉斯—格奥尔格·伽达默尔：《真理与方法》，洪汉鼎译，商务印书馆2010年版，第177～178页。

文化传统的重大意义。

最后，传统的民俗节日有被提升为文化记忆的现代性方向。传统的民俗节日，经由神话、自然和习俗等影响，演变为不同的形式。但在信仰式微的现代，特别是在一些地区，节日（包括葬礼）被填充为民间低俗艺术和肉体展示的形式，或成为赌博和戏耍的空间，或是区别于信仰的巫术的扩散地。这些形式和内容不再是节日本有的记忆文化功能，因而有被提升为文化记忆的现代性方向。对家族或民族这样的群体来说，保留并延续其共同的文化精神，替代传统的血缘伦理关系，有保持其群体认同，形成共同体的强大现实意义。而共同的文化精神，在现代性的方向上，依然需要传统文化的参与和新时代精神的融合。而这仍然是节日作为文化记忆的必要功能环节要面对的重大任务。毋宁说，现代节日需要从记忆文化的层面提升到信仰层面的文化记忆，才能够显示其现代性的功能指向。

综上所述，正是在现代性时间和节日时间的对照中，节日的循环往复的时间模式逆转了“永远加速向前”的变动不居的直线矢量的现代性时间；而节日与记忆共同面向的过去，呈现为节日的庆典活动，从而使回忆居于现代性的深层的反思层面。这一基础关系，决定抗衡现代性遗忘的节日文化记忆不是能力的而是文化的。节日借助其具有固定次序的仪式，通过重复原则，将参与其中的集会成员到场，把共同文化记忆“现时化”为现实交往和文化实践。因而，在节日文化氛围中的个体（群体），以其自由自主的、凝神驻足而沉浸于回忆的姿态，深刻区别于现代时间氛围的焦虑匆忙的、急速遗忘的个体（群体）。然而，因信仰的式微而出现低俗化和空洞化的倾向的现代节日，在现代性语境中仍然要求提升文化记忆层面的现实意义。

本章小结

综上所述，现代文化记忆理论是将记忆文化作为重要研究对象的。记忆文化、听觉文化和视觉文化都是从主体角度建立起具有社会性感觉特征的文化。文化记忆理论尤其注重国家或民族的集体文化特别是文化记忆的形成过程。这一过程特别注重对“过去”的研究，因为“过去”重大地生成为集体文化中最核心的部分，因而帮助集体成员产生了身份认同和集体相像。正是节日的循环往复的时间模式逆转了“永远加速向前”的变动不居的直线矢量的现代性时间，将

“过去”借助其具有固定次序的仪式，通过重复原则，将参与其中的集会成员到场，把共同文化记忆“现时化”为现实交往和文化实践。因此，节日的庆典活动使回忆居于现代性的深层的反思层面。这一基础关系，决定抗衡现代性遗忘的节日的文化记忆不是能力的而是文化的。

第八章

节日狂欢的现象学阐释

尽管节日狂欢可以从不同角度对其中的要素进行解释，但都缺少一种根本的整体性的研究。巴赫金多次提到节日狂欢中的笑（或诙谐）的普遍性和整体性，但都作为一种整体观念中的某一要素来论述。他也提出节日狂欢中的统一的“世界感受”，但这一提法的哲学立场仍未标明。现象学自胡塞尔提出以来，“回到事实本身”（“Zu den Sachen Selbst!”）成为现象学运动纲领性的口号。现象学作为一种哲学思维方式，是一种不必然诉诸文字的哲学活动，因此它区别于现象学学。从这一现象学来看待节日狂欢，可以从整体的统一的角度明确提出节日的狂欢的实质，因而可进一步阐释节日狂欢中的诸要素生成的机制。

第一节　现象学的基本概念

哲学活动的现象学不同于作为哲学史对象的现象学学。因此，有必要对现象学中的一些概念和方法作解释。

一、作为哲学活动的现象学与作为哲学史对象的现象学学

作为一种思维方式，动态过程的哲学活动凝练为静态结果的哲学史知识之后并未消失，其深沉的“思”的活动依然无声无息地活跃着，生成其自身并生成延续着哲学史——这一显赫的结果常常遮蔽着“思”。因此，所谓“哲学”的源初意义应是指哲学活动，即哲学之思，而非思之哲学史。因而，“思”本身是比哲学

史更源初的“事实”，那么，“回到事实本身”则规定了哲学史的对象的现象学学向哲学活动的现象学的返回与消解。

现象学在其本质上应“回到事实本身”，即事实的自行显现或对内存体验的自述。所谓自行显现或自述，一是指认识主体和认识客体在“回到事实本身”的活动中消除了二分割裂而实现了同一性；二是指对于“事实”本体来说，就不在此之外或之后有另一个所谓“本质”。因此，由现象学而得到结论的过程是：不要抽象推理，只应逼真地描述“事实本身”，这即现象学直观。它植根于胡塞尔晚年所说的“生活世界”。①

“回到事实本身”意味着还原。现象学的还原是指先验的还原，或者说，还原到纯粹的主体性上去。这也是现象学独有的方法。② 包括笛卡尔和康德的认识论的分析，都是对世界以何种方式显现给人们的解释性构造分析；而现象学构造研究的基本课题是显现（Erscheinung）、作为“现象”（Phänomen）的世界，也即胡塞尔晚年所谓的“生活世界”。③

胡塞尔区别出哲学观点和自然观点。在自然观点中，即在人们进入现象学哲学之前，对世界所持的态度中，世界和世界中的对象是作为某种客观的、自在存在的，即作为某种自身与意识无关而存在着的东西而有效。人们将如此被理解的与主体无关的对象世界区别于对象世界对人的意识而言的被给予存在，区别于它的“相对于主体的”“显现”。在自然观点中，我们正是以无疑的自明性坚信这个世界的自在存在。所谓“自在存在”意味着，它们不只是在主观相对的处境的时或性中的被给予之物，它们并没有在这种时或性中消失。对象是作为某种存在于杂多的被给予方式之彼岸并在这个意义上超越了这些被给予方式的东西而与我发生联系的。其实，对象的“显现”是这样进行的：任何对象尽管是作为某种同一的东西而被我意识到——作为一个对象，但是它是以杂多的被给予的方式把自身展示给我的，这些被给予方式随情况的不同而在主观上有所变化。④

---

① 参见尤西林：《人文精神与现代性》，陕西人民出版社 2006 年版，第 140～145 页。

② 参见［德］埃德蒙德·胡塞尔：《现象学的观念》，倪梁康译，上海译文出版社 1996 年版，第 2 页。

③ 参见［德］埃德蒙德·胡塞尔：《生活世界的现象学》，倪梁康、张廷国译，上海译文出版社 2002 年版，第 2 页。

④ 参见［德］埃德蒙德·胡塞尔：《生活世界的现象学》，倪梁康、张廷国译，上海译文出版社 2002 年版，第 3～4 页。

胡塞尔认为，意识是意向的，即指向对象。对构造的分析因此必须以本原的被给予方式为出发点，这些本原的被给予的方式赋予意识以动机，即与对象相联系。现象学要描述的是，本原体验的意识是怎样在它自己面前建立起对象的存在，这些对象而后又作为自在存在之物显现给它。①

现象学本身也是一种意向体验并因此依赖于本原性。胡塞尔将哲学认识中的本原被给予称为明见性(Evidenz)。明见性的特征是直观，在这种直观中，我以无兴趣的、不参与的考察方式看到对象，即看到某些普遍的本质关系。②

总的来说，现象学仍然在解决关于认识的可能性问题的起源。胡塞尔所提出的“回到事实本身”，即意味着去除任何所谓的“成见”而返归到纯粹的主体性，以本质直观而及事实本身。这种本质直观因而不能以任何谓词逻辑以衡量对象，进而形成其特殊的描述等方法。

二、现象学的描述方法及其人文意义

胡塞尔的现象学中，描述占有重要的地位。描述，必须是直观性的，亦即描述主体是以第一人称的意向性目光包括相像而亲自在场的。因此，使用的语言必然是描述性的语言，而非概括性的语言。这种方法必须区别于实用技术及其概念化下的单一的符号化。而这一描述方法恰可以通向艺术的本质。

在胡塞尔的学生海德格尔那里，艺术不要用某种哲学理论而径直去描绘一个器具，如此才能达到它的起源，即事物从何而来，通过什么它是其所是并且如其所是。③ 对凡·高的油画作品《鞋》的本源的切近也只有通过现象学的描述方法。这一双农鞋“从鞋具磨损的内部那黑洞洞的敞口中，凝聚着劳动步履的艰辛。这硬邦邦、沉甸甸的破旧农鞋里，聚积着那寒风料峭中迈动在一望无际的永远单调的田垄上的步履的坚韧和滞缓。鞋皮上粘着湿润而肥沃的泥土。暮色降临，这双鞋底在田野小径上踽踽而行。在这鞋具里，回响着大地无声的召唤，显示着大地对成熟谷物的宁静馈赠，表征着大地在冬闲的荒芜田野里朦胧的冬眠。这器具浸透着对面包的稳靠性无怨无艾的焦虑以及那战胜了贫困的无言喜悦，隐含着分娩阵痛里的哆嗦，死亡逼近时的战栗。这器具属于大地，它

---

① 参见[德]埃德蒙德·胡塞尔:《生活世界的现象学》，倪梁康、张廷国译，上海译文出版社 2002 年版，第 6 页。

② 参见[德]埃德蒙德·胡塞尔:《生活世界的现象学》，倪梁康、张廷国译，上海译文出版社 2002 年版，第 9 页。

③ 参见[德]海德格尔:《林中路》，孙周兴译，上海译文出版社 2014 年版，第 1 页。

在农妇的世界里得到保存。正是由于这种保存的归属关系，器具本身才得以出现而得以自持”①。

描述因此是对现象学意义下的直观的记录。一方面它必须忠实于直观，不能有增饰，也不能引申解释和概括。因此，需要“搁置”所有习惯成见回到事实本身。另一方面，描述力求具体细致，栩栩如生地展现被直观的对象、氛围或境况，这样的描述才接近艺术活动，从而达到艺术的本源。

这种方法保留了意识的意向性，因而保存着人类“认识”事物本身的可能性。在人文科学方法中，描述也是最重要的方法。尤其重要的是，当人文科学的意义(Significance)需要保存并显示其重大作用时，远非事物的具体含义(meaning)能够承载的。人文隐喻中意义是本质性的，它更体现意义的实存性。

当考古学证明特洛伊战争中的海伦是一个误传形象而真实的海伦在埃及时，布洛赫(Ernst Bloch)作出以下有关海伦形象的人文形象的意义的重要辩解：“这件事情的真正深刻之处在于：特洛伊的或者说幻影的海伦比埃及的海伦更为优越，因为前者在梦中活了十年，并使梦想真正获得了实现。这是不能完全由后来的真正现实所取消的……只有特洛伊的海伦而不是埃及的海伦和军队一道行军，只有她使她的丈夫度过十年辛苦的徒然思念的岁月，使他备尝痛苦与又恨又爱的感情，使他背井离乡地度过许多夜晚，尝尽艰苦的军营生活，急切地盼望胜利。砝码已经被轻易地调换了一下：在这个迷惑混乱之中，同一个罪恶的、受苦的但主要是有希望的世界连接在一起的、幻想出来的特洛伊的诱人的女妖几乎是唯一的现实，而现实倒几乎变成一个幻影。”②

或出于同样的考虑，在当前无论科学技术发达到何种程度，史诗神话和宗教信仰者都忌讳利用高科技还原史实，而旨在保护着作为其精神源头的神圣与神秘氛围。其中的“祛魅”完全否弃了研究对象所包含的丰富的精神含义，而其中的精神信仰资源因此可能被破坏和消灭。

因此，自现象学视域来“观看”对象，才可能保护研究对象的源初的精神内涵和丰富意义。

---

① ［德］海德格尔：《林中路》，孙周兴译，上海译文出版社 2014 年版，第 17 页。

② ［德］布洛赫：《希望的原理》第 1 卷，梦海译，上海译文出版社 2012 年版，第 215～216 页；尤西林：《阐释并守护世界意义的人：人文知识分子的起源及其使命》，华东师范大学出版社 2017 年版，第 98～99 页。

第二节 作为节日气象特征的狂欢

现象学观念不只对哲学产生了重大的转折性的思维影响，而且对美学与艺术的讨论也产生了重要影响。

一、“气氛”概念的提出

当代美学实践多样而富于变化，现代数字技术、虚拟空间的发展对美学理论提出了新的挑战。在当代英美和欧洲大陆有关这一美学理论的讨论中，有两种尝试：一派以杜尚、丹托为代表，他们认为，与传统艺术不同，现代艺术主要是一种概念艺术，从而将美学规定为一种感性认知理论；另一派以波默等人为代表，他们认为应该从现象学、身体哲学等哲学观念出发，重新回到鲍姆加通创建感性学（Aesthetic）学科以来的感性学传统。[①]

缘于现代生态危机和实在审美化的趋势，自然作为人类环境与欣赏者建立审美关系成为可能，因而也可进一步探析这一审美的生成机制。自然作为人类环境构成审美关系的深层结构是欣赏者与环境的关系。英国学者罗纳德·赫伯恩（Ronald Hepburn）、艾伦·卡尔森（Allen Carlson）和美国学者阿诺德·伯林特（Arnold Berleant）为环境美学研究奠定了坚实基础。国内学者程相占选用“融入”（involvement）、“浸入”（immersion）与“交融”（engagement）来概括其理论，认为其所揭示的深层结构无外乎是“身在环境中”，也就是说，欣赏者与其所在、所赏的环境之间进行积极互动。并且认为，这个理论思路隐含着两个理论取向：一个是环境美学的生态取向，另外一个则是环境美学的身体取向。[②]

延续这种美学思想，德国美学家格诺特·波默（Gernot Böhme）提出一种关于自然（作为人类环境）的美学，即气氛美学或自然生态美学。首先，从美学角度来说，他希望从现象学、身体哲学等方面来革新传统的“判断美学”理论与范

① 参见贾红雨：《感性学—美学传统的当代形态——格诺特·波默“气氛美学”研究》，《文艺研究》2018年第1期。

② 参见程相占：《环境美学的理论思路及其关键词论析》，《山东社会科学》2016年第9期。

式，试图在当代美学的实践中重新发扬自鲍姆加通以来的感性学—美学传统。[①]其次，作为从感性学—美学传统的当代形态，当前从生态学去理解自然美，其实是一种关于自然（作为人类环境）的美学。从环境视角出发的美学关涉的是感知（Aisthesis），也即感性知觉。因此，波默也将气氛美学称为"关于感知的一般理论"。[②] 感性第一论题不是物而是气氛（Atmosphäre）。

再次，从生态学进入美学领域，气氛美学的核心论题是"环境质量与人的处境感受之间的关系"，而气氛就是这个关系的中介。从"气氛"这一概念体现出这种新美学的新质：新美学涉及纯感性的经验，注重人们对某个事物的情感参与；新美学注重对象的"现实性"，意即被表达的东西通过某物"在场"。

最后，艺术不再是美学的第一论题，而是某种特殊形式的审美工作。[③] 美学的主题现在是审美工作，即气氛的制造。就此而言，其范围扩展至美容、广告、室内设计、舞台布景和狭义的艺术等。[④]

气氛是气氛美学中的核心概念之一。以现象学描述为方法、以施密茨的身体哲学为基础的波默的新美学来说，气氛是一种第一性的整体的知觉现象。也就是说，当我们进入某个空间，我们首先感受到的是此空间所带有的气氛，这种气氛对我们的处境感受（Befinden）来说是决定性的。而且只有我们处在气氛中，才能识别个别的物之所是。[⑤] 因而，物不再是通过它与其他物的区别，不再是通过其界限和统一性来理解，而是根据它走出自身、登台亮相的方式即"物的迷狂"来理解的。[⑥]

二、作为气氛的环境

"作为气氛的环境"是指什么？一些艺术现象或许会引发我们对此的思考。

---

① 参见[德]格诺特·波默：《气氛美学》，贾红雨译，中国社会科学出版社 2017 年版，第3页。

② 参见贾红雨：《感性学—美学传统的当代形态——格诺特·波默"气氛美学"研究》，《文艺研究》2018 年第 1 期。

③ 参见[德]格诺特·波默：《气氛美学》，贾红雨译，中国社会科学出版社 2017 年版，第1～6 页。

④ 参见[德]格诺特·波默：《气氛美学》，贾红雨译，中国社会科学出版社 2017 年版，第11 页。

⑤ 参见[德]格诺特·波默：《气氛美学》，贾红雨译，中国社会科学出版社 2017 年版，第4 页。

⑥ 参见[德]格诺特·波默：《气氛美学》，贾红雨译，中国社会科学出版社 2017 年版，第21 页。

马尔克斯的《百年孤独》中写到行刑队面前的奥雷连诺依然记得多年前他父亲去参观冰块的那个下午，那么伴随着参观冰块这一活动应该有不一般的氛围。现代作家汪曾祺在《天山行色》中写到他看了赛里木湖后，始终撞击着他的整个回忆的唯有湖水的“蓝”[①]，那么参观湖水的活动周围应该存在着非同寻常的环境。《红楼梦》中林黛玉的潇湘馆周围凤尾森森、龙吟细细的竹林是她浅吟低唱的环境。[②] 田埂上那行走的步伐和已经进入黄昏的天色才是凡·高的艺术品《农鞋》的氛围。[③] 对此作必要的分析可让我们理解这一概念。

首先，上述例子中伴随着“冰块”和“蓝色”的都是与其共在的环境，而且是作为气氛存在的环境；而“雨中竹林”和“黄昏天色”也是作为气氛的环境。一般来说，不论是自然环境、人文环境还是生存环境等等，都可以作为气氛出现。在此意义上，环境作为气氛具有普遍性。其次，环境何以呈现？在伴随着奥雷连诺参观冰块这一活动前提下，才会有其记忆中的下午、父亲等环境元素；而赛里木湖的“蓝色”的主色调中，周围的天色和远山才可能构成汪曾祺回忆中的氛围。这犹如丢进了一颗石子的平静湖面荡开的涟漪，其中石子与湖面的冲撞是“前提”，而周围的涟漪才构成“氛围”。最后，环境何以被主体察觉？如果把“前提”视为正在进行的主体活动，那么在一切与主体活动共在的事物才可以并可能构成氛围。因此，“气氛”是主体活动时的氛围或情调。总的来说，环境作为气氛才使环境作为主体感性体验的对象，因而主体活动时的周遭之物都可以成为环境从而进一步作为气氛被感受。

在气氛美学视域下，环境是作为气氛而存在的。“作为气氛的环境”是与主体活动“共在”构成氛围或情调的周遭之物。“主体活动”在此指主体对象化的任何活动。“共在(Dabeisein)”是德国学者伽达默尔提出的哲学诠释学的概念，意思是“参与”。[④] 在此指主体活动和周遭之物的“共时性”(Gleichzeitigkeit)地存在着。需要指出的是，主体活动中的主体和同时存在的作为气氛的环境这二者之间是审美关系而不是自然科学关系。

波默的自然美学观念是从生态学角度来思考的。人与自然的关系既可表

---

① 参见汪朝选编：《汪曾祺散文》，浙江文艺出版社 2007 年版，第 93～95 页。

② 参见曹雪芹、高鹗：《红楼梦》上册，人民文学出版社 1982 年版，第 360 页。

③ 参见[德]马丁·海德格尔：《林中路》，孙周兴译，上海译文出版社 2014 年版，第 17 页。

④ 参见[德]汉斯-格奥尔格·伽达默尔：《真理与方法》，洪汉鼎译，商务印书馆 2013 年版，第 183 页。

现为科学的关系，也可表现为生态学的关系。前一关系中的自然是作为物理或化学科学研究的对象而仅仅体现为知识，后一关系中的自然是作为生态学研究的对象而呈现为情感对象。作为情感对象的自然，不仅仅是作为客体对象而被审美，而是作为与主体活动共在的气氛存在。生态学的自然审美并非对其中一切自然元素或其整体及其特征进行鉴赏判断，而是将自然作为某种存在进行感性体验。因而，从现象学角度提出将“气氛”作为气氛美学的核心概念，则可能突破一般视自然为审美客体的古典审美经验，而突出自然的现象学意蕴。在此意义上，作为气氛的环境也并非是将环境进行鉴赏判断，而是将环境作为某种存在进行感性体验。这种环境之所以成为感性体验的对象，是因为它是作为气氛存在的。因此，作为气氛的环境与“没有气氛的环境”之间的差别在于前者与主体活动相联系。如此，环境及其构成之物才可能从平常的自在状态中跃出而成为主体的感性体验对象。

而且，要进一步指出的是，主体活动中的主体和共在的环境这二者之间并非主体与客体的关系。作为气氛的环境不是主体活动中的客体对象。那么，气氛属于何种存在性质呢？波默认为，气氛既非主体也非客体，而同时与主体不即不离，又具有准客体的特征。就气氛并非是物的属性，而是通过其属性来表达它在场的领域来说，它是似物的东西(etwas Dinghaftes)；就气氛在其身体性的在场是通过人的察觉而言，就这个察觉同时也是主体在空间中的身体性的处境感受而言，也是似主体的东西(subjekthaft)，它属于主体。[①] 因此，作为气氛的环境同样如此，处于主体与客体之间的居间“位置”。

另外，作为气氛的环境和主体活动以“共在”的关系被主体察觉到。恰如伽达默尔指出的，共在的意思要比同时存在的“同在”(Mitanwesenheit)更多，它作为人类行为的一种主体活动而具有外在于自身存在(Aussersichsein)的性质，因而在庆祝节日的人们或进行观赏游戏的观赏者会忘却自我。所以共在的本质应该是“共时性”(Gleichzeitigkeit)。共时性不是同时性(Simultaneität)，而是某物在其表现中赢得完全的现在性。[②] 作为气氛的环境因这种现在性而与主体活动具有共时性，共在的本质使得主体活动使主体的活动如游戏一般充满了生机。

---

① 参见[德]格诺特·波默(Gernot Böhme)：《气氛美学》，贾红雨译，中国社会科学出版社 2017 年版，第 22 页。

② 参见[德]汉斯-格奥尔格·伽达默尔：《真理与方法》，洪汉鼎译，商务印书馆 2013 年版，第 183～185 页。

三、作为节日气氛特征的狂欢

实质上，狂欢是节日气氛的整体特征，而气氛的构成则需要从现象学的视角才能得以阐释。

首先，节日狂欢中的节日是与周围气氛一起呈现出来的，它们共同作为整体被感受。伽达默尔认为可以从节日庆典的时间性来认识艺术存在的时间性。他把这种重复出现的节日庆典活动称之为“它的重返”(Weiderkehr)。节日庆典活动是一次次地演变着的，然而这种改变根本未触及节日庆典活动的那种来自它被庆祝的时间特征。对于节日庆典活动的本质来说，“它的历史关联是次要的”，它并不是“以某一种历史事件的方式而成为某种同一的东西”，而是在“自我表现”上“才比所有属于历史的东西更彻底的意义上是时间性的”。所以，说“只有在变迁和重返过程它才具有它的存在”，它把“所真正要求的东西带到了具体存在(Da-Sein)”。① 节日活动仅仅由于它被庆祝而存在。也就是说，人们庆祝节日，实际是因为它本身。

而在游戏、节庆和艺术活动中，观赏者与游戏者是“在那里的同在”(Dabeis-ein)所规定的。同在就是参与(Teilhabe)。所以说，观赏是一种真正的参与方式。观赏者也与仅仅由于好奇心而观看某物的人之间存在某种本质的区别。在好奇心的对象里，关注的是对象的新奇的形式，即抽象的异样性的形式性质，由此才可能生成对象的魅力，其神情是“无聊和冷漠”的；而在真正的观赏者那里，实际想返回和集中注意某些东西，观赏者含有“对持久的欲求以及这一欲求的持久存在”，他的状态因此是与“狂热的自我忘却性相适应的”。②

其次，作为节日气氛的环境处于主体活动的边缘境地，因而不是客体对象，而且它绝不能被擢拔为客体对象。因此，它不仅作为主体活动的伴随物与主体若即若离，甚至守护着边缘性的虚无或无声的境界。从人类生存生活的最大前提来说，这种环境应该是包罗万象的自然界。从现象学来说，与此共在的“世界”是此在作为气氛的最根本的环境。

作为节日气氛的环境主要有以下特征：

首先，作为气氛的环境依赖于主体活动中的主体和客体，表现为依赖性。

---

① 参见[德]汉斯-格奥尔格·伽达默尔：《真理与方法》，洪汉鼎译，商务印书馆 2013 年版，第 182～183 页。

② 参见[德]汉斯-格奥尔格·伽达默尔：《真理与方法》，洪汉鼎译，商务印书馆 2013 年版，第 183 页。

唯有主体在活动时，才可能有作为气氛的环境。主体在沉思、运动、观察等活动时，可能在活动之余，领略到气氛的存在。如果没有主体的活动，那么可能构成气氛中的环境都冥然无迹。构成气氛之物依赖主体活动而产生，但永远不可能是主体的对象，否则，构成气氛之物就消失其身份而成为客体对象。另外，环境生成气氛是伴随主体活动时的客观自在物的呈现。或者说，正是主体活动的激发，自在物才由冥然状态“登台亮相”走向主体意识边缘。环境的这种自我呈现为气氛的过程，是由“遮蔽”走向“敞开”的动态过程。构成气氛的环境持守着这个过程。所谓持守，也就是作为环境之物在“遮蔽”和“敞开”的状态之间的动态坚持。因而，对于主体活动来说，环境构成气氛呈现为偶然性。就此意义上说，主体活动中的主体和客体成为作为气氛的环境必要的前提。

其次，依赖于主体活动的作为气氛的环境，在存在论上表现为居间性。在波默看来，气氛不仅与主体有关，而且还与客体相连，它介于主客之间，因而表现为居间性。① 这种定位，其实也是与主体活动共在的“环境”的定位。自在的环境之所以是自在物，在于其处于主体活动之外。在沉思、游戏等主体活动中，主体和客体之间动态关系必然存在。这一动态活动能被感受为美的，主体和客体之间的必然存在如“游戏”一般的动态关系。德国康德的形式主义美学观念认为，美涉及主体对自身情感的关系，离开了主体，美无所谓其是什么，因为美无非是“在想象力和知性的自由游戏中的内心状态”②。赫伊津哈指出，游戏作为文化的普遍成分（The play-element of culture），存在于语言、艺术等一切文化现象中。③ 然而，绝非无关紧要，唯有在这些活动之时，周围构成环境之物才凸显出来，形成气氛。而这些活动之所以能够如“游戏”一般顺畅直到顺利完成，原因正在于周遭之物形成气氛与之“共在”。因此，环境构成气氛，处于与如游戏一般进行的主体活动“共在”的前提之下。这种共在的关系，使作为气氛的环境处于与主客体不即不离的居间状态，表现为居间性。

再次，构成环境之物在形成节日气氛时表现为无边界性或无限性。主体活动进行的同时，主体周围环境的感性体验因环境本身的无限动态“敞开”而表现为无限性。在主体活动这一前提下，自在之物从自在的“遮蔽”状态“走向”周遭

---

① 参见［德］格诺特·波默（Gernot Böhme）：《气氛美学》，贾红雨译，中国社会科学出版社 2017 年版，第 10 页。

② ［德］康德：《判断力批判》，邓晓芒译，杨祖陶校，人民出版社 2002 年版，第 53 页。

③ 参见［荷兰］约翰·赫伊津哈：《游戏的人》，多人译，中国美术学院出版社 1996 版，第 2 页。

之物，同时保持着“敞开”的意向性。主体活动一旦开启，那么形成气氛的环境之物则“登台亮相”，“敞开”与主体活动共在。形成气氛的环境之物并非固定而现成，而是在动态的生成之中。在此，需要区分诸如会议气氛和音乐氛围等人文环境形态、风景等自然环境形态和生存环境形态。风景作为气氛，与它的构成元素如溪流、规划等无直接关系（如果直接审视这些元素，那么风景即是审美客体），而只有在有游客凭栏驻足远眺或吟诗之时，这风景等自然环境才生成为必要的气氛。因此，作为气氛的环境并不只是人力所为，天地自然或可作为最深层的人类生存的气氛。

另外，环境之物形成气氛时表现为动态性。伴随主体活动的构成气氛的环境之物在“敞开”中，而其他事物则处于“遮蔽”之中。但这一切处于动态的转换中，并非稳固之态。节庆气氛或可说明这一点。在节日到来之前，所有环境之物都为营造节日气氛而做。中国春节来临之前从腊月二十三到大年三十添置节日物品；而在节日进行之时，所有物品营造的环境才真正作为气氛“登台亮相”，年夜年岁交替之时食物、穿着、供奉等一切才真正作为形成节日必要的气氛；节日过去之后，营造环境之物已渐次失去气氛之功能，归于“遮蔽”的冥然状态。这种动态使作为气氛的环境之物处于不确定的或隐或显的境地。只要节日中的主体活动在进行之时，那么这些作为气氛的环境之物就可能突出地显露“敞开”来；而活动结束，这些气氛构成之物就“遮蔽”抽身而去。因而环境构成气氛处于变化的常态，而非固定之态。

最后，作为节日气氛的环境因动态呈现而不易被把握为直接对象，表现为无对象性。春恨秋悲为古代文人诗中的常见情态，但也有对春之奔放、秋之刚烈的歌颂情怀。“感时花溅泪，恨别鸟惊心。”这种因主体的诸种感官感觉融通的现象，则通常有环境作气氛。“观山则情满于山，观海则情溢于海。”“仁者乐山，智者乐水。”主体的情感投射于物而使物皆有主体的情感，也有周围的环境作气氛来增加韵味。但是，作为气氛的环境绝非主体审美的客体对象，因而它们并不能被固定为某一物，区别于作为审美对象的春秋和山水等物都可能是主体感性情感流露之时的伴随之物。

需要进一步指出的是，作为节日气氛的环境呈现出来的主要特征并非是主体审美的直接结果，而毋宁是环境在主体活动时呈现为气氛的结果。这种可作为气氛的环境与主客体不即不离的居间的境地，是环境本身的特有之相。或者说，与主体进行直接照面的是客体，而作为气氛的环境则隐藏于主体与客体照面的活动之边缘。与直接照面的客体相比较，这种环境则守护着其本身特有的冷寂甚至虚无的风貌，唯有在节日之时，才与之一同呈现为节日气氛。

第三节　节日狂欢气氛的生成机制

节日的狂欢气氛是如何生成的？这个问题可借助于现象学的"气氛"概念来阐释。节日气氛并非是某一单独认识对象，而是构成气氛之环境的各个事物"敞开"生成的结果。

一、节日狂欢气氛的生成过程

波默认为，气氛作为感性体验的对象处于首要位置。人进入某个场合之中，首先感受到的是空间、周围、物和人等所带有的气氛。在气氛中，人才可以知觉和识别对象。[①] 但是，从现象学角度来说，气氛作为事物的"敞开"绽放开来，但就源初而言，何物不是气氛知觉的结果呢？而且，美的气氛和没有美感的气氛的区别在何处呢？波默指出，气氛是从物、人等那里出发的东西，是被它们创造的东西。气氛是知觉者和被知觉者共有的现实性。所谓知觉者现实性，是就觉察着气氛的知觉者从其身体性的处境在场而言的；所谓被知觉者的现实性，是作为其在场的领地而言的。[②] 因此，作为节日气氛的环境成为主体察觉的对象，是主体活动的间接结果。在主体活动这一必要前提下，我们才会讨论节日气氛，而作为气氛的环境才可能被领略到。在传统的主体和客体二分的审美模式中，不可能对作为气氛的环境有任何阐释；毋宁说唯有暂时悬置这种主客二分的审美判断，才可能对作为气氛的环境产生感性体验。因此，对这种环境的"审美"实质上是一种气氛知觉体验。在此意义上，我们来探讨作为节日气氛的生成机制。

首先，就作为前提的主体活动来说，任何主体的对象化过程都可归入这种活动。通过这种活动，人类维持自我的日常生活。在康德看来，现代人心灵能

---

① 参见[德]格诺特·波默：《气氛美学》，贾红雨译，中国社会科学出版社 2017 年版，第 4 页。

② 参见[德]格诺特·波默：《气氛美学》，贾红雨译，中国社会科学出版社 2017 年版，第 22 页。

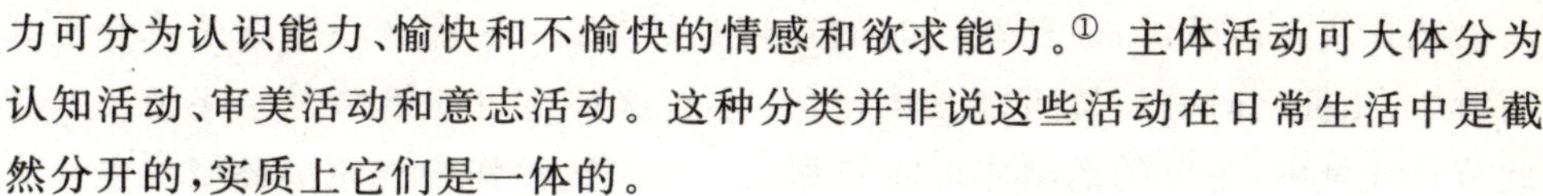

力可分为认识能力、愉快和不愉快的情感和欲求能力。[①] 主体活动可大体分为认知活动、审美活动和意志活动。这种分类并非说这些活动在日常生活中是截然分开的，实质上它们是一体的。

其次，我们引入“艺术审美”“现实审美”这一组概念，以拓展这种主体活动特别是审美活动的形态，进一步理解作为气氛的环境审美过程。当然，艺术审美和现实审美都存在作为气氛的环境。在现实的日常生活中，既有静态的艺术审美，也有动态的现实审美。以舞者和观舞者来说明“现实审美”和“艺术审美”这一组概念。舞者自我形体的美感所产生的过程完成不同于观舞者的美感所产生的过程。前者是动态的，后者是静态的；前者是非对象化的，后者是对象化的；前者是本源的，后者是代偿的；前者是第一性的，后者是第二性的。因此，舞者对自我的现实审美包含了更多的本源性的动态过程，这完全不同于观舞者面对舞者的舞蹈这一艺术品时的艺术审美的静态过程。[②] 从美感产生的方式上来说，体验作为气氛的环境产生感性知觉的过程类似于现实审美的美感产生过程。

现实审美的美感的产生源于主体活动，正是在主体对象化过程中，由过程本身的顺畅产生的主体对自我的肯定。然而，这种肯定的对象是不易把握甚至是动态不定的，因而可以说是非对象化的。它完全不同于艺术审美中对艺术对象的美感的对象化的把握。

再次，但又区别于现实审美的美感产生过程，气氛美学视域下的环境审美并非主体对象化过程的直接结果，因为这环境并非客观对象。这一环境呈现为气氛缘于这一主体对象化过程，但又不是主体对自身的肯定；虽可能升级为客体对象，但不是客体对象。它守护着这种动态的边缘地位，因而极不易为主体把握，所以是非对象化的。而在主体对象化过程中，主体才可能在如游戏一般的顺畅(也可能是戛然中断)过程中，感触到氛围的存在。而对主体来说，环境之所以感受为美的氛围，恰恰与其自身活动的顺畅或身心沉浸相关。这种感性状态恰是环境呈现为气氛产生的根本。正是在此感性状态中，主体活动的周遭之物才得以“敞开”，也即物以“迷狂”状态亮相为气氛。

最后，在亮相为节日气氛的环境中，因主体的感性状态而被归属为不同情态。从气氛上来说，主体陷入沉思之时的环境是死寂的，尽管这环境可能恰是

① 参见[德]康德：《判断力批判》，邓晓芒译，杨祖陶校，人民出版社 2002 年版，第 53 页。

② 参见尤西林：《关于美学的研究对象》，《学术月刊》1983 年第 10 期。

鸟语花香或人声鼎沸；而狂欢之时的环境是热烈的，尽管这环境可能恰恰是绿荫清风；相拥之时的环境可能是温暖的，尽管这环境可能恰恰是十字街头。在此节日气氛中，主体的活动才可能如游戏一般。这种作为气氛的环境与主体活动的和谐关系，如黑格尔在探讨声音对主体的效果时所指出的那样："音乐用作内容的是主体的内心活动本身，目的不在于把它外化为外在形象和客观存在的作品，而在于把它作为的内心生活而显现出来，所以这种表现必须直接为表达一个活的主体服务。"①因而，即使在平常的环境中，只要它敞开为节日气氛，那么主体在与气氛的共在的往返张力关系中，"特定的事务行为个体因此意义背景才获得了主体自我的尊严"②。

我们再以庖丁解牛为例来阐释作为气氛的环境审美的过程。

> 庖丁为文惠君解牛，手之所触，肩之所倚，足之所履，膝之所踦，砉然响然，奏刀騞然，莫不中音。合于桑林之舞，乃中经首之会。……始臣之解牛之时，所见无非全牛者。三年之后，未尝见全牛也。方今之时，臣以神遇而不以目视，官知止而神欲行。依乎天理，批大郤，导大窾，因其固然。技经肯綮之未尝微碍，而况大軱乎！良庖岁更刀，割也；族庖月更刀，折也。今臣之刀十九年矣，所解数千牛矣，而刀刃若新发于硎。彼节者有间，而刀刃者无厚；以无厚入有间，恢恢乎其于游刃必有余地矣，是以十九年而刀刃若新发于硎。虽然，每至于族，吾见其难为，怵然为戒，视为止，行为迟。动刀甚微，谍然已解，如土委地。提刀而立，为之四顾，为之踌躇满志，善刀而藏之。③

在庖丁解牛的活动中，作为活动中的主体庖丁的对象是牛。他对于牛之熟悉程度显然是从认知活动开始的。他的行为从"见全牛"到"未见全牛"再到"神遇"，完全建立在对作为对象的牛的"天理"的认知之上。而解牛之过程则神乎其技，不仅所使工具虽经"十九年而若新发于硎"，而且手肩足膝都切中肯綮以至于"牛不其死"。唯有在此基础上，主体活动才顺畅圆满，而主体才在提刀而立、向周围环顾之际，内心顿时涌现"踌躇满志"的感性情感。这种感性情感就是现实审美产生的美感。它才不是艺术审美那样静态的对象化的审视，显然是主体对自我在活动中动态化的表现的肯定。

重要的是，缘于这种因"踌躇满志"之时的环顾，原本耳熟的《桑林》《经首》

① [德]黑格尔：《美学》第3卷上册，朱光潜译，商务印书馆1979年版，第353～354页。
② 尤西林：《论氛围音乐》，《东方艺术》1996年第6期。
③ 陈鼓应：《庄子今注今译》，中华书局1983年版，第95～96页。

之舞之会才作为气氛才为主体察觉，因而呈现出来。这种舞蹈本来不是庖丁所要认知的对象，而且也未将其纳入活动之中，但恰恰是这种主体活动本身的美感使得这些舞蹈及韵律“登台亮相”。《桑林》等音乐与围观之人群及其喝彩恰生成必要的文化环境，这环境作为气氛使庖丁解牛俨然如舞蹈一般流畅美观。

在庖丁因“踌躇满志”而环顾之刹那，恰是主体刚刚完成活动将要抽身而去之时，也正是主体面对动态的自我表现而产生的美感之际，《桑林》等音乐与围观之人群及其喝彩等环境作为气氛呈现在主体感性的边际，而与整个活动“共在”。这种气氛因主体的“踌躇满志”而顿感愉悦。

总而言之，区别于主客二分审美模式下的环境审美，作为节日气氛的环境审美的特质在于：它缘于任何主体对象化活动，因而在主体活动进行之时，以其特有的“相”动态地“敞开”于主体活动周围，与主体活动“共在”，无边界的环境因主体在对象化活动中的情态呈现为气氛，共同生成主体的感性知觉。

二、美的节日气氛批判

作为节日气氛的环境的感性体验区别于直接作为客体的环境审美。前者缘于主体活动，环境因而作为无边际的节日气氛，体现为感性知觉；后者主要将环境作为艺术品，以形式主义美学思想对其进行鉴赏判断，从而纯粹化为以主客二分模式为主的审美模式。在前者现象学审美观念中，不仅美的环境可以被感知，而且没有美感的环境之物及复制品或赝品都可以作为节日气氛成为阐释对象，生成感性体验；在后者主客二分审美模式下的形式主义审美观念中，主体直观作为对象的环境，因而抛弃任何没有美感的事物。

在气氛美学这一视域中的环境审美过程，环境仅可作为节日气氛呈现，而不是主体的客观对象。这一视域的改变，不仅将环境的范围扩大深化，自然环境、人文环境和生存环境等都可作为气氛而构成主体的感性知觉，而且时间中的任何构成环境之物也可作为气氛成为阐释目标。可以说，气氛美学的提出的好处之一，是原本处于主体活动之外围而被忽视的物重新被言说和阐释。气氛美学“拉平”了诸多构成气氛之物与主体的距离，因而构成节日气氛之物对于主体来说不再产生差别。

在前面的分析中，我们强调作为节日气氛的环境的依赖性和居间性。也就是说，这种环境不仅依赖于处于“核心”的主体活动，而且坚持在主体和客体之间守护其居间的特性。也正是主体活动这一前提使这种环境处于居间位置。在此意义上，我们可以尝试给出鉴赏环境好坏的大略标准。在主体活动的前提下，作为气氛的环境之所以是美的，是与主体在其活动的情态“共在”的，必然与主体活动如游戏一般相和谐，能够融入主体活动并且增加主体的感知强度，帮助完善主体的感性；而作为气氛的环境之所以不是美的，是它并未能融入主体活动，因而阻碍或中断了主体活动，主体的感知因此停止。简而言之，我们认为，与主体活动“共在”的环境是美的，而那些无法融入甚至破坏了主体活动的环境则是不美的。

因此，那种可以和主体活动“共在”的环境才能称之为美的。在庖丁解牛的活动中，作为活动中的主体庖丁的对象是待解之牛，原本无意于《桑林》《经首》之舞之会，但是后者作为气氛使庖丁解牛俨然如舞蹈一般流畅美观。同时，如围观之人群及其喝彩、曾经耳熟的舞蹈之韵律等一些原本陷入冥然的事物都因主体活动“登台亮相”而显现出来，成为主体活动的必要气氛。就音乐而言，能融入主体活动中的环境元素是美的。能作为沉思之氛围的音乐自然是轻缓的，甚至是无歌词的。如整体节奏激昂澎湃的钢琴曲《星空》则不适合做沉思的氛围音乐，而整体节奏舒缓绵柔的钢琴曲《夏天(summer)》则易融入主体沉思的活动中，呈现为氛围。就此意义上说，这类音乐形成的文化环境对于沉思的主体来说是美的。而对于参禅悟道者来说，环绕群山的鸟语花香、细流碎石等环境可作为最美的气氛，其动人心魄、引人入胜之处甚至超过任何其他有声音乐。值得注意的是，完全不同于默识对象的禅乐，这种环境必然是作为气氛呈现的。对于活动中的主体来说，能与其“共在”的环境才是美的。对深度思考者来说，轻微悠扬的笛音或熟睡中的婴儿的呼吸都可构成美的环境，而夜半之时窗外的机器的轮转轰鸣则是极差的环境；对于兴奋的游戏者来说，节日狂欢的粉丝观众无疑可构成美的环境，而呆若木鸡的场外监管者不可能构成环境以形成气氛；在哲思的意义上，“大象”和“大音”则可能形成最深广的构思氛围，因而是最美的人文环境。

综上所述，区别于传统主客体二分的审美模式下的直接将环境作为客体对象的鉴赏判断，在波默提出的气氛美学视域下，作为节日气氛的环境审美的生成机制呈现出新的特征。作为节日气氛的环境与主客体若即若离，而且深层地依赖于主体活动。在与主体活动“共在”这一前提之下，环境才经由“遮蔽”走向“敞开”，以其特有之“相”呈现于主体活动周围，融入主体活动，与主体活动共在，形成气氛。这种节日气氛是动态的、无边界的，因而也是无对象性的。它在主体的情态变动时呈现，共同完善主体的感性知觉。这种现象学的处理方式显然将构成环境的所有事物引入可能言说之途，并提升了传统的主、客体二分的

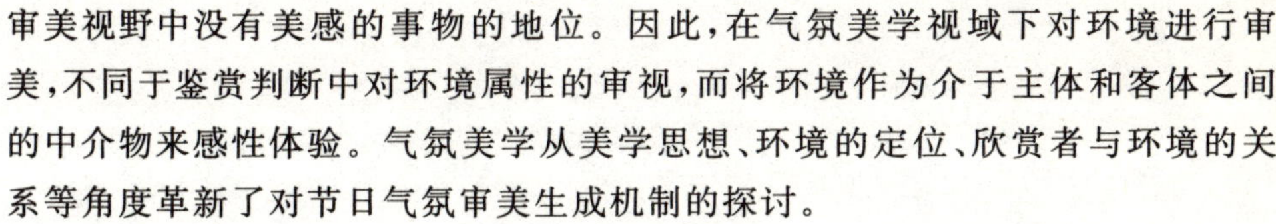

审美视野中没有美感的事物的地位。因此，在气氛美学视域下对环境进行审美，不同于鉴赏判断中对环境属性的审视，而将环境作为介于主体和客体之间的中介物来感性体验。气氛美学从美学思想、环境的定位、欣赏者与环境的关系等角度革新了对节日气氛审美生成机制的探讨。

本章小结

总的来说，现象学以其“回到事实本身”的方式希望寻求“认识”事物本质的可能性。这一方式“搁置”任何哲学习见和世俗成见，寻求谓词逻辑之前的事物本身。从此方向上去寻求艺术的本源，恰需要本质直观，以描述的方法来切近“认识”事物的本质。现象学观念给美学实践带来的影响之一是传统感性学的复兴。在这方面的代表是波默的气氛美学。经由气氛美学中的气氛的概念，我们认为节日狂欢其实描述的是气氛。狂欢的节日气氛，是一种现象学方法才能整体感受的对象，它既不属于主体或不属于客体而具有居间性质。而且，不是单纯某一物，而是所有构成气氛的环境中的诸物才与节日这一特定的时间共同呈现为节日气氛。节日气氛中的诸多要素因此与其中的主体活动如游戏一般地“共在”。在这一现象学的共在关系中，我们才可给出美的节日气氛的大略依据，即与主体活动相谐和的气氛才是美的气氛。

人名译名对照表

[古希腊]	柏拉图	Plato
[古希腊]	苏格拉底	Socrates
[古希腊]	亚里士多德	Aristotle
[法]	波德莱尔	Charles Pierre Baudelaire
[美]	马泰·卡林内斯库	Matei Calinescu
[德]	马克斯·韦伯	Weber M.
[德]	于尔根·哈贝马斯	Habermas，J.
[美]	丹尼尔·贝尔	Daniel Bell
[美]	马歇尔·伯曼	Marshall Berman
[英]	安东尼·吉登斯	Anthony Giddens
[德]	齐奥尔格·西美尔	Georg Simmel
[美]	路易·沃斯	Louis wirth
[德]	本雅明	Schoenflies Benjamin
[德]	斐迪南·滕尼斯	Ferdinand Tönnies
[德]	卡尔·马克思	Karl Heinrich Marx
[英]	德兰蒂	Gerard Delanty
[英]	弗雷泽	James George Frazer
[法]	柏格森	Henn Bergson
[德]	歌德	Johann Wolfgang von Goethe

[俄]	陀思妥耶夫斯基	Фёдор Михайлович Достоéвский
[意]	维柯	Giovanni Battista Vico
[德]	叔本华	Arthur Schopenhauer
[德]	尼采	Fredrich Wilhelm Nietzsche
[法]	拉伯雷	Fran ois Rabelais
[德]	黑格尔	Georg Wilhelm Fredrich Hegel
[德]	海德格尔	Martin Heidegger
[德]	胡塞尔	Edmund Husserl
[意]	马基雅维里	NiccolòMachiavelli
[英]	洛克	John Locke
[法]	卢梭	Jean-Jacques Rousseau
[匈]	卢卡奇	Szegedi Lukács György Bernát
[法]	列斐伏尔	Henri Lefebvre
[美]	马尔库塞	Herbert Marcuse
[法]	鲍德里亚	Jean Baudrillard
[英]	弗里斯比	VDavid Frisby
[德]	桑巴特	VWerner Sombart
[英]	霍布斯	Thomas Hobbes
[英]	亚当・斯密	Adam Smith
[法]	福柯	Michel Foucault
[美]	列奥・斯特劳斯	Leo Strauss
[奥地利]	布克哈特	Max Burckhardt
[德]	卡尔・洛维特	Karl Löwith
[法]	巴塔耶	Georges Bataille
[法]	拉康	LacanJacaueo
[法]	德里达	Jacques Derrida
[德]	康德	Immanuel Kant
[德]	阿多诺	Theodor Wiesengrund Adorno
[法]	利奥塔	Jean Francois Lyotard

[法]	贡巴布翁	Antoine Compagnon
[英]	哈维	David Harvey
[美]	杰姆逊	Fredric R. Jameson
[英]	弗朗西斯·培根	Francis Bacon
[俄]	巴赫金	M. M. Bakhtin
[俄]	洛斯基	Лосский, Н.
[德]	伽达默尔	Hans-Georg Gadamer
[英]	弗雷泽	Frazer
[法]	列维—布留尔	Lvy-Bruhl, Lucien
[意]	葛兰西	Gramsci · Antonio
[澳]	格雷姆·特纳	Graeme Tnrner
[澳]	约翰·多克尔	John Docher
[英]	汤因比	Arnold Joseph Toynbee
[荷兰]	赫伊津哈	Johan Huizinga
[英]	默克罗比	A. McRobbie
[英]	威廉斯	Raymond Henry Williams
[英]	费斯克	John Fiske
[英]	笛卡儿	René Descartes
[英]	霍布斯	Homas Hobbes
[英]	汤姆斯	William Thoms
[意]	利玛窦	Matteo Ricci
[美]	格尔茨	VClifford Geertz
[德]	卡西尔	Ernst Cassirer
[美]	苏珊·朗格	Susamie K. Langer
[荷兰]	德·格鲁特	VJan Jakob Maria de Groot
[英]	斯道雷	John Storey
[德]	卡尔·曼海姆	Karl Mannheim
[罗马尼亚]	埃利亚德	VMircea Eliade
[德]	约纳斯	Hans Jonas

［德］	鲍姆加通	VAlexander Gottlieb Baumgarten
［美］	伯纳德·罗森堡	Bernard Rosenberg
［美］	特克尔	Turkle
［英］	吉登斯	Giddens. A.
［德］	海姆	M. Heim
［德］	波默	Gernot Böhme

参考文献

一、中文文献与相关研究专著

(东汉)班固:《白虎通义》,陈立疏证,商务印书馆 1933 年版。

(南朝梁)宗懔:《荆楚岁时记》,宋金龙校注,山西人民出版社 1987 年版。

(明)张岱:《陶庵梦忆　扬州清明》,马兴荣点校,中华书局 2007 年版。

(清)顾禄:《清嘉录》卷三,上海古籍出版社 1986 年版。

(清)阮元校刻:《十三经注疏·礼记正义》,中华书局 1980 年版。

潘宗鼎:《金陵岁时记》,卢海鸣点校,南京出版社 2006 年版。

嘉靖《武康县志》卷三,《天一阁藏明代方志选刊》,上海古籍出版社 1962 年版。

《赤城县志》,成文出版社 1968 年版。《怀来县志》,成文出版社 1969 年版。

《临晋县志》,成文出版社 1976 年版。

陈广忠:《淮南子译注》,贵州人民出版社 1990 年版。

程俊英:《诗经译注》,上海古籍出版社 1985 年版。

顾宝田、洪泽湖:《尚书译注》,贵州人民出版社 1995 年版。

黄寿祺、张善文:《周易译注》,上海古籍出版社 2001 年版。

杨伯峻:《论语译注》,中华书局 2017 年版。

杨天宇:《周礼译注》,上海古籍出版社 2004 年版。

周振甫:《文心雕龙今译》,中华书局 1992 年版。

《美学原理》编写组编:《美学原理》,高等教育出版社 2015 年版。

包亚明主编:《现代性与空间的生产》,上海教育出版社 2002 年版。

高小康:《狂欢世纪:娱乐文化与当代生活方法》,河南人民出版社 1998 年

版。

李天纲:《中国礼仪之争》,上海古籍出版社 1998 年版。

龙其林:《大众狂欢:新媒体时代网络文化透析》,浙江古籍出版社 2014 年版。

陆学艺:《当代中国社会阶层研究报告》,社会科学文献出版社 2002 年版。

罗钢、刘象愚:《文化研究读本》,中国社会科学出版社 2000 年版。

罗钢:《叙事学导论》,云南人民出版社 1994 年版。

欧阳友权:《网络文学本体论纲》,人民文学出版社 2003 年版。

任遂虎:《文章价值论》,青海人民出版社 1996 年版。

唐朔飞:《计算机组成原理》,高等教育出版社 2008 年版。

陶东风:《文化研究读本》,南京大学出版社 2013 年版。

汪民安、陈永国、张云鹏:《现代性基本读本》,河南大学出版社 2005 年版。

汪民安:《现代性》,南京大学出版社 2012 年版。

王建刚:《狂欢诗学:巴赫金文学思想研究》,学林出版社 2001 年版。

王岳川、尚水:《后现代主义文化与美学》,北京大学出版社 1992 年版。

王岳川:《后殖民主义与新历史主义文论》,山东教育出版社 2002 年版。

吴宁:《日常生活批判——列斐伏尔哲学思想研究》,人民出版社 2007 年版。

夏忠宪:《巴赫金狂欢化诗学研究》,北京师范大学出版社 2000 年版。

叶舒宪:《神话—原型批评》,陕西师范大学出版社 1987 年版。

叶舒宪:《探索非理性的世界》,四川人民出版社 1988 年版。

叶舒宪:《阉割与狂狷》,陕西人民出版社 2010 年版。

叶舒宪:《中国神话哲学》,中国社会科学出版社 1992 年版。

尤西林:《阐释并守护世界意义的人:人文知识分子的起源及其使命》,华东师范大学出版社 2017 年版。

尤西林:《人文精神与现代性》,陕西人民出版社 2006 年版。

尤西林:《人文科学导论》,高等教育出版社 2002 年版。

尤西林:《心体与时间》,人民出版社 2009 年版。

赵世瑜:《狂欢与日常:明清以来的庙会与民间社会》,三联书店 2002 年版。

钟敬文:《民俗学概论》,上海文艺出版社 1998 年版。

周宪、许钧:《现代性研究译丛》,商务印书馆 2005 年版。

周宪:《文化现代性读本》,南京大学出版社 2010 年版。

邹贤尧:《广场上的狂欢:当代流行文学艺术研究》,中国社会科学出版社2008年版。

二、国外相关研究专著

(一)外文原著

Henri Lefebvre. *Critique ofeveryday life*(Vol1.). Landan and New York:Verso. 1991.

Henri Lefebvre. *Everyday Life in the Modern World* . London: Penguin Press. 1971.

Mircea Eliade. *Myth and Reality*. New York: Hope and Row,1963. p21.

Raiford Guins and Omayra Zaragoza Cruz. *Popular Culture: A Reader*. landon:SAGE. 2005.

(二)外文译著

[德]埃德蒙德·胡塞尔:《生活世界的现象学》,倪梁康、张廷国译,上海译文出版社2002年版。

[德]埃德蒙德·胡塞尔:《现象学的方法》,倪梁康译,上海译文出版社1994年版。

[德]埃德蒙德·胡塞尔:《现象学的观念》,倪梁康译,上海译文出版社1996年版。

[德]布洛赫:《希望的原理》第1卷,梦海译,上海译文出版社2012年版。

[德]恩斯特·卡西尔:《人论:人类文化哲学导引》,甘阳译,上海译文出版社2013年版。

[德]恩斯特·卡西尔:《神话思维》,中国社会科学出版社1992年版。

[德]弗里德里希·席勒:《审美教育书简》,冯至、范大灿译,北京大学出版社1985年版。

[德]格诺特·波默:《气氛美学》,贾红雨译,中国社会科学出版社2017年版。

[德]哈贝马斯:《现代性的哲学话语》,曹卫东译,译林出版社2011年版。

[德]海德格尔:《林中路》,孙周兴译,上海译文出版社2014年版。

[德]汉斯—格奥尔格·伽达默尔:《美的现实性——作为游戏、象征、节日

的艺术》，张志扬译，三联书店 1991 年版。

[德]汉斯—格奥尔格·伽达默尔：《真理与方法》，洪汉鼎译，商务印书馆 2010 年版。

[德]黑格尔：《美学》第 3 卷上册，朱光潜译，商务印书馆 1979 年版。

[德]康德：《纯粹理性批判》，邓晓芒译，杨祖陶校，人民出版社 2004 年版。

[德]康德：《论优美感和崇高感》，何兆武译，商务印书馆 2001 年版。

[德]康德：《判断力批判》，邓晓芒译，杨祖陶校，人民出版社 2002 年版。

[德]马丁·海德格尔：《存在与时间》，陈嘉映、王庆节合译，三联书店 2014 年版。

[德]马克斯·韦伯：《新教伦理与资本主义精神》(罗克斯伯里第 3 版)，[美]卡尔伯格英译，曹卫东译，社会科学文献出版社 2010 年版。

[德]马克斯·韦伯：《学术与政治：韦伯的两篇演说》，冯克利译，三联书店 1998 年版。

[德]尼采：《悲剧的诞生》，周国平译，译林出版社 2014 年版。

[德]舍勒：《价值的颠覆》，罗悌伦等译，三联书店 1997 年版。

[德]文德尔班：《哲学史教程》，罗达仁译，商务印书馆 1987 年版。

[德]扬·阿斯曼：《文化记忆：早期高级文化中的文字、回忆和政治身份》，金寿福、黄晓晨译，北京大学出版社 2015 年版。

[德]于尔根·哈贝马斯：《交往行为理论》第 1 卷，曹卫东译，三联书店 2004 年版。

[俄]巴赫金：《巴赫金全集》，钱中文译，河北教育出版社 1998 年版。

[法]鲍德里亚：《消费社会》第 4 版，刘成富、全志钢译，南京大学出版社 2000 年版。

[法]波德莱尔：《波德莱尔美学论文选》，郭宏安译，人民文学出版社 2008 年版。

[法]葛兰言：《古代中国的节庆与歌谣》，赵丙祥、张宏明译，广西师范大学出版社 2005 年版。

[法]列维—布留尔：《原始思维》，丁由译，商务印书馆 1981 年版。

[法]路易·加迪等：《文化与时间》，郑乐平、胡建平译，浙江人民出版社 1988 年版。

[法]裴化行：《利玛窦评传》，管震湖译，商务印书馆 1993 年版。

[法]萨莫瓦约：《互文性研究》，邵炜译，天津人民出版社 2002 年版。

[古希腊]柏拉图:《柏拉图文艺对话集》,朱光潜译,人民文学出版社 1963 年版。

[古希腊]亚里士多德:《诗学》,陈中梅译,商务印书馆 1996 年版。

[荷兰]斯宾诺莎:《伦理学》,贺麟译,商务印书馆 1997 年版。

[荷兰]约翰·赫伊津哈:《游戏的人——关于文化的游戏成分的研究》,多人译,中国美术学院出版社 1996 年版。

[美]阿兰·邓迪斯:《世界民俗学》,陈建宪、彭海斌译,上海文艺出版社 1990 年版。

[美]芭芭拉·艾伦瑞克:《街头的狂欢》,胡訢諄译,北京联合出版公司 2017 年版。

[美]丹尼尔·贝尔:《资本主义文化矛盾》,赵一凡等译,三联书店 1989 年版。

[美]费斯克:《理解大众文化》,王晓珏、宋伟杰译,中央编译出版社 2001 年版。

[美]卡林内斯库:《现代性的五副面孔:现代主义、先锋派、颓废、媚俗艺术、后现代主义》,顾爱彬、李瑞华译,译林出版社 2015 年版。

[美]马尔库塞:《爱欲与文明》,黄勇、薛民译,上海译文出版社 2012 年版。

[美]曼纽尔·卡斯特:《网络社会的崛起》,夏铸九等译,社会科学文献出版社 2001 年版。

[美]翟振明:《有无之间:虚拟实在的哲学探险》,孔红艳译,北京大学出版社 2007 年版。

[瑞士]雅各布·布克哈特:《意大利文艺复兴时期的文化》,何新译,马香雪校,商务印书馆 1983 年版。

[意]利玛窦、[比]金尼阁:《利玛窦中国札记》,何高济等译,何兆武校,中华书局 1983 年版。

[意]卢西亚诺·弗洛里迪:《计算与信息哲学导论》,刘钢译,商务印书馆 2010 年版。

[英]鲍桑:《美学史》,张今译,中国人民大学出版社 2010 年版。

[英]弗雷泽:《金枝》,赵昍译,陕西师范大学出版总社有限公司 2010 年版。

[英]雷蒙·威廉斯:《关键词:文化与社会的词汇》,刘建基译,三联书店 2005 年版。

[英]雷蒙德·威廉斯:《马克思主义与文学》,王尔勃译,河南人民出版社

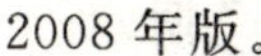

2008 年版。

[英]罗斯:《戏仿:古代,现代与后现代》,王海萌译,南京大学出版社 2013 年版。

[英]泰勒:《原始文化神话、哲学、宗教、语言、艺术和习俗发展之研究》,连树声译,上海文艺出版社 1992 年版。

[英]威廉斯:《马克思主义与文学》,王尔勃译,河南人民出版社 2008 年版。

[英]威廉斯:《文化分析》,赵国新译,罗钢、刘象愚主编:《文化研究读本》,中国社会科学出版社 2000 年版。

[英]伊格尔顿:《文化的观念》,方杰译,南京大学出版社 2003 年版。

[英]詹姆斯·乔治·弗雷泽:《金枝》,徐育新等译,大众文艺出版社 1998 年版。

三、相关研究论文

卜建东:《中国庙会与国外狂欢节的对比研究》,《东南文化》2007 年第 6 期。

曾繁仁:《“天人合一”——中国古代的“生命美学”》,《社会科学家》2016 年第 1 期。

陈红莲:《浅谈短信文学》,《太原师范学学报》2005 年第 3 期。

程相占:《环境美学的理论思路及其关键词论析》,《山东社会科学》2016 年第 9 期。

程正民:《狂欢式的世界感受——巴赫金文化诗学的哲学层面》,《文学前沿》2000 年第 1 期。

程正民:《狂欢式的思维和艺术思维》,《福建论坛》2002 年第 3 期。

高建平:《非空间的赛博空间与文化多样性》,《学术月刊》2006 年第 2 期。

郭斌:《从康德的理性观看计算机时空的构建——从计算机的角度来看时间与空间》,《自然辩证法研究》2004 年第 8 期。

何威:《网众与网众传播——关于一种传播理论新视角的探讨》,《新闻与传播研究》2010 年第 5 期。

贾红雨:《感性学—美学传统的当代形态——格诺特·波默“气氛美学”研究》,《文艺研究》2018 年第 1 期。

贾延飞:《广场艺术的现代性生成机制——作为游戏的狂欢》,《天府新论》2016 年第 6 期。

李存:《试论“短信文学”》,《文艺评论》2005 年第 1 期。

马大康:《虚拟网络空间的话语狂欢》,《浙江社会科学》2005 年第 7 期。

宁一中:《论狂欢化》,《理论与创作》1999 年第 2 期。

欧阳友权:《网络叙事的指涉方式》,《文艺理论研究》2004 年第 3 期。

尚婷、白杰:《文学正餐亦或文学零食——短信文学的文学合法性论争辨析》,《齐齐哈尔学报》2006 年第 1 期。

孙绍谊:《被“看”的影像与被“玩”的影像:走向成熟的游戏研究》,《文艺研究》2016 年第 12 期。

陶东风:《后革命时代的革命文化》,《当代文坛》2006 年第 3 期。

王炳均等:《空间、现代性与文化记忆》,《外国文学》2006 年第 4 期。

巫仁恕:《节庆、信仰与抗争——明清城隍信仰与城市群众的集体抗议行为》,《近代史研究所集刊》2000 年第 34 期。

吴红光:《短信文学综述》,《襄樊学院学报》2006 年第 4 期。

吴郑重、王伯仁:《节庆之岛的现代奇观:台湾新兴节庆活动的现象浅描与理论初探》,《地理研究》2011 年第 54 期。

薛伟贤、刘骏:《数字鸿沟的本质解析》,《理论与探索》2010 年第 12 期。

尤西林:《关于美学的研究对象》,《学术月刊》1983 年第 10 期。

尤西林:《论氛围音乐》,《东方艺术》1996 年第 6 期。

翟振明:《虚拟实在与自然实在的本体论对等性》,《哲学研究》2001 年第 6 期。

赵世瑜:《中国传统庙会的狂欢精神》,《中国社会科学》1996 年第 1 期。

周宪:《时代的碎微化及其反思》,《学术月刊》2014 年第 12 期。

后　记

在习近平新时代中国特色社会主义思想指引下的社会现代化的进程中，节日作为中华传统文化的优秀部分值得关注并从学理层面给予研究。节日作为民俗文化中极具意味的时段，是一个主体体验极为丰富的时刻。节日到来之前的殷殷期待，节日进行之时的高度愉悦（或狂欢），节日完成之后的深深回味，这一切都构成了节日的内在结构生成的魅力。

因年岁轮转而出现的高度而又普遍的节日愉悦，是笔者对节日最直接的感性体验，也是想进一步理解并阐释节日愉悦（或狂欢）的内在结构的出发点。中国悠久的农耕文明中的传统节日，已经形成了较为固定的生产、生活和作息仪式。在中国北方的春节前后已经形成了以生产生活计划为内容的民谣："二十三，祭灶官；二十四，扫房日；二十五，磨豆腐；二十六，去割肉；二十七，杀只鸡；二十八，贴窗花；二十九，去灌酒；三十儿，捏鼻儿；初一儿，撅着屁股乱作揖儿。"在春节这一辞旧迎新的关键时刻到来之前，每一天都有最主要的事情要做（当然急剧变化的现代社会生活已不再拘束于这种安排），其中有祭祀、买年货、布置环境和做食品等事项，但无不为大年三十这一重要时刻做准备。更为重要的是，在节日期间，老少皆为节日活动中的一部分，都要从服饰、身体和心理上为节日做准备，尤其是要在心理情绪上保持过节的高度喜悦，讲求狂欢或热闹的气氛。这种气氛不只是为过节而准备的，而且作为节日仪式中的一部分为来年的丰收和幸福做好铺垫。年岁逐增，特别是在与儿女共度节日之时，笔者更有一种自觉传承文化的责任感，由此讲求热闹和喜庆的心情油然而生。

是何种力量使节日必然出现而且必然要讲究热闹或狂欢呢？这不仅是一个有趣的主体体验的问题，而且是一个学术问题。这需要从诸多不同视域来看节日狂欢，使其中的祭祀仪式、民俗风情、游戏娱乐、审美风尚、气氛等得到学理性的阐释。

人类学等学科要求将视野投向古代的或原始部落的活动甚至史前的神话传说。在古代社会的节庆中，巫术原则贯穿整个活动过程，亦即时间、空间观念、生命观念等的基本原则是巫术。这可以从古代神话传说的研究得到佐证。人类学学者受到结构主义语言学的影响，提出“原型”理论，即在古代神话中存在着某种一般的模式。国内学者运用“原型”理论对这种模式的哲学阐释成为中国古代神话的“元语言”。

古代以巫术为原则的节日狂欢逐渐演变为节日中的民俗。如旧俗以农历正月初七为人日。《太平御览》卷三十引南朝梁宗懔《荆楚岁时记》：“正月七日为人日。”宋代高承《纪原·天生地植·人日》：“东方朔《占书》曰：岁正月一日占鸡，二日占狗，三日占猪，四日占羊，五日占牛，六日占马，七日占人，八日占谷。皆晴明温和，为蕃息安泰之候，阴寒惨烈，为疾病衰耗。”在民俗中，初七日宜做条状面食，寓意为“拴人保平安”。民俗学视域中的节日作为民间文化的形式出现在民间庙会和民俗节庆中。在西方至今仍然存在节日狂欢的传统——狂欢节。在俄国学者巴赫金那里，节日狂欢不仅是民间文化的重要形式之一，而且对人有解放作用。

现代人文科学中的哲学、美学、文化哲学等学科要求祛除节日狂欢中的神圣魅力，用现代主体哲学美学和文化哲学的观念来研究这一对象，也就是说，作为人文科学概念的现代性要求节日狂欢的诸多元素都需要在理性这一层面进行反思。在现代社会，进入文明地区的现代人无不受“永远加速奔向未来的”线性矢量的现代性时间的驱动，因而其身心处于紧张的向前的节奏当中。节日时间作为可逆的循环往复时间模式，显示出其抗衡现代性时间的意义。在这种过节的气氛中，不仅人与人的关系得到空前的解放，而且在这种气氛中的人进入区别于日常工作的一

种生活作息节奏之中。日常工作时间与节日时间在目的、观念和感受上都显示出不同的特质。如德国伽达默尔指出，日常工作时间是实用的、指向“未来”的和算计性的，而节日时间是非实用的、指向“过去”的和解放的，尤其是日常工作时间的诸多特性在节日时间“戛然而止”了。

在现代化的主流进程中，现代性的深层的、线性矢量的现代时间观念与多样的生命时间的对立与冲突，成为现代节日狂欢的真正“策源地”。德国尼采的“循环时间”、洛斯基的“神圣时间”、俄国巴赫金的“节日时间”、荷兰赫伊津哈的“游戏时间”等在批判现代性的意义上都有积极的作用。在笔者看来，节日时间是一个包括了游戏时间、神圣时间等在内的内涵丰富的时间。节日时间是将“过去”现时化的特殊时刻（伽达默尔称之为时间的“重返”），而在游戏时间（和艺术的时间相似）的游戏在自我表现中才真正是“游戏”，亦即游戏时间本质上是一种循环时间。

其实，如伽达默尔、法国列斐伏尔等都注意到了节日时间的特殊性。伽氏为强调节日时间特殊性，严格地区分了表现为工作时间的实用时间和表现为节日时间的“本我属己的时间”。列氏则认为日常生活在各个领域业已全面异化了。在他看来，消除异化的可能性方案在于节日，因为节日中人与人的关系才得到彻底的解放。因此，也只有在时间领域，我们才能真正揭示节日时间的意义，而节日中大众狂欢等才可能得到根本的阐释。

大众的出现其实是现代性的重要结果之一。大众在现代性时间观念的驱动下，在节日中释然其因长时间工作而压抑的身心能量。这一倾向的重要表征是：一方面，大众在现代性时间中肯定现代性表现出来的审美现代性；另一方面，大众在节日时间中否定现代性表现出来的感性狂欢。这种狂欢气质在节日叙事中突出地表现出来。以现代互联网技术搭建的虚拟空间为节日短信叙事和网络叙事提供了“广场”。叙事以广场式的话语、各色人物的腔调、跳跃式文本和互文性文本为策略；而网络叙事以“逆袭”为故事框架，形成了“矮穷丑”的吊丝和“高富美”的女（男）神的二元对立。即时性的创作使得这类故事的作者与读者的界限消失不见。网络上的围观与人肉搜索等活动中的网络大众表现出复杂的感觉结构。

遗忘与其说是与生理或脑科学相关，不如说是现代性的结果。追新求异的现代性不仅遗忘“过去”，而且还使各种记忆的更替更为迅速。现代记忆理论正是从新媒体的出现使外部储存成为可能因而使遗忘加速的角度提出来的。社会性的集体记忆研究不仅必要而且急需，其中区别于交往记忆的文化记忆居于记忆文化的信仰层面。文化记忆集中于对“过去”的指涉并研究“过去”特别没有文字记载的“过去”是如何生成的，因而它需要专职的人员来完成传承和纪念等工作。而其中，最重要的时间是节日，它作为集体的文化记忆中的首要组织形式，使得集体成员全部到场，并借此获得身份认同。因此，现代记忆理论从记忆文化角度揭示了节日的作用，因而也揭示了现代性与节日在记忆层面上的对立、抗衡。

上述视域都以某学科的视野出发对节日狂欢这一对象进行研究。以现象学为基础的哲学诠释学则将节日的生成作为其自我表现来理解。现象学运动以“回到事实本身”为纲领，“搁置”一切成见，以描述法来“还原”艺术作品。这一方向上的艺术品不能径直参照判断美学的标准来理解对象，而需要还原艺术作品的本源。在这方面，德国海德格尔对艺术作品《农鞋》的描述堪称经典。当代环境美学中的现象学转向的代表人物是德国波默。他重归鲍姆加通创建的感性学——美学传统，因而提出了气氛美学。在他这里，居间性的气氛体现出环境与人的直接关系。从气氛美学的视角出发，可揭示节日的狂欢的气氛特质。从现象学角度来说，节日中的狂欢的实质是营造一种喜庆的气氛，因而节日之前的货品、身心准备是为了营造狂欢气氛，而节日进行中的各种人、物等环境元素都登台亮相，走向“迷狂”状态，而节日过后的深深回味则是气氛留存下来的体验。

总而言之，从感性体验到学术研究是一个艰难无比的过程，其中需要经过专业的学术思维训练，而且需要去除感性体验中的世俗眼光，走进学术史并向前走出来。从对节日特别是其热闹的氛围的体验，到一般的民俗眼光，再到人类学的视野中的神话原型的追溯，其中渗透的是历时性的溯源探究。现代性是现代条件或结果下主体的心性结构或精神气质，它的基础一环是现代时间。笔者对现代性的时间的体验是真切的而且是深刻的，因此从现代性来理解节日狂欢，才能真正阐释"节日为何一定要狂欢"这个问题。从现象学美学来理解节日狂欢，节日之前的设置的环境及其中的每一个元素才可能作为某种气氛来理解。以上是笔者对这一个案的研究的曲折思考的简要梳理，其中不足可想而知，期待将来有更深入的思考。

贾延飞

2019年5月4日于陕西师范大学